Großstadt werden! Metropole sein!

Dagmar Košťálová / Erhard Schütz (Hrsg.)

Großstadt werden! Metropole sein!
Bratislava, Wien, Berlin

Urbanitätsfantasien der Zwischenkriegszeit
1918-1938

PETER LANG

Frankfurt am Main · Berlin · Bern · Bruxelles · New York · Oxford · Wien

Bibliografische Information der Deutschen Nationalbibliothek
Die Deutsche Nationalbibliothek verzeichnet diese Publikation
in der Deutschen Nationalbibliografie; detaillierte bibliografische
Daten sind im Internet über http://dnb.d-nb.de abrufbar.

Umschlagbild:
Ende der 1930er-Jahre in Bratislava,
Privatbesitz Dagmar Košt'álová

Schrift auf dem Umschlag:
Yanone Kaffeesatz

Lektorat und Satz:
Manuela Heine

Gedruckt mit freundlicher Unterstützung
des Deutschen Akademischen Austauschdienstes

Gedruckt auf alterungsbeständigem,
säurefreiem Papier.

ISBN 978-3-631-63579-7
© Peter Lang GmbH
Internationaler Verlag der Wissenschaften
Frankfurt am Main 2012
Alle Rechte vorbehalten.

Inhalt

I. Zur Einführung

Vorwort der Herausgeber

Der vorliegende Band ist das Ergebnis dreijähriger Forschungsarbeiten im Rahmen der vom DAAD unterstützten und finanzierten Partnerschaft zwischen den Instituten für Germanistik an der Humboldt-Universität zu Berlin und an der Philosophischen Fakultät der Comenius-Universität in Bratislava. Das nunmehr abgeschlossene Projekt dieser Kooperation trug den Titel *Strittige Moderne. Modernisierungs- und Antimodernisierungsdiskurse der Zwischenkriegszeit.* Unter dem – fokussierten – Titel dieses Bandes werden hier Diskussionsbeiträge[1] des Projekts vorgestellt, die aus drei (jährlich stattfindenden) wissenschaftlichen Herbst-Colloquien in der Slowakei stammen: Beiträge zu Fragen der vergleichenden Kulturgeschichte der Zwischenkriegszeit, insbesondere der Nationalisierungs- und Entnationalisierungstendenzen in der Zeit von 1918 bis 1938.

In zweifacher Optik lässt sich der anvisierte Ertrag dieser Forschungskooperation als Resultat eines Kulturvergleichs betrachten. Zum einen wurde die zur Debatte stehende historische Epoche – in zwei unterschiedlichen National- und Kulturkontexten – vergleichend erforscht (mit einem Exkurs in den österreichischen Kulturraum). Zum anderen handelt es sich im Fall der offiziell als „slowakisch" bezeichneten Kulturgeschichte nach 1918 immer noch um ein überwiegend multikulturelles Phänomen, begründet in der jahrhundertelangen pluriethnischen Besiedlung der heutigen Slowakei bzw. des einstigen Oberungarns. Ein vergleichender multi- bzw. interkulturell aufgefächerter Blick auf die 20er- und 30er-Jahre des 20. Jahrhunderts war daher aus slowakischer Sicht ebenso unerlässlich wie wünschenswert.

Der Band präsentiert Variationen zum Thema „Selbsterfindung" der (Groß-) Stadt: In beiden Kulturen der Zwischenkriegszeit erlangten Phänomene der Urbanisierung, der Imaginationen von ‚Großstadt' und ‚Metropole' eine identitätsstiftende Rolle und ‚die Stadt' wurde als signifikanter Ort des gesellschaftlichen Lebens besonders emphatisiert. Die Beiträge zeugen gerade in dem bisher international wenig erforschten slowakischen Kontext von einem überraschend großen und wissenschaftlich produktiven Facettenreichtum des Themas Stadt. Dabei erwies es sich als besonders reizvoll, eine inzwischen etablierte, selbstbewußte Metropole wie Berlin mit einer Stadt in Beziehung zu setzen, die sich aufgrund der historischen Voraussetzungen Hoffnungen auf einen zukünftigen me-

---

[1] Weiteren Kolleginnen und Kollegen, die im Rahmen früherer GIP-Colloquien vorgetragen bzw. die Diskussionen maßgeblich befördert haben, sei an dieser Stelle ausdrücklich gedankt: Dr. Andy Hahnemann, Dr. Jana Laslavikov, Júlia Loviseková, Prof. Dr. David Oels, Prof. Dr. Thomas Wegmann, Theresia Wirth und Prof. Dr. Peter Zajac.

tropolitanen Zuschnitt machen wollte. So steht denn auch im Kern dieses Bandes eben diese „Großstadt im Werden", basiert auf einem reichhaltigen, allermeist erstmals erforschten Quellenmaterial zur deutschsprachigen Kulturgeschichte der heutigen Slowakei.

Der vorliegende Band ist das Ergebnis einer wissenschaftlich – und nicht zuletzt auch menschlich – überaus inspirierenden Zusammenarbeit, die durch den institutionellen Rahmen einer Germanistischen Institutspartnerschaft (unter der Leitung von Prof. Dr. Erhard Schütz) ermöglicht wurde. Die Herausgeber danken den DAAD-Mitarbeitern Dr. Andreas Degen und PD Dr. Sabine Eickenrodt für ihre überaus wertvolle Unterstützung bei der Konzeption und der Organisation der Colloquien sowie dem Deutschen Akademischen Austauschdienst für die großzügige Förderung der Forschungsaufenthalte von GIP-Mitarbeitern in Berlin sowie für einen Druckkostenzuschuss, der die Publikation dieser gemeinsam diskutierten Ergebnisse ermöglicht hat. Schließlich und nicht zuletzt danken wir Frau Manuela Heine für das geduldige Lektorat und die kompetente Einrichtung des Bandes.

Bratislava, im Dezember 2011

Dagmar Košťálová und Erhard Schütz

Erhard Schütz
„Vermessenheit, Städte beschreiben zu wollen".
Eigenarten, Allianzen und Konkurrenzen der Stadtprofile –
Versuch einer Einführung an den Beispielen Berlin und Wien

„Es ist eine große Vermessenheit, Städte beschreiben zu wollen. Städte haben viele Gesichter, viele Launen, tausend Richtungen, bunte Ziele, düstere Geheimnisse, heitere Geheimnisse. Städte verbergen viel und offenbaren viel, jede ist eine Einheit, jede eine Vielheit. [...] Geburt, Leben und Tod einer Stadt hängen von so vielen Gesetzen ab, die man in kein Schema bringen kann, die keine Regel zulassen. Es sind Ausnahmegesetze. [...] Man müsste die Fähigkeit haben, die Farben, den Duft, die Dichtigkeit, die Freundlichkeit der Luft mit Worten auszudrücken. Das, was man aus Mangel einer treffenden Bezeichnung mit dem wissenschaftlichen Begriff ‚Atmosphäre' ausdrücken muß." (Joseph Roth 1924)[1]

„Die typischen Ausstrahlungen der großen Städte der Welt haben sich seit jeher stark voneinander unterschieden. Überall wirken andere Formen und Farben auf ihre Bewohner ein, und Luft und Licht, [...] der Ruß der Kamine, die Enge oder Weite der Straßen, der Klang der menschlichen Stimme, der Schall der Geräusche haben in jeder Großstadt ihren eigenen spezifischen Wert." (Walter Kiaulehn 1958)[2]

I.
Die Stadt ist unablässig im Gespräch. Unablässig redet sie mit sich selbst, wird über sie geredet und geschrieben. Gerade auch wissenschaftlich. Keine Woche, in der nicht irgendwo eine Tagung zur Zukunft der Stadt stattfindet. Shrinking Cities und wuchernde Megalopolen, Metropolitanregionen und die europäische Stadt, Altstadt und Neuplanungen, Zentrum und Peripherie, Überwachung und Kontrollverlust, Zuwanderung und Abwanderung, Abkapselung und Durchmischung – so und so ähnlich und noch ganz anders lauten die Themen. Dabei reflektieren die daran beteiligten Wissenschaften und Fachgebiete – Architektur, Geografie, Ökonomie, Soziologie, Städteplanung usw. – längst sich selbst, ihren eigenen Beitrag zu Erkenntnis und Verfehlung dessen, was man unter Stadt verstehen kann und soll. Insbesondere die Stadtsoziologie überprüft in Abständen immer wieder kritisch die eigenen Voraussetzungen.

Auf dem Weg in diese jüngste Gegenwart will ich zunächst einen Umweg in die weitere Vergangenheit gehen, nämlich zurück auf die Wende vom 19. zum 20. Jahrhundert – ein Beispiel für die damalige Reflexion über Berlin vorstellen. Ein Beispiel, dessen Titel nicht nur bekannter geworden ist als das, was darunter verhandelt wurde, sondern auch zu einem der Intention des Beitrags völlig ent-

---

[1] Roth, Joseph: *Lemberg, die Stadt.* In: *Frankfurter Zeitung*, 22.11.1924.
[2] Kiaulehn, Walter: *Berlin – Schicksal einer Weltstadt*, Berlin 1958, S. 19.

gegengesetzten Gebrauch geführt hat: *Die schönste Stadt der Welt*. Unter dem Titel hat der genialische Multidilettant oder „Großschriftsteller" – was für Robert Musil so ziemlich auf das Gleiche hinauskam – Walter Rathenau im Januar 1899 „Momentbilder" – so der Untertitel – für Maximilian Hardens Zeitschrift *Die Zukunft* geliefert.[3] Er beginnt mit einer vorgestellten Guckkasten-Revue von Weltstädten – London, Paris, New York –, die man sofort an wenigen Charakteristika erkennen könne. Nicht so Berlin. Berlin, „der Parvenu der Großstädte und die Großstadt der Parvenus", scheint ihm nur schwer zu fassen. Die Stadt hat unter der rapiden Zuwanderung ihre Einwohner verloren: „Was die Berliner angeht, so weiß ich nicht genau, ob es keine mehr oder noch keine giebt. [...] Ich glaube, die meisten Berliner sind aus Posen und die übrigen aus Breslau." Hatte die Stadt von einst „einen Charakter", niedrige Wohnhäuser und klassische Bauwerke der bescheidenen Residenz, so wirken diese nun „im Tamtam der Gipsorgien und Stucktrompeten [...] erdrückt, veraltet, deplacirt [...]. Berlin ist nicht gewachsen, es ist verwandelt." Hiermit beginnt Rathenau eine Revue der Scheußlichkeiten und Missgriffe. Die bombastische Reichshauptstadt ist „nationlos" und könnte genausogut „an die Newa oder die Donau versetzt" werden. Die bürgerliche Baukultur ist eklektizistisch – „entsetzliche Frühgeburten polytechnischer Bierphantasien". „Es ist ungefähr so, wie wenn ein Zahnkünstler ein prächtiges Gebiß anfertigt und sich rühmt, er habe jedem einzelnen Zahn besonderen Charakter, Ausdruck und Farbenton geliehen." Und nun entwickelt Rathenau eine eigene Zukunftsphantasie als „Werk planmäßiger Zerstörung": Der Gendarmenmarkt wird bis zur Leipziger Straße und bis „über die Linden" geöffnet, der Leipziger mit dem Potsdamer Platz vereint, ein Boulevard führt von dort zur Gedächtniskirche. Das Ganze wird von einem großzügigen Ringkorso umschlossen. Und nach diesem „Scherz" zitiert er zum Schluss noch einmal, was er zuvor immer wieder als Refrain eingebaut hatte, die Zeilen eines zeitgenössischen Schlagers:

„Berlin wird doch noch ein - mal
Die schönste Stadt der Welt."

Geblieben ist in der selbstlobenden Überlieferung Berlins davon nur, dass Rathenau die Stadt zur schönsten der Welt erklärt habe, wobei man doch schon in dieser Zusammenfassung mindestens zweierlei erkennen kann: dass a) das Zitat selbst sich im Potentialis auf die Zukunft bezieht und dass es b) von Rathenau ironisch eingesetzt wird, in der Gewissheit, dass die „Vaterstadt, die

---

[3] Rathenau, Walther: *Die schönste Stadt der Welt. Momentbilder.* In: *Die Zukunft,* Jg. 7 (1899), H. 15, S. 36 - 48.

ich mehr liebe als alle Großstädte der Welt zusammen", eben eins niemals werden wird – die schönste Stadt der Welt.

Wir können an dieser Episode ein paar Aspekte dessen erkennen, um was es folgend gehen soll. Ein Epitheton wie „die schönste Stadt der Welt", auf den ersten Blick ein gewaltiges Alleinstellungsmerkmal, verdankt sich dem konkurrenzialistischen Vergleich. Der wird selbst in der internen Charakteristik erkennbar, wenn Rathenau „Spreeathen" aufruft, den Lobestitel des Dichters Erdmann Winkler aus dem Jahre 1706, um ihn dann zu ersetzen: „Spreeathen ist tot und Spreechicago wächst heran." Die Stadt kann offenbar so oder so sich lediglich in der Ähnlichkeit mit anderen bestimmen und so wie diese zu werden überdies nur für die Zukunft in Aussicht stellen. Wobei der Vergleich mit Chicago damals durchaus kein Ruhmestitel war, galt die Stadt doch als Inbegriff von industriellem Wachstum, Chaos und Hässlichkeit.[4]

Das Unkoordinierte, das stilistische Durcheinander, der architektonische Eklektizismus – all' das wird zum Charakteristikum der Stadt werden – ebenso wie ihre ewige Fixation an Zukunft. Karl Scheffler wird 1910 in seinem Buch *Berlin. Ein Stadtschicksal* indirekt Rathenaus Beobachtung aufgreifen, wenn er beschreibt, wie Wilhelm II. „aus dem formlos häßlichen Berlin mit den Mitteln des Scheins und eines toten Akademismus die ‚schönste Stadt der Welt' zu machen" versuche. Und Scheffler wird daraus die berühmte Formel destillieren, die danach immer und immer wieder zitiert wurde: „Man kann jedes Verhältnis zu Berlin gewinnen, nur lieben kann man diese Stadt nicht. [...] Es fehlt das konservative Grundelement, das einer lebendigen Liebe zur Stadt zur Basis werden könnte. [...] Berlin [ist] dazu verdammt, immerfort zu werden und niemals zu sein."[5]

II.

Nun haben wir auf dem Weg von Rathenau zu Scheffler *den* klassischen deutschen Text zur Großstadt übersprungen, Georg Simmels 1903 erschienenen Essay *Die Großstädte und das Geistesleben*. Er ist seither die stadtsoziologische Zitatikone schlechthin. Unlängst nun hat ein junger Stadtsoziologe kritisch eingewandt, dass es Simmel gar nicht um eine Stadtsoziologie im engeren Sinne zu tun war, dass er gar keine Theorie des Urbanen habe entwickeln wollen, sondern

---

[4] Vgl. positiv dagegen: Kiaulehn: *Berlin – Schicksal einer Weltstadt*, a. a. O., S. 37.

[5] Scheffler, Karl: *Berlin. Ein Stadtschicksal* (1910), Berlin 1989, S. 218f. Nietzsche allerdings hat – unter Bezug auf Hegel, für Scheffler „der eigentlich [...] berlinische Philosoph" (S. 39) – gesagt, dass „[w]ir Deutsche [...] dem Werden, der Entwicklung instinktiv einen tieferen Sinn und reicheren Wert zumessen als dem, was ‚ist'". Nietzsche, Friedrich: *Die Fröhliche Wissenschaft*. In: Schlechta, Karl u. a. (Hrsg.): *Friedrich Nietzsche: Werke. Bd. II*, Frankfurt a. M. 1979, S. 226f.

vielmehr für seine Überlegungen beanspruchte, „nicht weniger als eine Theorie moderner Gesellschaften zu sein".[6] Insofern Simmel Theoretiker moderner Gesellschaften ist, impliziere dies zwar *auch* Folgerungen für die Stadt, aber eher für die postmoderne als *world city* und Maklerort internationaler Kapitalströme, denn dass von hier aus die klassisch moderne Großstadt beschrieben werde. Der Autor verweist in seiner Argumentation zurecht auf einen beim stadtsoziologischen Rekurs auf Simmel allermeist übersehenen Umstand, dass Simmel den Essay nämlich explizit an seine großangelegte, 1900 erschienene *Philosophie des Geldes* knüpfte. Wie ja für ihn die große Stadt exemplarischer Ort der modernen Geldwirtschaft ist, die jene für die Stadt charakteristische Verstandesherrschaft, Intellektualismus, versachlichte Beziehungen, Blasiertheit und Reserviertheit fördere.

„Die psychologische Grundlage, auf der der Typus großstädtischer Individualitäten sich erhebt", so Simmels bekannte Argumentation, „ist die Steigerung des Nervenlebens".[7] Indem die Großstadt Bedingungen schafft, in denen das Tempo und die Anzahl der Sinnesdaten extrem expandieren und sich zugleich verdichten, muss das großstädtische Individuum Schutz- und Abwehrmechanismen entwickeln, ein „Schutzorgan gegen die Entwurzelung, mit der die Strömungen und Diskrepanzen seines äußeren Milieus ihn bedrohen". Es steigert sein Bewusstsein. Die verstandesmäßige Reaktion auf die verdichteten Reize der Großstadt ist aber mit dem Charakter der Großstadt selbst eng verbunden: Großstädte sind ja, wie schon gehört, „Sitze der Geldwirtschaft", „Geldwirtschaft aber und Verstandesherrschaft stehen in tiefstem Zusammenhange". Exaktheit, Pünktlichkeit, Schematisierung, Quantifizierung, Abstraktion und Anonymität prägen das großstädtische Leben. Dem entsprechen auf der Seite der individuellen Verhaltensweisen der großstädtischen Individuen eben jene „Blasiertheit" und „Reserviertheit" als Formen der Selbsterhaltung und der Verteidigung individuell-persönlicher Freiräume. Blasiertheit und Reserviertheit sind für Simmel die hervorstechenden Merkmale des Großstädters. Blasiertheit – hergeleitet vom französischen *blasé* = gleichgültig, unempfänglich – ist eine Form der Reizabwehr und Reizbarkeitsverweigerung, eine „Abstumpfung gegen die Unterschiede der Dinge". Reserviertheit wiederum gründet für Simmel auf dem „Recht auf Mißtrauen", das er dem Großstädter konzediert. Es äußere sich in Gleichgültigkeit, Aversion, gar Hass. Auch dies sind Formen des Selbst-

---

[6] Schöller-Schwedes, Oliver: *Der Stadtsoziologe Georg Simmel – Ein Mißverständnis und seine Folgen.* In: *Berliner Journal für Soziologie*, Jg. 18 (2008), H. 4, S. 649 - 662, hier S. 658.

[7] Simmel, Georg: *Die Großstädte und das Geistesleben.* In: Petermann, Theodor (Hrsg.): *Die Großstadt. Vorträge und Aufsätze zur Städteausstellung. Jahrbuch der Gehe-Stiftung zu Dresden. Bd. 9*, Dresden 1903, S. 185 - 206.

erhalts angesichts der übermächtig erscheinenden Vielzahl der anderen. Es ist ein Verfahren, Distanzen zu wahren, die allenthalben gekürzt und kassiert werden. Was in Blasiertheit und Reserviertheit als „Dissoziierung" erscheint, so Simmel, ist in Wahrheit eine der „elementaren Sozialisierungsformen" der Großstadt, weil sie individuelle Freiräume sichert. Jedoch erscheint diese „Unabhängigkeit des Individuums" nicht unbedingt als „Wohlbefinden" im Gefühlsleben des Individuums. Einsamkeit ist – wie das Leben in großer Dichte – der gängige Preis dieser formalen städtischen Freiheit.

Wo die Zeitgenossen im Wesentlichen sich damit begnügten, die Nervosität des Großstädters zu konstatieren, als Entartung oder Decadence zu bejammern oder zu geißeln – und dagegen dann die Rückkehr zu den angeblich gesunden Kräften des Landes, des Volkes, des Blutes, des Gemütes oder der Seele propagierten –, da diagnostiziert Simmel – ausdrücklich ohne Wertungsabsicht –, dass die Verstädterung alles in sich hineinzieht, dass es kein Außerhalb dessen gibt, was er mit Großstadt bezeichnet. Das Prinzip der Großstadt ist kaum noch lokalisierbar, nicht mehr auf spezifische Räume beschränkt, sondern ein zeitlicher Prozess, der sich alles unterwirft. „Immer complicierter aber wird das Handeln heute", fasst ein Rezensent Simmels Überlegungen zur *Philosophie des Geldes* zusammen, „immer länger die Reihen der Zwischenglieder, die der Verstand einbaut, immer ferner rücken die Ziele, die Werte, die das Gefühl setzt, [...] immer mehr wird das Leben Vorbereitung, Berechnung, [...] – es wird kälter in der Welt, die langen Mittel verschlingen fast die kleinen Zwecke."[8] Räumliche Distanzen werden zunehmend zu zeitlichen Funktionen. Und so sind Land oder Ländlichkeit auch nicht mehr länger Gegenwelten zur Großstadt, sondern deren Projekte und Projektionen. Sie sind dem Zeitpuls der Großstadt, dem raschen Wechsel, den Konjunkturen der Mode, unterworfen. Ländlichkeit und Exotismus erscheinen in dieser Perspektive als beliebige und schnell wechselnde Projektionen der Großstadt, so wie Gemüt und Seele Entwürfe des Intellekts sind. Dafür sorgt eine spezifische Kategorie von Großstadtmenschen. Simmel bemerkt nämlich in der *Philosophie des Geldes*: „In den modernen Großstädten gibt es eine große Anzahl von Berufen, die keine objektive Form und Entschiedenheit der Betätigung aufweisen: gewisse Kategorien von Agenten, Kommissionäre [...]. Jene großstädtischen Existenzen, die nur auf irgendeine völlig unpräjudizierte Weise Geld verdienen wollen [...]." Sie „stellen ein Hauptkontingent zu jenem Typus unsicherer Persönlichkeiten, die man nicht recht greifen [...] kann, weil ihre Beweglichkeit und Vielseitigkeit es ihnen erspart, sich [...] in irgendeiner Situation festzulegen. Daß das Geld und die Intel-

---

[8] Joël, Karl: *Eine Zeitphilosophie*. In: *Neue Deutsche Rundschau (Freie Bühne)*, Jg. 12 (1901), S. 812 - 826.

lektualität den Zug der [...] Charakterlosigkeit gemeinsam haben, das ist die Voraussetzung dieser Erscheinungen".[9] Damit beschreibt Simmel nicht zuletzt zugleich die Spezifik der eigenen Position, die des Intellektuellen. Beide, Intellekt und Geld, so folgert jedenfalls Karl Joël in seiner Rezension von Simmels *Philosophie des Geldes* 1901 für die *Neue Rundschau*, „übersetzen die sich fremden Dinge erst in die Sprache der Gegenseitigkeit [...], setzen sie in Relation, schaffen die Relativität." Er attestiert daher Simmels Buch selbst, es sei „sozusagen in der Sprache auch Geldwirtschaft" geschrieben, „die Worte nur in ihrem Beziehungswert [...] nehmend, während noch die Meisten heute in der Naturalwirtschaft ihrer Sprache stehen und vom Einzelwort concrete Saftigkeit, Nährwert fordern". Stadt, Personen, Sprache – alles scheint einem abstrahierenden Relativismus unterworfen. Noch einmal dazu Joël:

> „Wie Riesenspinnen liegen heute die Großstädte auf dem Lande und saugen und verschlingen und wachsen ins Ungemessene, und Berlin wieder saugt die Qualitäten der Großstädte auf, ihre Charaktere, ihre Seelen, Berlin der Markt der Märkte. [...] Sein einstiges Quantum hat sich heute dreiunddreißigmal in deutschen Landen abgesetzt, und wo damals ein Berliner einsam stand, stehen heute zwanzig. Das sind Zahlen, aber Zahlen machen unsere Welt, die moderne Welt, die Riesenskala, auf der alles auf- und abrollt, diese ungeheure Resonanz aus tausend Schalltrichtern, die alles in Verbindung setzen, dieses Echo aller Zeiten und Länder, aller Stile und Richtungen, diese Concurrenz aller Werte und Interessen, die sich durchkreuzen und durcheinandersummen, mit einem Wort: die Welt als Börse."

Hier wird neben und über den Großstädten explizit Berlin genannt. Und es nimmt nicht wunder, dass man Simmels Essay über *Die Großstädte und das Geistesleben* immer wieder in direkte Verbindung mit Berlin gebracht hat. Der Essay trug übrigens ursprünglich, als Simmel ihn in Dresden als Vortrag zur dortigen Städteausstellung hielt, den Titel *Die Großstadt und das Geistesleben*. Wobei offen blieb, ob damit Großstadt schlechthin oder implizit ,die' deutsche Großstadt, eben Berlin gemeint war.

III.

Wenn, wie der Berliner Europäische Ethnologe Rolf Lindner sagt, tatsächlich die von Simmel beschriebenen Phänomene erst in der „postindustriellen Stadt zum Durchbruch gelangt" sind[10], wenn also gerade die Globalisierung des von Simmel prognostizierten Konzepts einer ubiquitär-indifferenten Geldwirt-

---

[9] Simmel, Georg: *Philosophie des Geldes* (1900), Frankfurt a. M. 1989, S. 597.
[10] Zit. nach Schöller-Schwedes: *Der Stadtsoziologe Georg Simmel*, a. a. O., S. 658. Der Nachweis dort ist allerdings nicht zutreffend.

schaftsgesellschaft mit sich brachte, dass man nicht mehr von der Großstadt, geschweige denn von ‚der' Stadt, konzeptionell sinnvoll reden kann, weil die im Zuge der Globalisierung erzeugte Vielfalt an Typen von Stadt und Städtischkeit im Zeichen der Glocalization, geschweige denn die Vielzahl der realen einzelnen Städte, dadurch nicht zu fassen ist, dann wäre verständlich, warum eine jüngste Stadtsoziologie sich nicht mehr auf Simmel meint berufen zu sollen, vielmehr nach anderen Konzepten für eine Soziologie der Städte sucht. Als Konsequenz daraus hat Rolf Lindner selbst schon 1996 eine forscherische Trias gefordert: Neben Ethnologie in der Stadt und Ethnologie des Städtischen verstärkt die Ethnologie *einer* Stadt.[11]

Unlängst hat nun die Soziologin Martina Löw ein Buch mit dem programmatischen Titel *Soziologie der Städte* vorgelegt[12], in dem Simmel nur noch ganz unspezifisch am Rande vorkommt, dafür aber nun nicht mehr nach dem generellen Gattungswesen Stadt gefragt wird, sondern der Versuch einer Begründung zu nurmehr Vergleichbarkeit von Städten als ‚Individuen' unternommen wird.

Löw geht von dem Befund aus, dass die Stadtsoziologie ihren Gegenstand üblicherweise als „Mikrokosmos der Makrostruktur" traktiere, mithin die Stadt als Spiegel oder Bühne der Gesellschaft oder als Laboratorium wahlweise der Moderne oder Postmoderne zu verstehen suche. Diese „Subsumtion der Stadt unter die Gesellschaft" sei aber angesichts der Obsoletheit der alleinigen Orientierung am Konzept der europäischen Stadt und angesichts der realen Diversität von Stadtgebilden nicht mehr aussagekräftig. Lokale Bedingungen führten gerade in der Logik des Kapitalismus zu solch divergenten Ausprägungen je von Stadt, dass hier neue Ansätze nötig seien, um die jeweilige Spezifität der Städte – vergleichend – erfassen und beschreiben zu können. Dabei seien

1. die Strukturen zu erfassen, die das jeweilige Handeln in einer Stadt beeinflussen,
2. unterschiedliche Strukturlogiken unterschiedlicher Städte herauszupräparieren und schließlich
3. Städte vergleichend unter Gesichtspunkten von Ähnlichkeit zusammenzufassen oder gar ein Typenspektrum herauszuarbeiten.[13]

Dies soll freilich weniger der Unterschiedlichkeit der Städte wissenschaftlich Gerechtigkeit widerfahren lassen als durchaus in praktischer Hinsicht dienlich sein. Denn angesichts des Booms von Citymarketing und Citybranding kann man immer öfter rein voluntaristische Kampagnen oder Imageentwürfe von

---

[11] Lindner, Rolf: *Die Stadt als terra incognita. Perspektiven der urbanen Ethnologie.* In: *Humboldt-Spektrum*, Jg. 3 (1996), H. 2, S. 42 - 46, hier bes. S. 46.

[12] Löw, Martina: *Soziologie der Städte*, Frankfurt a. M. 2008.

[13] Ebd., S. 25, 32 u. 66f. Folgende Seitenangaben im Text.

Städten beobachten, deren Konzepte zudem immer mehr zur Mixtur aus andernorts erfolgreichen Rezepten zusammengerührt werden. Allein schon an der phrasenhaften Kombination von Begriffen wie Nachhaltigkeit, Lebensqualität, Sicherheit, Kultur, Hightech, Kreativität, Talente, Toleranz, Dynamik, Jugendlichkeit, Erlebnis oder Abenteuer etc. lässt sich das ablesen. Das Phänomen betrifft nun aber nicht nur die Versuche der identitären Imagekonstruktionen, sondern auch architektonisch tendieren viele Städte zur Ubiquität – paradoxerweise gerade durch ihre Besonderungsanstrengungen. Die offensive Werbung von Städten je für sich zwingt im Zeichen des kapitalistischen Konkurrenzialismus auch die anderen, es ihnen gleich zu tun, besser noch, sie zu überbieten. Und dies betrifft eben nicht nur Marketing- und Imagekonzepte, sondern gerade die architektonische Formensprache. So versuchen die Städte häufig, sich in Kombinationen eines Sets internationaler Repräsentations- und Spektakelarchitekturen gegenseitig zu überbieten, und leisten letztendlich genau damit wiederum einer Ubiquität und Irrelevanz Vorschub. Hier wären also Instrumentarien nützlich, die Imagekampagnen, Selbstbildkreationen und städtebaulichen Attraktionsversuche zumindest aus den realen wirtschaftlichen, kulturellen, sozialen und mentalen Substanzen und Potentialen der jeweiligen Stadt zu entwickeln und sie nicht aus einem *Set* voluntaristischer Marketingversprechen zu entnehmen. Und tatsächlich gibt es inzwischen einen florierenden stadtsoziologischen Forschungszweig, der auf Löws Impulsen beruht. Freilich gibt es inzwischen auch Kritik an diesem Konzept und seinen methodischen Grundlagen.[14]

Martina Löw geht es darum, die jeweilige „Eigenlogik einer Stadt" zu erfassen. Mit diesem Begriff will sie „die unhinterfragte Gewißheit über diese Stadt" belegen. Eigenlogik, so Löw, erfasst „die verborgenen Strukturen der Städte als vor Ort eingespielte, zumeist stillschweigend wirksame präreflexive Prozesse der Sinnkonstitution (Doxa) und ihrer körperlich-kognitiven Einschreibung (Habitus)" (S. 76). Eigenlogik ist mithin weder auf Eigenschaften jeweiliger Individuen, z. B. nicht wie eine Imagekampagne auf Handlungen spezifischer Individuen zurückzuführen, noch auf kapitalistische Strukturen reduzierbar. Vielmehr ist sie die ortsspezifische Ausprägung von Tendenzen wie Urbanisierung, Verdichtung oder Heterogenisierung; sie ist mithin „Logik des Ortes" oder auch „Ortslogik". Unter der Hand wird hier *Habitat* durch den allgemeineren Begriff des *Ortes* ersetzt. Ort wird – angelehnt an die einschlägigen

---

[14] Vgl. Kemper, Jan / Vogelpohl, Anne (Hrsg.): *Lokalistische Stadtforschung, kulturalisierte Städte. Zur Kritik einer „Eigenlogik der Städte"*, Münster 2011. Darin insbesondere die Beiträge von Jan Kemper und Anne Vogelpohl, von Norbert Gestrig, Stefan Höhne und Hartmut Häussermann.

Theorien von Augé[15] oder de Certeau[16] – als durch Erlebnis- und Handlungs-qualitäten bestimmter Raum definiert. „Deutungsmuster, Praktiken und Machtfigurationen", so Löw, „besitzen je nach Ort unterschiedliche Plausibilität" (S. 76 u. 134). Zur Reflexion der Historizität jeweiliger städtischer Eigenlogiken greift Löw auf den Begriff der Pfadabhängigkeit zurück, der ursprünglich aus der Ökonomie kam. Er sollte dort das Phänomen beschreiben, dass nicht immer, ja meistens eben nicht die effektivsten Technologien und optimalsten Lösungen sich durchsetzen, sondern durch zufällige, äußerliche Determinanten bestimmte Varianten. „Pfadabhängigkeit" soll im Kontext städtischer Eigenlogiken heißen, dass in der Vergangenheit getroffene Entscheidungen und historisch entstandene Denkweisen, Deutungstraditionen und Wahrnehmungs-routinen die jeweilige Gegenwart bestimmen. „Die Eigenlogik der Stadt", so Löw zusammenfassend, „bezeichnet ein *Ensemble zusammenhängender Wissensbestände und Ausdrucksformen*, wodurch sich Städte zu *spezifischen Sinnprovinzen* verdichten"(S. 93 u. 78).

Dieses Ensemble zusammenhängender Wissensbestände hat ebenso vielfältige und komplexe Gründe und Herkünfte, die man an den unterschiedlichsten Elementen ablesen kann:

„Die Eigenlogik einer Stadt als unhinterfragte Gewissheit über diese Stadt findet sich in unterschiedlichen Ausdrucksgestalten und kann insofern anhand verschiedener Themenfelder rekonstruiert werden, zum Beispiel in den Redeweisen von Besuchern und Bewohnern, in grafischen Bildern dieser Stadt, in Schriftquellen über sie (vom Roman bis zur Reisereportage), in Bauwerken und in der Stadtplanung, in Ereignissen wie Stadtfesten oder Paraden, in Gegenständen der materiellen Kultur dieser Stadt. Die Eigenlogik einer Stadt, so die Basisannahme, webt sich in die für die Lebenspraxis konstitutiven Gegenstände hinein, in den menschlichen Körper (Habitus), in die Materialität der Wohnungen, Straßen, Zentrumsbildung, in die kulturelle Praxis, in die Redeweisen, in die emotionale Besetzung einer Stadt, in die politische Praxis, die wirtschaftliche Potenz, in die Marketingstrategien und so weiter." (S. 77f.)

Löw hebt von Anfang an die Bedeutung hervor, „die Bildern in diesem Prozess zukommt" (S. 13). Das sind neben den (foto)grafischen Bildern – Fotos, Zeichnungen, Logos, Filmen, Postkarten oder Reiseführern – eben auch die gebauten, visuell und taktil erfahrbaren Architekturen und Raumprofile, die ihrerseits in grafische Bildproduktionen eingehen, ja von vornherein nach ihrem Abbildungswert konzipiert sein können. Zwar zählt Löw nominell – wie oben zu sehen – auch Romane und Reportagen unter die Konstitutionselemente

---

[15] Vgl. Augé, Marc: *Nicht-Orte* (1992), München 2010.
[16] Certeau, Michel de: *Kunst des Handelns* (1980), Berlin 1988.

städtischer Eigenlogiken, aber in ihren Modellanalysen lehnt sie sich nahezu ausschließlich an die unmittelbar bildwissenschaftlich bearbeitbaren Materialien wie Werbeplakate, Imagebroschüren oder Postkarten an.

Löw hat nun ihrem Konzept die exemplarische Konstellation der beiden Städte Berlin und München mitgegeben. Das ergibt durchaus bemerkenswerte Einsichten – vor allem hinsichtlich des Oppositionspaares Sex und Liebe. München, um es in eigenen Worten zu pointieren, erscheint demnach am ehesten als Gasthaus der Herzen, während Berlin als Rummelplatz der Geschlechtsteile fungiert.

„Traditionell" merkt Löw an, „wird Berlin [...] entlang der Achse Stadt – Welt thematisiert, während in München die Verbindungslinie Stadt – Land dominiert". Während es München gelang, als Ort zu erscheinen, der alle Bereiche des lebenswerten Lebens integriert, sei Berlins Eigenlogik „auf die Spaltung bezogen. Doxisch ist die Gewissheit, dass in Berlin zusammenkommt, was nicht zusammenwächst. [...] Mit allen Regeln der Kunst wird Berlin als widersprüchlich, uneindeutig, luftig, in ständiger Bewegung begriffen inszeniert." (S. 222)

Soweit einstweilen dieser jüngste theoretische Ansatz zur Bestimmung der Eigenlogik von Städten zwischen Selbsterfindungen und Fremdzuschreibungen.

IV.

Nun könnte man im Blick auf das vorgestellte Ergebnis zu Berlin mit berlinischer Geste sagen, dass das dem Berliner nichts Neues sei. Die Stadt, ursprünglich schon entstanden aus zwei Städten, letzthin durch die Mauer getrennt, dabei stets im Wandel, wie es spätestens seit der Wende vom 19. zum 20. Jahrhundert festgeschrieben wurde. Spätestens seit Schefflers eingangs zitierter Formulierung erscheint ja Berlin als Ort des unablässigen Wandels und der Ruhelosigkeit, als Ort temporaler Ortlosigkeit. War das von Scheffler noch kritisch, resignativ gemeint und seinerzeit so auch aufgenommen worden, wird die Formulierung seit längerem positiv, aktivistisch verwendet. Kaum ein Investorenprospekt, kaum eine Politikerrede, die Schefflers Formel nicht stolz herbeizitierte – freilich lässt man das „verdammt" dann weg.[17] Mit dieser reklamierten Offenheit und ständigen Veränderung einer geht geradezu zwangsläufig das Stereotyp des Emporkömmlings unter den Metropolen. Wer ständig wird, ist niemals reif.

---

[17] Ein Pendant fand man vor wenigen Jahren im Slogan von der „offenen Stadt". Ehedem negativ besetzt – eine offene Stadt war im Krieg dem Untergang preisgegeben –, soll das heute signalisieren: Wir sind für Neues offen, wir nehmen alle auf, wir sind in ständiger Veränderung begriffen. Und finden das auch gut so.

Ein jüngeres Beispiel dazu liefert Alexander von Schönburg in seinem Bestseller *Die Kunst des stilvollen Verarmens*: „So, wie es unter Menschen Altarme, Altreiche, Neuarme und Neureiche gibt, so auch unter den Städten. Berlin wird in der Gesellschaft der Städte zum Beispiel als Emporkömmling betrachtet. Wenn Berlin auf eine Cocktailparty käme, auf der München, Köln, Hamburg, Frankfurt herumstünden, würde es von dem einen oder anderen von oben herab behandelt."[18]

Bevor ich nun zurück zu Simmel und zum Finale komme, möchte ich dieser Spur des ständigen Werdens, des Parvenühaften und der damit verbundenen Bilder und Zuschreibungen auf dem Pfad eigenlogischer Abhängigkeit noch in einigen Aspekten aus der Zwischenkriegszeit illlustrierend nachgehen und noch eine grundsätzlichere Überlegung zur Differenz der damaligen Situation zur heutigen anstellen.

Es sind die „Oberflächenbilder, deren der Zugereiste [...] zuerst gewahr wird" – so Anton Kuh in seinen *Entdeckungen eines Zugereisten* zwischen Wien und Berlin.[19] Zweierlei scheint daran bemerkenswert: es geht um die Oberflächenbilder, aus denen sich die Wahrnehmung einer Stadt zuerst konstituiert, und es geht um Zugereiste, zwar nicht unbedingt um den Simmelschen Gast, der bleibt, aber um den Fremden, fremde Arbeitskräfte, aber auch Fremdenverkehr und Tourismus. Zwar warb Berlin schon in den Zwanzigern des vergangenen Jahrhunderts heftig um Besucher – „Jeder einmal in Berlin!" lautete der Slogan, imagegerecht mehr Befehl denn Einladung, aber wenn es um Fremde, Zugereiste geht, so geht es fast durchweg um Intellektuelle, um versierte, kritische Beobachter, von denen man etwas über sich selbst erfahren will. Städtetourismus ist inzwischen ja zu einem eminenten Wirtschaftsfaktor geworden, auf den man nur bei Strafe allgemeiner Bedeutungslosigkeit verzichten dürfte, weshalb heute z. B. die Stadt sich über ihre entsprechenden Organe in der Konkurrenz der anderen, als Hauptstädte ähnlichen, aber als historische andersartigen Städte aktiv selbst entwirft, den potentiellen Besuchern geradezu entgegenwirft. Damals jedoch erschien das, was grafisch abgebildet oder projiziert wurde, weniger unmittelbar funktional zur Tourismusattraktion denn als ein Element in der unablässigen Selbstvergewisserung und -positionierung im Feld der anderen Städte. Freilich hat dies nicht unerheblich zu jener Eigenlogik beigetragen, von der Berlin heute zehrt, an der es aber ebenso leidet.

---

[18] Schönburg, Alexander von: *Die Kunst des stilvollen Verarmens*, Berlin 2005, S. 38.
[19] Kuh, Anton: *Zwischen Wien und Berlin. Entdeckungen eines Zugereisten*. In: Krischke, Traugott (Hrsg.) / Kuh, Anton: *Sekundentriumph und Katzenjammer*, Wien 1994, S. 10 - 14, hier S. 13 [zuerst in Prager Tagblatt, 17.6.1914].

Max Brods Feuilleton *Berlin für den Fremden* erscheint 1911 zwar als Exempel mondäner Kennerschaft des impressionistischen Snobs, wenn er sich flugs im Vergleich mit Paris orientiert zeigt: „Die Mietautos sind hier weiss, in Paris gelb oder rot. Es gibt keinen wichtigeren Unterschied des Stadtbildes." Aber wenn er weiter schreibt: „Ich sehe nur ein paar Details, keinen Gesamteindruck. […] Der harte Asphalt ähnelt, vom Lichte beglänzt, einer weichen Masse, man fürchtet einzusinken, so oft man auftritt." Und eine Pseudokausalität erfindet: „ […] und deshalb wohl, um ihn kaum zu berühren, fliegen die Automobile mit leichtem langem Wellenschlag über ihn hin."[20] – Dann schreibt er mit an der ikonischen Abbreviatur von Berlin als der Stadt des glänzenden Asphalts.

„Alle großen Städte haben ihren eigenen Geruch. Budapest riecht nach Ersatz-Kaffee, Wien nach Gebäck, Berlin nach Rauch, Warschau nach Karamelzucker, Madrid nach Schokolade, Brüssel nach Vanille, London nach Talg, Paris hingegen roch nach geschmolzener Butter."[21] So wie hier Dezsö Kosztolányi eine ironische Plurifizierung der Differenzen betreibt, daraus Weltläufigkeit und gelassene Neugier destillierend, so finden sich immer wieder ähnliche Mehrfachkonstellationen von städtischen Eigenheiten. Derart begann schon Heinrich Hart am 1. Juni 1883 die Serie seiner *Berliner Briefe* nach Breslau: „Berlin ist mehr als eine Stadt geworden; wie London den Begriff Geschäft, Paris den Begriff Genuß, so vertritt Berlin den Begriff Kraft. Alles an ihm ist noch eckig und ungefüg, aber aus den Augen des jungen Riesen leuchtet die Sehnsucht, alles zu wagen und alles zu erfassen, und seine Muskeln verraten die Energie, mit welcher er jener Sehnsucht Genüge leisten wird."[22] Zugleich wird in diesen differenzierenden Konstellationen die Spezifik der einen Stadt fort- und festgeschrieben: Rauch wie Kraft deuten beide auf das Berlin des Werdens und der Arbeit hin. Wie es denn zur Zeit der Weimarer Republik immer wieder heißen wird, Berlin sei die Stadt der Arbeit, sei Fabrik und laufendes Band, Stadt des Tempos und der immerwährenden Unruhe.[23]

---

[20] Brod, Max: *Berlin für den Fremden.* In: *Der Sturm*, Nr. 46 (14.1.1911), S. 6.

[21] Kosztolányi, Dezsö: *Bandi Cseregdi in Paris, im Jahr 1910.* In: Kosztolányi, Dezsö: *Die Abenteuer des Kornél Esti*, Berlin 2006, S. 80.

[22] Hart, Heinrich: *Mongolenhorden im Zoologischen Garten. Berliner Briefe (1883/84)*, Berlin 2005, S. 37.

[23] Vgl. Schütz, Erhard: *Wo liegt Europa in Berlin? Berlin-Darstellungen als Paradigma für eine europäische Moderne.* In: Fähnders, Walter / Klein, Wolfgang / Plath, Nils (Hrsg.): *Europa. Stadt. Reisende. Blicke auf Reisetexte 1918 - 1945*, Bielefeld 2006, S. 11 - 40; Schütz, Erhard: *Zwischen Alexanderplatz und Kurfürstendamm. Verändern, Verschwinden, Vergessen – Berlin-Topoi der Weimarer Republik.* In: *Der Deutschunterricht*, Jg. 42 (1992), H. 5, S. 53 - 68; und: Schütz, Erhard: *Beyond Glittering Reflections of Asphalt. Changing Images of Berlin in Weimar Literary Journalism.* In: Brockmann,

Allerdings wird damals Berlin nur relativ selten im Kontext der europäischen Metropolen situiert, viel häufiger und auch wirksamer findet sich der Vergleich mit US-amerikanischen Städten. Mit Chicago, wie wir eingangs bei Walther Rathenau z. B. gesehen haben, und dann mit New York. In beidem steckt wiederum jenes Element, das durch Rauch, Kraft und Tempo signalisiert wird – Berlin erscheint als weitgehend geschichtslose, eben ‚amerikanische' Stadt des industriellen Wachstums und der ökonomischen Expansion. Enthält der Vergleich mit Chicago – bei aller auch negativen Konnotation von Chaos und Hybris – immerhin ein Alleinstellungsmerkmal, eben die ‚amerikanischste' Stadt Europas zu sein, kein Konkurrent von Chicago, sondern ein altkontinentales Pendant, so ist der Vergleich mit New York eindeutig kompetitiv: Berlin will ebenbürtig werden mit der Hauptstadt des 20. Jahrhunderts – und, das werden dann insbesondere die Nazis propagieren und probieren, will selbst Hauptstadt des 20. Jahrhunderts werden.

Dies Muster konkurrenzialistischer Singularisierung ist zeitgenössisch freilich durch ein anderes, historisch schon von weiter her kommendes Muster unterlegt, das die singuläre Distinktion freilich mit einer regelrechten Allianz der arbeitsteiligen Andersheiten verbindet. Gemeint ist das Verhältnis Berlin mit Wien. So reimte bereits um die Mitte des 19. Jahrhunderts der schwäbische Dichter Justinus Kerner über das – symbiotisch beschworene – Verhältnis beider:

„Berlin und Wien
Kein Körper kann bestehn mit einem Kopf allein,
Es leget Gott in ihn auch stets ein Herz hinein.
Dem deutschen Körper gab zum Kopfe Gott Berlin,
Als Herz doch legt' er Wien, das herzliche, in ihn."[24]

Damals ging der Wunsch vor allem auf den einheitlichen Reichskörper, aber das Bild vom verkopften, rationalen Berlin und dem herzlichen bis herzigen Wien hielt sich durch und wurde zunehmend ausgemalt. Schon vor der Jahrhundertwende hatte sich der Dualismus von Kopf und Herz festgeschrieben.[25] In der Zeit der Republiken, in denen sich Österreich wie Deutschland neu orientieren

Stephen / Kniesche, Thomas W. (ed.): *Dancing on the Volcano. Essays on the Culture of the Weimar Republic*, Columbia 1995, p. 119 - 126.

[24] Pissin, Raimund (Hrsg.) / Kerner, Justinus: *Werke. 2. Teil*, Berlin, Leipzig, Wien u. Stuttgart 1914, S. 320.

[25] Mikoletzky, Juliane: *Die Wiener Sicht auf Berlin, 1870 - 1934*. In: Brunn, Gerhard / Reulecke, Jürgen (Hrsg.): *Metropolis Berlin. Berlin als deutsche Hauptstadt im Vergleich europäischer Hauptstädte 1871 - 1939*, Berlin u. Bonn 1992, 471 - 528.

mussten, ein Zusammengehen aber alliiert verboten bekommen haben, wurde er noch weiter ausgebaut: Das Verhältnis beider Städte wird nun häufig als das eines Verlobungspaares beschrieben. Berlin hält darin den männlichen Part, Wien den weiblichen. Berlin wird figuriert als Ingenieurstypus von plebejischer Herkunft, geprägt von Rationalität, Tempo und zivilisatorischer Fortschritts-orientierung, Wien hingegen als Dame mit Kultur und Vergangenheit (im doppelten wie zweideutigen Sinne), von entweder eher aristokratischer oder eher kleinhändlerischer Abkunft, geleitet vom Gemüt und geübt in der Gemütlichkeit des Damals.[26] Die positiven oder negativen Akzentuierungen darin wechseln je nach wirtschaftlicher Lage. Mal wird – von Berlin aus – Wien Faulheit und Schlamperei vorgeworfen, mal wird es um seine Leichtlebigkeit und Genuss-fähigkeit beneidet. Wien wiederum begehrt den Anschluss – so heißt es 1925 besonders prägnant im *Berliner Tageblatt*: „Die Partner haben Geist und Gefühl, Wesensgut und Alltagsprodukt lange genug ausgetauscht. Berlin und Wien sind zur Ehe reif."[27] Aber Wien liebt Berlin nicht, was Victor Auburtin damit erklärt, dass Berlin Wien einiges voraus hat: „die Verkehrsregulierung, die Telephon-zentrale, die sanitäre Milchkontrolle und die Marktpolizei. Das ist sehr schön, wird aber gar nicht helfen, denn keine Nation macht sich allein durch die Vor-züglichkeit ihrer Organisation bei anderen beliebt."[28] Auf anekdotische Weise hat das der Wiener Egon Friedell den Wienern 1924 erklärt, was wiederum der *Berliner Börsen-Courier* den Berlinern so vor Augen brachte:

> „In Berlin sind Hunderte von Menschen fieberhaft um eine Unordnung bemüht, die in Wien ein einzelner Dienstmann spielend zuwegebringt.
>
> Man kann zum Lob Berlins noch soviel Gewichtiges und Stichhaltiges vorbringen: auf die Dauer ist es eben doch nicht möglich, in einer Stadt zu leben, in der es ein Wort wie ‚Mampediktiner' gibt.
>
> In Wien bekommt man, genau genommen, in allen Restaurants nur Gulasch zu essen, aber es schmeckt immer anders. In Berlin bekommt man alles, was es gibt: Austernpastete, warmen Hummer, Ananascreme, gebackene Trüffeln, aber es schmeckt alles wie Sülzkotelette."[29]

Und ähnlich, wenngleich ernsthaft als Analyse gemeint, ein Feuilletonbeitrag von 1927:

---

[26] Ausführlicher dazu: Jäger, Christian / Schütz, Erhard: *Städtebilder zwischen Literatur und Journalismus. Wien, Berlin und das Feuilleton der Weimarer Republik*, Wiesbaden 1999.

[27] -zz-: *Wien am Kurfürstendamm. Der österreichische Einfluß auf Magen, Mode und Muse.* In: *Berliner Tageblatt*, 6.10.1925.

[28] Auburtin, Victor: *Bemerkungen über Wien.* In: *Berliner Tageblatt*, 10.7.1927.

[29] Friedell, Egon: *Berliner Eindrücke.* In: *Berliner Börsen-Courier*, 27.12.1924.

„Es ist ja nicht nur das gemeinsame Strafrecht, das den kommenden rattachement einleitet, sondern weil man Wien, das trotz der bekannten ‚Schlappheit' in seiner Art eine Kraftzentrale ist, die Auswirkungsmöglichkeiten nach Süd und Ost arg beschnitten hat, so strahlt es jetzt unter Überspringung zweier Grenzen nach Norden Revuehumoristen, Operettensängerinnen, Stoffblumen, Zeichner, Lederwaren, Reportage und das kommunale Bausystem aus. – Dinge, die sich aus vielerlei Ursachen gerade dort in einer gewissen Eigentümlichkeit entwickelt haben; so wie man umgekehrt ganze Inszenierungen neuer und alter Stücke von hier nach Wien exportiert, die deutsche Rationalisierung dort nachgeahmt wird, deutsche Literatur und Presse eindringt."[30]

In alledem, in all' diesen Spekulationen, Fort- und Umschreibungen von Profilen geht es aber zuerst gar nicht um Städteindividualitäten, um Unvergleichbarkeit und Alleinstellungsmerkmale, sondern vielmehr um typologische Zuschreibungen, die gerade die Vergleichbarkeit – durch Differenzbestimmungen – ausloten sollen. Und letztlich geht es auch darin – bei allen Pfadabhängigkeiten – eher um Typologisches als um Einzigartigkeiten. Wie aber steht es nun um die Begründbarkeiten von realen, wahrgenommenen oder zugeschriebenen Städteindividualitäten?

V.

Kommen wir dazu zum Ende noch einmal auf Georg Simmel zurück. Da die Stadtsoziologie an Simmels Überlegungen zur Verfassung von Großstadt und Großstädtern seine Betonung der Dichte und der daraus resultierenden Indifferenz interessiert und sie ihn darauf weitgehend festgelegt hat, ist es nicht verwunderlich, dass Simmel bei Löw nur ganz marginal und schon gar nicht mit seinem ikonischen Aufsatz auftaucht. Dabei haben – geht man einmal auf den unmittelbaren Kontext seines Essays zurück – die Zeitgenossen ihn geradezu konträr zur heutigen Einschätzung wahrgenommen – und entsprechend kritisiert. Vortragsreihe und Publikation standen seinerzeit unter dem generischen Titel: *Die Großstadt*. Der Statistiker Theodor Petermann, der den Band herausgab, distanziert sich gleich im Vorwort von Simmels „geistreichen Ausführungen", die das Ziel der Reihe verfehlt hätten: Er habe das „Geistesleben des einzelnen Großstädters" zum Thema gemacht und nicht, wie gewünscht, „die geistigen Kollektivkräfte der Großstädte und deren Kollektivwirkungen". So sei er, Petermann, vom Direktorium ermächtigt worden, zur geistigen Bedeutung der Großstädte einen zusätzlichen Beitrag zu schreiben. Petermanns Beitrag geht denn auch summarisch auf die Bedeutung von Universitäten im Verein mit

---

[30] Adriaen: *Wohnen oder Essen?* In: *Berliner Tageblatt*, 27.09.1927, Morgenausgabe, 1. Beilage.

Presse- und Buchverlagen in Europa und den USA sowie auf die Bedeutung der Großstädte als Stätten der Kunst ein.[31]

Sieht man auf dieser Folie sich noch einmal Simmels Aufsatz an, dann stellt sich Verwunderung über die einseitige Rezeption in der Stadtsoziologie ein. Denn bei Simmel, nicht erst bei Richard Sennett, bilden Differenz und Indifferenz bereits „ein eng umschlungenes, unglückliches Paar"[32]. Die Stadt erscheint in seiner Darstellung nämlich zugleich als Ort der „Spezialisierung", der „Differenzierung, Verfeinerung, Bereicherung". Und gerade die „Schwierigkeit, in den Dimensionen des großstädtischen Lebens die eigene Persönlichkeit zur Geltung zu bringen", führt zur Pointiertheit, führt dazu, „sich pointiert, zusammengedrängt, möglichst charakteristisch zu geben", und verführt „schließlich zu den tendenziösesten Wunderlichkeiten [...], zu den spezifisch großstädtischen Extravaganzen des Apartseins, der Kaprice, des Pretiösentums", kurz, zur prinzipiellen „Form des Andersseins, des Sichheraus- hebens und dadurch Bemerklichwerdens". Wenn Simmel Indifferenz als individuellen Selbstschutz gegen die großstädtische Umwelt wahrnimmt, sieht er zugleich deren Kehrseite. Im Außenkontakt muss das Individuum sich genau konträr verhalten: Gerade weil die Reize der großstädtischen Umwelt so stark, so dicht und so schnell sind, hat nur derjenige eine Chance, erfolgreich wahrgenommen zu werden, der sich selbst noch stärker, dichter, schneller, eben auffälliger präsentiert. Mithin ist erfolgreich, wer in den Verkehrsformen der Großstadt sich zu bewegen, d. h. aufzufallen und sich zu unterscheiden weiß: gegen die Vielzahl – durch Besonderheit (als Extravaganz oder Wunderlichkeit), gegen die Zeitknappheit – durch Pointiertheit, gegen die Objekthaftigkeit – durch Übertreibung von Subjektivität. Karl Kraus hat dazu übrigens einen einschlägigen Aphorismus geliefert, der zum einen auf das von Simmel als symptomatisch beobachtete Phänomen der allverbreiteten Taschenuhren eingeht, zum anderen mit seiner aphoristischen Paradoxisierung gleichsam das großstädtische Auffälligkeitsgebot illustrierend erfüllt: „Alles geht nach der Uhr, darum kann jeder nach seiner eigenen gehen. Dieser Ordnungssinn macht das Leben abenteuerlich."[33]

Simmel konnte in ähnlichem Zusammenhang bereits 1897 schreiben: „Auf der individuellen Nuance steht alles, ganz allein." Wohingegen die sogenannte Hauptsache „das Allergleichgiltigste ist".[34] Simmel hatte das nicht nur im gesell-

---

[31] Petermann, Theodor: *Vorbemerkung des Herausgebers*; und: Petermann, Theodor: *Die geistige Bedeutung der Großstädte*. In: Petermann: *Die Großstadt*, a. a. O., S. 207 - 230.

[32] Sennett, Richard: *Civitas. Die Großstadt und die Kultur des Unterschieds*, Frankfurt a. M. 1991, S. 169.

[33] Kraus, Karl: *Illusionen*. In: *Die Fackel*, Jg. 9 (1907), Nr. 237 (02.12.1907).

[34] Simmel, Georg: *Das Gleichgiltigste. Ein moralisches Dilemma* (1897). In: Simmel, Georg: *Momentbilder sub specie aeternitatis*, Heidelberg 1998, S. 63 - 67, hier S. 67.

schaftlichen Verhältnis der Individuen gesehen, sondern auch als Prinzip der Warenwelt wahrgenommen. So hatte er ein Jahr zuvor, 1896, von der legendären *Berliner Gewerbe-Ausstellung* nach Wien berichtet, und dabei ausgeführt, wie die Spannung von Indifferenz und Differenz nicht nur die Menschen, sondern auch die Dinge, die Produkte der großen Stadt betrifft. Ich zitiere ausführlicher:

„Die Warenproduction unter der Herrschaft der freien Concurrenz und mit dem durchschnittlichen Übergewichte des Angebots über der Nachfrage muß dazu führen, den Dingen über ihre Nützlichkeit hinaus noch eine verlockende Außenseite zu geben." Simmel nennt das die „Schaufenster-Qualität der Dinge". Und dann verallgemeinert er: „Es ist überhaupt sehr merkwürdig: der einzelne Gegenstand innerhalb einer Ausstellung zeigt dieselben Beziehungen und Modificationen, wie sie dem Individuum innerhalb der Gesellschaft eigen sind: einerseits Herabdrückung durch den anders qualificierten Nachbar, andererseits Hervorhebung auf Kosten ebendesselben; einerseits Nivellierung und Vergleichgiltigung durch die gleichartige Umgebung, andererseits die Steigerung, die das und der Einzelne gerade durch die Summierung der Eindrücke erfährt [...]."[35] Diese „Beziehungen und Modificationen, wie sie dem Individuum [...] eigen sind", allerdings hat Simmel nicht auf das Verhältnis der großen Städte zueinander übertragen. Zum einen wohl, weil er eben nicht weiterhin an einer Städtesoziologe interessiert war, zum anderen aber auch, weil er in diesen Fällen zu sehr auf Berlin fixiert und von dessen Verwandlung fasziniert war. Darum, schreibt er, „wird denn hiermit recht klar, was ‚Weltstadt' bedeutet und daß Berlin, trotz allem, eine ist: eine Stadt, der die ganze Welt die Stoffe ihres Arbeitens liefert und diese zu allen wesentlichen Formen gestaltet, die irgendwo in der gegenwärtigen Culturwelt erscheinen."

Simmel lieferte damit zwar das Modell, wonach man über die wohl unleugbaren Pfadabhängigkeiten der jeweiligen Städteprofile hinaus gerade die Selbsterfindung der Städte beschreiben und verstehen könnte; er selbst aber war weniger an den je einzelnen Individualitäten als am Prinzip der Individualisierung interessiert. Das lässt sich sehr gut an seinen kleinen Aufsätzen zu den oberitalienischen Kulturstädten und zu Rom erkennen, wo es ihm um die Städte als Kunstwerk geht. Selbst wenn er sie unmittelbar vergleicht, hebt er dabei auf das Kategoriale ihrer Unterschiede ab.[36] Im konkreten Fall von Berlin war er

---

[35] Simmel, Georg: *Berliner Gewerbe-Ausstellung* (1896). In: Jung, Werner (Hrsg.) / Simmel, Georg: *Vom Wesen der Moderne. Essays zur Philosophie und Ästhetik*, Hamburg 1990, S. 167 - 174.

[36] Vgl. Simmel, Georg: *Rom. Eine ästhetische Analyse*. In: Dahme, Hans-Jürgen (Hrsg.): *Georg Simmel Gesamtausgabe. Band 5*, Frankfurt a. M. 1992, S. 301 - 310; Simmel, Georg: *Venedig*. In: Ebd., S. 258 - 259; und: Simmel, Georg: *Florenz*. In: Cavalli,

aber zu sehr in dessen dichtem Durcheinander, der, wie er schrieb, Steigerung des „ästhetischen Superadditums" sowie in dessen erhoffter Karriere befangen, in der Rechtfertigung des „trotz allem". Für ihn war, mit anderen Worten, Berlin tatsächlich noch das Laboratorium der Moderne – und damit zugleich sein eigenes. In einer autobiografischen Notiz hat ihn sein Sohn Hans so zitiert: „Die Entwicklung Berlins von der Großstadt zur Weltstadt in den Jahren um und nach der Jahrhundertwende fällt zusammen mit der Periode meiner eigenen stärksten und weitesten Entwicklung."[37]

Damit lässt sich hier der Bogen zum Anfang schlagen, zur ‚schönsten Stadt der Welt'. Unter solchen Bedingungen gehört eben auch die Übertreibung zu den „Modificationen", wie sie dem Individuum nun einmal eigen sind. Wie umgekehrt es zu den Unterschlagungen gehört, wenn ein Propagator der ‚Eigenlogik der Städte' ausgerechnet Robert Musil als Zeugen anführt: „Städte lassen sich an ihrem Gang erkennen wie Menschen." Was er freilich nicht zitierte, ist Musils Pointe. Nämlich der Einwand, die „Überschätzung der Frage, wo man sich befinde, stammt aus der Hordenzeit, wo man sich die Futterplätze merken musste". Heutzutage jedoch lenke die Frage, welche besondere Stadt das sei, „von Wichtigerem ab". Und dass alle großen Städte „aus Unregelmäßigkeit, Wechsel, Vorgleiten, Nichtschritthalten, Zusammenstößen von Dingen und Angelegenheiten, [...] Bahnen und Ungebahntem" bestünden.[38]

Alessandro / Rammstedt, Otthein (Hrsg.): *Georg Simmel Gesamtausgabe. Band 8*, Frankfurt a. M. 1993, S. 69 - 73.

[37] Simmel, Hans: *Auszüge aus den Lebenserinnerungen.* In: Böhringer, Hannes / Gründer, Karlfried (Hrsg.): *Ästhetik und Soziologie um die Jahrhundertwende: Georg Simmel*, Frankfurt a. M. 1976, S. 265. Vgl. auch ebd.: „[...] diese Leistung, die ich hier [...] zustande gebracht habe, ist unzweifelhaft an das Berliner Milieu gebunden gewesen."

[38] Musil, Robert: *Der Mann ohne Eigenschaften*, Reinbek 1981, S. 9f. Vgl. Berking, Helmuth: *‚Städte lassen sich an ihrem Gang erkennen wie Menschen' – Skizzen zur Erforschung der Stadt und der Städte.* In: Berking, Helmuth / Löw, Martina (Hrsg.): *Die Eigenlogik der Städte – Neue Wege für die Stadtforschung*, Frankfurt a. M. u. New York 2008, S. 15 - 31.

II. Großstadt werden! – Bratislava

Jozef Tancer
Die Selbsterfindung der Stadt im Augenblick der Krise.
Katastrophennarrative
in der Pressburger periodischen Presse im Jahre 1913

Die Frage nach der eigenen Identität stellt sich wohl nie mit einem größeren Nachdruck als in Krisenaugenblicken. Im Alltag, fern größerer Gefahren, besteht kein Zwang, auf diese Frage eine klare Antwort zu geben. Ausnahmezustände verlangen dagegen, dass man eindeutig Position bezieht. Die Gelegenheit zur Beobachtung und Analyse von Debatten, in denen die Stadtbewohner darüber diskutieren, wer sie sind und wie ihre Stadt auszusehen hat, bietet sich daher besonders in Gefahrensituationen und bei Konflikten. Denn erst durch die Auseinandersetzung mit dem Anderen und den Anderen konstituieren und verfestigen sich unsere Selbst- und Fremdbilder.

Die vorliegende Studie widmet sich gerade einem solchen Fall, bei dem die ganze Stadt, d. h. die verschiedenen hier lebenden Gruppen und Gemeinden plötzlich vor der Frage standen, angesichts einer großen Katastrophe ihre Identität zu deklarieren. Der Brand im ehemaligen Ghetto Pressburgs, um den es hier gehen wird, warf nicht nur verschiedene bautechnische und hygienische Fragen auf, sondern entfachte auch Auseinandersetzungen über das Image der ehemaligen ungarischen Haupt- und Krönungsstadt. Die verschiedenen damals formulierten Vorstellungen über Pressburg lassen sich heute auf den Seiten der zeitgenössischen Lokalpresse verfolgen. Das Ziel dieses Beitrags ist erstens, mit Hilfe der Pressezeugnisse die soziale Dynamik der Brandkatastrophe und der unmittelbar danach folgenden Ereignisse zu beschreiben. Ich versuche, die wichtigsten Phasen dieses Pressburger „Dramas" zu identifizieren und Probleme zu beschreiben, mit denen sich die Bewohner der Stadt konfrontiert sahen. Doch nicht nur das Ereignis, sein Verlauf und seine Folgen werden hier erörtert. Stützt man sich bei den Analysen auf Informationen aus den Zeitungen, so wird automatisch auch das Informationsmedium selbst zum Gegenstand der Reflexion. Daher möchte ich zweitens die Struktur und Funktion einiger repräsentativer Narrative der lokalen Presseorgane untersuchen, die den Diskurs über das Image Pressburgs nach der Brandkatastrophe 1913 geprägt haben. Die moderne Presse ist nie lediglich ein passiver Beobachter lokaler Ereignisse. Sie ist ein bedeutender Akteur, der sich maßgeblich am Prozess der Identitätsbildung beteiligt, indem er Identitätsangebote vorformuliert oder bereits bestehenden Identitätsbildern Raum verleiht und sie distribuiert. Die Wahrnehmung und Reflexion der Ereignisse sind nicht nur durch das Geschehen selbst, sondern gerade durch die Art und Weise der Berichterstattung geprägt, deren Perspektive von der Wahl eines konkreten Narrativs geprägt wird. Mit anderen Worten: Untersuchen wir historische Ereignisse aufgrund ihrer Darstellung in der Presse, so haben wir es nicht nur mit den Ereignissen, sondern auch mit ihren Narrativen zu tun.

1. Akt: Katastrophe

An einem Samstag, dem 10. Iljar 5673, in der traurigen Omer-Zeit zwischen den Festen Pessach und Schawuot, brach um 2 Uhr nachmittags in einer Mansardenwohnung, Petöfigasse Nr. 5, just in dem Haus, in welchem 1846 der ungarische Nationaldichter Sándor Petöfi gewohnt haben soll, dessen Namen die ganze Gasse trug, ein Brand aus. Mit rasender Geschwindigkeit griffen die Flammen auf die umliegenden Holzschindeldächer über. Innerhalb von vier Stunden lag das Pressburger Schlossgrundviertel in Schutt und Asche. „Um sechs Uhr hatte das Pressburger Ghetto aufgehört zu sein"[1], klagte die *Ungarländische Juedische Zeitung* der ganzen Welt. „Das ganze Haus Israel möge diesen Brand beweinen!"[2] Die im Laufe der nächsten Tage Schritt für Schritt festgestellten Schäden betrugen 69 abgebrannte Häuser in fünf Gassen des Ghettos einschließlich der weltweit berühmten Pressburger Jeschiwa, ca. 4 000 Obdachlose, viele Verwundete und einen Toten – den Feuerwehrmann Franz Huber, der infolge einer Rauchvergiftung an Herzschwäche starb. Der materielle Schaden wurde insgesamt auf 1,5 Million Kronen geschätzt.

Die unerwartete Katastrophe setzte die Ordnung des Alltags außer Kraft und stellte alles auf den Kopf. Die Schilderungen der herrschenden Umstände drücken eine tiefe Verzweiflung und Leere aus. Dort, wo früher das Leben pulsierte, war nun die Zeit stehengeblieben:

> „Kahle Mauern, nackte Schornsteine ragten zum dunklen Himmel empor; aus den gähnenden Fensteröffnungen einzelner Häuser, in denen die glimmenden Balken der eingestürzten Dachstühle noch nicht hatten gelöscht werden können, zuckte hie und da ein dünner Feuerstrahl, umhüllt von dichtem, Funken sprühendem Qualm durch die finstere Nacht."[3]

Die Zeitungen brachten Artikel über verheerende Feuersbrünste in Pressburg in den Jahren 1809 und 1811. Sie suchten nach Vergleichen, die das Ausmaß des Unglücks hätten begreiflich machen können, nicht zuletzt nach biblischen Analogien – und alttestamentarischen Bildern des Verderbens. Die Zerstörung

---

[1] N. N.: *Der 17. Mai 1913. Der Untergang der Pressburger Judenstadt.* In: *Ungarländische Juedische Zeitung*, 23.5.1913 [im Folgenden zitiert als *UJZ*].
[2] Ebd., 17.5.1913, Extra-Ausgabe.
[3] N. N.: *Die Brandkatastrophe in Pozsony.* In: *Pester Lloyd*, 19.5.1913 [im Folgenden zitiert als *PL*].

des Ghettos findet ihr Vorbild in der Verwüstung Jerusalems und der Tempel-
zerstörung, wie es von dem Propheten Jeremia vorhergesagt war. Dr. J. Strasser
schreibt in der Tageszeitung *Pester Lloyd*:

„Wer sie sah, diese Gasse, in der ungebrochenen hohen Stille eines Sabbattages, wer durch
sie wandelte, wenn sie, von Fähnlein tragenden, festlich gekleideten Kinderchen bevölkert,
freundlicher Lichterschein eines Thorafestes erleuchtete, oder wenn sie der lachende Jubel
und Trubel einer maskenreichen Purimnacht durchjauzte, der wird heute ‚an der
eingefallenen Wand' mit ihren armen Bewohnern bewegt mitsprechen: ‚Siehe, die Stadt'."[4]

Die Bilder aus den Straßen des Ghettos boten Szenen, die mit den absurden Visionen der Surrealisten konkurrieren konnten. Wie bei diesen geriet die alte
Ordnung aus den Fugen, wurden Kontexte zerstört, Kontraste aufgehoben, neue
Bedeutungen geschaffen und unerwartete Zusammenhänge hergestellt. Erinnert
die folgende Schilderung nicht an den Seziertisch Lautréamonts?

„Die Nikolai-Kapelle [...] wurde nur zum Teil beschädigt; außer zwei, an der Hauptfront
der Kapelle angebracht gewesenen hölzernen Kruzifixen wurden auch die Sakristei und die
Chorstiege ein Raub der Flammen. Sonst erlitt die Kapelle keinen weiteren Schaden. Seit
gestern bildet das Innere der Kapelle ein wahres Möbelmagazin; die Möbel einiger
delogierter Familien wurden in der Kapelle untergebracht. Im Schiffe stehen Betten und
Nachtkästchen, vor dem Altar liegen Küchengeräte, Teller, Schüsseln, wertlose Nipp-
sachen, in einer Ecke stehen mehrere Nähmaschinen, auf einem Tisch in der Mitte der
Kapelle erblickt man eine Weckuhr, eine Branntweinflasche, eine Saugflasche für einen
Säugling; auf dem Altar befinden sich Schirme, ein alter Frauenhut und ein Vogelbauer mit
einer Nachtigall, die sich in dem Düster der Kapelle nicht recht wohl zu fühlen scheint. In
einem Nebenraum der Kapelle schlief die Familie eines Feuerwehrmanns."[5]

2. Akt: Idylle

Die verheerende Brandkatastrophe an jenem 17. Mai 1913, der „schwarze
Sabbat" in der Geschichte Pressburgs, ließ in den ersten Augenblicken die
meisten Blätter alle Feindschaften vergessen. Das außerhalb der alten Stadt-
mauern stehende und erst seit 1850 zur Stadt gehörende jüdische Viertel, das
auch trotz der Eingemeindung weiterhin ein kultureller und urbaner „Zwischenraum" geblieben war, wurde plötzlich rhetorisch in das Herz der Stadt geschlos-
sen. Trauert das jüdische Wochenblatt die *Ungarländische Juedische Zeitung*
um den Untergang des Pressburger Ghettos, so erklärt der traditionell sonst antisemitisch gesinnte *Grenzbote* den Brand zum Unglück für die ganze Stadt: „Von

---

[4] Strasser, J.: *In memoriam*. In: *PL*, 20.5.1913.
[5] N. N.: *Die Brandkatastrophe in Pozsony*. In: *PL*, 19.5.1913.

Jozef Tancer

einer fürchterlichen Katastrophe ist unsere Stadt betroffen worden."[6] Ein anderes lokales Blatt, die *Pressburger Presse*, schreibt in ähnlichem Ton: „Wie ein Blitz aus heiterem Himmel ist ein grenzenloses Unglück über unsere schöne Stadt hereingebrochen."[7] Das ungarische Tagesblatt *Nyugatmagyarországi Híradó* wendet sogar ein, die jüdische Gemeinde versuche, das Unglück nur für sich selbst zu vereinnahmen, d. h. einzig als Unglück der jüdischen Bewohner von Schlossgrund darzustellen.[8]

Nach der ersten Bestürzung stellt sich spontan euphorische Nächstenliebe ein. Die plötzlich auflodernde Solidarität erhebt die Menschen aus Schutt und Asche in die höchsten Sphären der Humanität und Brüderlichkeit. Das „grenzenlose" Unglück lässt alle Schranken fallen. Angesichts der allgemeinen Not lautet die Hauptparole ‚Eintracht': „Behörden und Einzelne müssen sich einträchtig zusammentun, ohne Unterschied des Standes und der Konfession."[9] Die Katastrophe glättet die Reibungsflächen nicht nur zwischen den einzelnen konfessionellen und sozialen Gruppen. Auch scheinbar unüberbrückbare Konflikte innerhalb der Gruppen verlieren an Schärfe. Das Kampforgan der jüdischen Neologie, die *Ungarländische Juedische Zeitung,* bietet seinem Erzfeind, der jüdischen Orthodoxie, die Hand zur Versöhnung. Der Brand im Ghetto habe einen Hitzegrad erreicht, „bei welchem die spröden Teile der Orthodoxie und Neologie einigermassen zusammengeschweisst werden können. Allerdings hat es dazu eines Schmelzofens von der riesenhaften Dimension des Pressburger Feuerherdes bedurft [...]"[10].

Wie in einem klassischen Drama stellt sich nach der Katastrophe die Katharsis ein: „[...] es war herzerhebend, wieder einmal Zeuge zu sein von der Solidarität der guten Menschen"[11], kommentiert der Redakteur des *Grenzboten*, noch unter unmittelbarem Eindruck am Ort des Geschehens. Bereits die eigentliche Löschaktion, die im Grunde mehrere Tage dauerte, wurde zum Symbol der Solidarität. Die Pressburger Feuerwehr erhielt nicht nur von der hier stationierten Militärgarnison Hilfe, sondern auch von Feuerwehrcorps aus den Pressburger Fabriken und aus den umliegenden Dörfern. Es wurde sogar ein Sonderzug aus Wien nach Pressburg gesendet. Die Wiener Feuerwehr war zum ersten Mal in ihrer Geschichte so weit weg von ihrem Revier im Einsatz.

[6] N. N.: *Die Solidarität der guten Menschen.* In: *Grenzbote*, 18.5.1913.
[7] N. N.: [ohne Titel]. In: *Pressburger Presse*, 19.5.1913 [im Folgenden zitiert als *PP*].
[8] N. N.: [ohne Titel]. In: Nyugatmagyarországi Hiradó, 20.5.1913 [im Folgenden zitiert als *NH*].
[9] N. N.: *Die Solidarität der guten Menschen.* In: *Grenzbote*, 18.5.1913.
[10] N. N.: *Der Schmelzofen.* In: *UJZ*, 20.6.1913.
[11] N. N.: *Die Solidarität der guten Menschen.* In: *Grenzbote*, 18.5.1913.

Etwa einen Monat lang veröffentlicht die lokale Presse tagtäglich Zeugnisse der Wohltätigkeit: großzügige Geldspenden von den obersten Stellen im Land, aus dem Ausland, bis zu den kleinsten Gaben von anonymen Spendern. Wohltätigkeitsvereine in der Stadt organisieren für die sogenannten Abbrändler provisorische Unterkünfte und Verpflegung, es werden Lebensmittel und Kleider geschenkt. Noch sind die Flammen im Schlossgrundviertel nicht gelöscht, da meldet schon die Abendausgabe der *Pressburger Zeitung*: „Für die Kinder der Abgebrannten, ohne Unterschied der Konfession, wird um ¼ 6 Uhr Brot und Milch im Hotel zum Hirschen gratis verabfolgt."[12] Es werden Konzerte und Theateraufführungen zugunsten der Opfer des Brandes veranstaltet; die Stadt versucht, mit den aus dem ganzen Land eingetroffenen finanziellen Mitteln alle Opfer zu entschädigen. Aus den Trümmern des Schlossgrundes erwächst ein ‚Nirgendort' – eine soziale Idylle.[13]

Die Nachricht vom Brand im Pressburger Ghetto verbreitete sich wie ein Lauffeuer in den Zeitungen der Monarchie. Prager, Wiener und Budapester Blätter brachten ausführliche Berichte und Reportagen. Der 17. Mai 1913 wurde dank des dichten Informationsnetzes in Österreich-Ungarn zum medialen Ereignis. Der Ort der Katastrophe verwandelte sich schlagartig zu einer touristischen Attraktion. Neugierige aus umliegenden Orten, aber auch aus Brünn, Linz und Graz besuchten die Brandstätte und erschwerten die Räumungsarbeiten der Feuerwehr und der Armee. „Von den Eisenbahnen strömen massenhaft Fremde herein, zumeist Wiener und gewesene Pressburger. Photographen, Kinematographen, Reporter durchstreifen die Strassen."[14] Der Pressburger Fotografenklub forderte seine Mitglieder sowie Liebhaberfotografen auf, ihre Aufnahmen der Unglücksereignisse für öffentliche Vorträge zur Verfügung zu stellen. Die Stadt erlebte wohl in diesen Tagen zum ersten Mal in ihrer Geschichte den Katastrophentourismus.

Die lokalen sowie einige auswärtige Blätter beschränkten sich nicht auf ihre Funktion der Berichterstattung und des Kommentars. Unabhängig von ihrer politischen Orientierung nützten sie die Publizität, um für die Abgebrannten öffentliche Sammlungen zu organisieren, über die sie die Leser regelmäßig informierten. Aus dem medialen Raum, der sich durch Berichte in speziell einge-

---

[12] N. N.: *Großer Brand am Schlossgrund. Die Häuser in der Petöfi- und Nikolaigasse in Flammen*. In: *Pressburger Zeitung*, 17.3.1913, Abendblatt [im Folgenden zitiert als *PZ*].

[13] Zur Wohltätigkeit nach der Brandkatastrophe in Pressburg zusammenfassend: Mannová, Elena: *Dobročinné spolky a konštruovanie kolektívnych identít* [*Wohltätigkeitsvereine und die Konstruktion von kollektiven Identitäten*]. In: Csáky, Moritz von / Mannová, Elena (Hrsg.): *Kolektívne identity v strednej Európe v období moderny* [*Kollektive Identitäten in Zentraleuropa im Zeitalter der Moderne*], Bratislava 1999, S. 195 - 212, hier S. 210f.

[14] N. N.: *Der 17. Mai 1913. Der Untergang der Pressburger Judenstadt*. In: *UJZ*, 23.5.1913.

führten Rubriken wie „Nach dem Brande" (*PZ*) oder „Von der Brandstätte" (*UJZ*) öffnete, profitierten nicht nur die Empfangenden, sondern natürlich auch die Gebenden. Die verschiedenen bürgerlichen, professionellen und konfessionellen Vereine hätten außerhalb der Faschingszeit wohl kaum einen besseren Anlass zur Selbstreklame gefunden als diese Wohltätigkeit angesichts der Katastrophe.

Obwohl diese derart breite Publizität der Stadt und den Opfern selbst eine bedeutende finanzielle Hilfe einbrachte, reagierte die lokale Presse auf Stimmen aus dem Ausland nicht selten ziemlich gereizt. Insbesondere dort, wo sie neben Mitleid auch Kritik äußerte. Denn sobald über die Stadt auf einer überregionalen Ebene gesprochen wurde, schien plötzlich ihr Image auf dem Spiel zu stehen. Überhaupt wurde das Image Pressburgs in den Medien bald wichtiger als das Schicksal der Brandopfer selbst. Die *Pressburger Presse* schreibt:

„Das Wehgeschrei der Abgebrannten erfüllte in achtundvierzig Stunden ganz Europa und Amerika. Dafür haben die Zeitungen gesorgt. Es ist von Pressburg wieder einmal in der ganzen Welt die Rede gewesen, aber nicht als von einer Kulturstätte, sondern als eine Art ungarischem ,Nisnej Nowgorod'."[15]

Somit lenken die Zeitungen einige Tage nach dem Brand die Aufmerksamkeit der Leser von der eigentlichen Katastrophe und ihren Folgen für die Abgebrannten auf das Problem der Selbstinszenierung Pressburgs. Wie möchte die Stadt in den Augen der Öffentlichkeit erscheinen? Den Kern dieser Image-Frage bildet, wie die dritte Phase der Brandkatastrophe zeigt, hauptsächlich die Frage: „Was geschieht mit dem Schlossviertel?"[16]

3. Akt: Kampf um die Zukunft
Katastrophen setzen alte Ordnungsregeln außer Kraft und schaffen Raum für die Neudefinierung der Orte. So verwandelte sich der ,Nirgendort' der sozialen Idylle in wenigen Tagen zum hart umkämpften Machtfeld verschiedener Interessen, welche das Bild des Schlossgrundviertels neu zu bestimmen suchten. Nach der Einäscherung eines Großteils des jüdischen Ghettos entzündeten sich Debatten, die aus der Sicht der altansässigen, nun zum großen Teil obdachlos gewordenen jüdischen Bevölkerung eine zweite Katastrophe herbeizuführen drohten: „Ein Unglück ist vorüber, und ein noch größeres steht bevor", äußert

---

[15] N. N.: *Eine Lehre.* In: *PP*, 26.5.1913.
[16] Unter diesem Titel erschienen die Beiträge zum künftigen Schicksal des Ghettos in der *Pressburger Presse.*

der Repräsentant der jüdischen Gemeinde Max Blau seine Bedenken gegenüber der urbanen Planung der Stadt.[17]

Fünf Tage nach der Feuersbrunst veröffentlichte die *Pressburger Zeitung* einen Leitartikel, der den bisherigen Reflexionen der Katastrophe eine Wende gab:

> „Bald wird die Zukunftsfrage aufgerollt werden: ob es gestattet werden darf, daß in diesem Stadtteile der alte Zustand wieder hergestellt werde, oder ob die so kraftvoll vorwärtsstrebende Stadt großzügig die vollständige Regulierung dieses abgebrannten Teiles durchzuführen sich entschließen wird."[18]

Bis auf die *Ungarländische Juedische Zeitung* sprechen sich alle deutschsprachigen Zeitungen Pressburgs eindeutig für eine radikale Neuregulierung des Viertels aus, wobei die *Pressburger Zeitung* als einzige unter ihnen auch entgegengesetzten Meinungen Raum verleiht, wiewohl sie sich von den abgedruckten Kommentaren mit einer redaktionellen Bemerkung immer deutlich distanziert. Analysiert man die sozialen, hygienischen, bautechnischen und urbanistischen Argumente für die Neuregulierung dieses Stadtteils, so fällt auf, dass in den Debatten über die Neubestimmung des Schlossgrundes letztendlich wieder die alten – nur vorübergehend gefallenen – Grenzen, gezogen werden, jedoch nun mit einer neuen Vehemenz. In die Zeitungen kehrt der alte antisemitisch gefärbte Ton zurück. Da die Frage der Neubestimmung des alten jüdischen Viertels letztlich eine Frage des Selbstbildes der Stadt und der Neudefinition der Position der jüdischen Bevölkerung in Pressburg war, erwachten alte Fremdbilder mit einer Vitalität, die vor der Brandkatastrophe in der lokalen Presse nicht zu beobachten waren.

Eines dieser Fremdbilder wurde von der Tageszeitung *Grenzbote* gleich zwei Tage nach dem Brand aufgegriffen. Das Blatt machte für das katastrophale Ausmaß der Feuersbrunst nicht nur die schlechten bau- und feuertechnischen Verhältnisse und den starken Südwind, sondern auch die Juden selbst verantwortlich. Sie wurden daher nicht nur als Opfer des Brandes, sondern mithin als eine der Ursachen für die Katastrophe angesehen:

> „[Es] dürfte die starre Glaubenstreue der vom Brand heimgesuchten jüdischen Bevölkerung mit dazu beigetragen haben, daß das Feuer so riesigen Umfang angenommen hat. Es ist bekannt, daß der orthodoxen Judenschaft streng verboten ist, am Samstag irgendwelche Arbeit zu leisten, und obwohl nun die Flammen ihr Hab und Gut bedrohten, weigerte sich die orthodoxe Bevölkerung, sich an den Löscharbeiten zu beteiligen."[19]

---

[17] Blau, Max: *Eine Warnung zur rechten Zeit!* In: *PZ*, 31.5.1913, Morgenblatt.
[18] N. N.: *Zukunftspläne für den zerstörten Stadtteil.* In: *PZ*, 22.5.1913, Morgenblatt.
[19] N. N.: [ohne Titel]. In: *Grenzbote*, 19.5.1913.

Jozef Tancer

Bis die orthodoxe Israelitengemeinde in der Presse auf die Unsinnigkeit dieser Behauptung mit dem Hinweis auf die Außerkrafttretung des Sabbatgesetzes bei jeglicher Todesgefahr sowie auf den selbstaufopfernden Einsatz der Juden bei der Löschaktion reagierte, war die zitierte Beschuldigung bereits von verschiedenen auswärtigen Zeitungen übernommen worden, einschließlich von der *New York Times*, die am 19. Mai 1913 einen Artikel unter dem Titel *Orthodox Jews in Pressburg Refused to Save Their Homes* veröffentlichte.

In den Diskussionen über die Zukunft des jüdischen Viertels betrachtete man diesen Stadtteil weniger als bedeutende Sehenswürdigkeit[20], geschweige denn als „alterwürdige Stätte, wo Lehre und Erbauung in alle Länder hinausging"[21], wie es die *Ungarländische Juedische Zeitung* formulierte. Hinter der Ablehnung einer möglichen Modernisierung des ehemaligen Ghettos und der Forcierung seiner Liquidierung schimmert die Wahrnehmung der Juden als gefährlicher Fremdkörper im modernen Pressburg durch. Dies lässt sich am Kommentar des Pressburger Arztes Dr. Matthias Dobrovits dokumentieren. Dobrovits stellt zuerst die beengten sozialen Verhältnisse der Bewohner des Schlossgrundes und deren Armut dar, um zu folgendem Schluss zu kommen:

> „Dies enge Zusammenwohnen unglücklicher, daher unzufriedener, fanatischer, von Hass gegen Andersgläubige und Bessersituierte erfüllter Proletarier ließ diesen Stadtteil als eine gefährliche Beule empfinden, welche jetzt das Feuer aus unserem Leibe ausgebrannt hat. Eine Beule, welche an unserer Menschenwürde zehrte und die Entwicklung menschenbrüderlicher Einigung hinderte."[22]

Mit einer neuen Definition der im ehemaligen Ghetto wohnenden jüdischen Bevölkerung ist für den Primarius deren zukünftige räumliche Zerstreuung, d. h. deren Integration in die mehrheitlich nicht-jüdische Gesellschaft verbunden. Die Auflösung des Ghettos würde in seinen Augen auch der Diskriminierung der Juden ein Ende bereiten:

> „Der Jude, den unsere liberalen Gesetze zum gleichwertigen Bürger unseres Vaterlandes erhoben haben, möge es selbst fühlen, daß er es nicht mehr nötig hat, sich aus Furcht vor den Ausbrüchen mittelalterlicher Wahnideen scheu aus dem Getriebe seiner Mitbürger zu

---

[20] So äußerte sich z. B. der Historiker Tivadár Ortvay im ungarischen *Nyugatmagyarországi Híradó* am 22.5.1913. Das Blatt nannte das Schlossgrundviertel, in dem sich das Ghetto befand, den interessantesten Teil Pressburgs. So lautete der Untertitel eines Artikels vom 18.5.1913: *Pozsony legérdekesebb része elhamvadt* [*Der interessanteste Teil Pressburgs brannte nieder*].

[21] N. N.: [ohne Titel]. In: *UJZ*, 17.5.1913, Extra-Ausgabe.

[22] Dobrovits, Matthias: *„Es war einmal…"* *Reflexionen auf dem Schutte des Pozsonyer Ghettos*. In: *PZ*, 24.5.1913, Morgenblatt.

exilieren – er nehme in unserer Mitte seinen berechtigten Platz ein. Nur dadurch, daß sein Leben und Treiben in Mitten seiner Mitbürger des eigentümlichen mystischen Dunkels entledigt wird, welches zu den furchtbarsten Märchen und Schauergeschichten Anlaß gegeben zu jedes menschliches Gefühl empörenden blutigen Ausschreitungen [...] geführt hat, wird die brüderliche Liebe entstehen und sich festigen."[23]

Doch sind die Argumente des Dr. Dobrovits nicht eigentlich von seinem tiefen Wunsch gespeist, das Fremd- und Gespensterartige, das Dämonische zu beseitigen? Statt das Fremde durch die Bekämpfung der Vorurteile in ein mit dem Eigenen gleichwertiges Anderes zu transformieren, trachtet der vorgelegte Vorschlag, die Grenzen des Fremden auszulöschen, um es dadurch – im Namen der Modernisierung – unsichtbar zu machen. Denn ein Ghetto, wie der Arzt weiter schreibt,

„ist eine Unmöglichkeit heutiger Zivilisation, es darf nimmer wieder entstehen. Unsere Kinder sollen die bange Furcht nicht mehr kennen, welche uns als Kinder vor 50 Jahren jedes Mal tief erregt hat, wenn wir uns der Aufmerksamkeit der Eltern entziehen konnten und mit ängstlicher Wissbegierde jenen Stadtteil beschritten hatten, wo Leute von fremder Art mit großen Bärten und zottigen Locken in schmutzigen, langen Kaftanen, mit einer uns beängstigenden Lebhaftigkeit, Geschrei und Gestikulationen ihre kleinen und großen Angelegenheiten abwickelten, wo wir Greise mit rotgeränderten Triefaugen und von bösen Buben bis zur Verzweiflung gehetzte arme Geisteskranke pochenden Herzens und tränenden Erbarmens voll gesehen haben. – So war es vor 50 Jahren und so war es trotz Emanzipation noch vor acht Tagen."[24]

Ehe das Pressburger Ghetto schließlich nach verschiedenen Beratungen mit der Stadtverwaltung, deren Kommissionen und mit Experten aus der Initiative der Hausbesitzer Schritt für Schritt renoviert wurde, war es als mentales Bild längst wiedergeboren. Die neu gezogenen Trennungslinien knüpften treffsicher an die alten, in der Euphorie der ‚Nach-Brand-Tage' temporär verschwundenen Grenzen an.

Die Pressburger Dramen

Im skizzierten „Drama" spielt die Presse, wie gleich zu Beginn dieser Studie betont wurde, nicht nur eine passive Rolle des Beobachters, der aus seiner Außenperspektive die Ereignisse aufzeichnet. Als aktiver Spieler prägt sie durch ihre besondere Art der Berichterstattung die Dynamik der sozialen Ereignisse mit. Im Folgenden möchte ich daher die Aufmerksamkeit von den eigentlichen Ereignissen auf die Art und Weise lenken, wie Einzelne und Gruppen die

---

[23] Ebd.
[24] Ebd.

Ereignisse schildern. So rückt nun das klassische literaturwissenschaftliche Problem in den Vordergrund – das Spannungsverhältnis zwischen dem Inhalt und der Form der Aussage.

Der Vergleich des Pressburger Brandes mit einem Drama in drei Akten ist eine Metapher, die uns erlaubt, die Dynamik der einschlägigen Ereignisse zu studieren. In Wirklichkeit spielten sich jedoch in Pressburg zeitgleich mehrere Dramen ab. Die Existenz von diesen ‚Parallelwelten' ist durch die Tatsache begründet, dass die bürgerliche Gesellschaft keine homogene Welt darstellt, sondern aus mehreren Öffentlichkeiten (Vereinen, Gemeinden usw.) besteht. Die Gesellschaft verfügt also nicht nur über einen gemeinsamen öffentlichen Raum und Diskurs. Jede Öffentlichkeit referiert auf das gegebene Ereignis auf ihre eigene Art und Weise. Die Dynamik der Ereignisse hängt daher nicht nur von den einzelnen zuvor skizzierten Akten ab. Diese kommen mehr oder weniger in allen parallelen Dramen vor. Sie ergibt sich auch aus dem spezifischen Narrativ der Ereignisse, dessen sich die Medien bedienen. Da unser Bild von der Wirklichkeit aus dem Zusammenstoß von konkreten Begebenheiten und der Art, wie von diesen Begebenheiten gesprochen wird, entsteht, so ist es im Folgenden wichtig, die Rolle der Narration näher zu untersuchen.

Durch das Erzählen geben wir den Ereignissen, welche die Ordnung der Gesellschaft zerstört haben, einen Sinn. Auf diese Weise versuchen wir, Krisen und Katastrophen zu bewältigen. Die Narration stellt zwischen den einzelnen Handlungssequenzen der Katastrophe kausale Beziehungen her und definiert die Rolle der Akteure. Die konstruierten Zusammenhänge machen es den Einzelnen und den Gruppen möglich, „to understand their progress through time in terms of stories, plots which have beginnings, middles, and ends, heroes and antiheroes, epiphanies and denouements, dramatic, comic, and tragic forms"[25].

Die Mannigfaltigkeit der Gruppierungen verursacht die Vielfalt der Narrative. Die Abweichungen in den einzelnen Narrativen stabilisieren die Unterschiede zwischen den Gruppierungen. „The same event can be narrated in a number of different ways and within a number of different public spheres and communities", betont der amerikanische Soziologe Ronald J. Jacobs.[26] Seien es die soziologischen Analysen oder die literarische Fiktion, beide Zugänge zum Problem des Erzählens stellen heraus, „that ‚social reality' exists in the interaction between narrative and event, code and contex"[27].

---

[25] Alexander, Jeffrey C. / Smith, Philip: *The Discourse of American Civil Society: A New Proposal for Cultural Studies*. In: *Theory and Society 22* (1993), S. 151 - 207, hier S. 156.

[26] Jacobs, Ronald N.: *Civil Society and Crisis Culture, Discourse, and the Rodney King Beating*. In: *The American Journal of Sociology*, Bd. 101, Nr. 5 (März 1996), S. 1238 - 1272, hier S. 1241.

[27] Ebd., S. 1243.

Im Falle des Pressburger Brandes lassen sich drei Hauptnarrative identifizieren: (1) das Narrativ der bürgerlichen nicht-jüdischen Presse, (2) das jüdische Narrativ und (3) das sozial-demokratische Narrativ. Würden in dieser Untersuchung noch weitere Typen von Quellen herangezogen (nicht nur Tages- und Wochenzeitungen), könnte man wahrscheinlich noch weitere Narrative ermitteln (z. B. Narrative von Wohltätigkeits- oder Professionsvereinen). Diese drei Narrative unterscheiden sich voneinander vor allem durch ihre Betrachtung der Akteure der Katastrophe. Von der abweichenden Wahrnehmung der ‚Helden der Geschichte' leitet sich auch die jeweils spezifische Erzählweise her. Etwas vereinfachend könnte man behaupten: die bürgerliche Presse inszeniert das Ereignis wie eine Romanze, die jüdische Presse wie eine Tragödie und die sozialdemokratische Presse wie eine Ironie. Diese drei Kategorien stellen zusammen mit der Komödie die vier grundlegenden Modi der Fiktion oder Narration dar, wie sie der amerikanische Literaturwissenschaftler Northrop Frye in seiner heute bereits klassischen Studie *Die Anatomie der Kritik* ausgearbeitet hat.[28]

Die bürgerliche Romanze

Das zentrale Thema einer Romanze bildet laut Frye der Konflikt (*agón*) zwischen dem Helden und seinem Widersacher. Im Unterschied zu einem tragischen Helden, der sich durch seine göttliche Herkunft auszeichnet, ist der Held der Romanze ein Mensch, und die Gesellschaft sieht in ihm die Verkörperung ihrer Ideale. Während ein solcher Protagonist die Ordnung repräsentiert, wird sein Gegner mit Verwirrung und Chaos in Verbindung gebracht. Das grundlegende Plot-Element einer Romanze ist das Abenteuer, daher hat die Handlung einen Sequenzcharakter.[29]

Wer ist der Held der Pressburger Romanze? Im Allgemeinen ist es der Einwohner Pressburgs, der mit dem verheerenden Naturelement kämpft und sich für das Wohl der schwer betroffenen Mitbürger einsetzt. Konkret sind es zahlreiche Personen und Persönlichkeiten, von den Stadtrepräsentanten über die Feuerwehrmänner, Polizisten und Detektive bis hin zu den kleinsten Geldgebern, deren Namen auf den Listen der Spenden für die Brandopfer erscheinen.

Wer ist der Antagonist der ‚Helden'? Am Anfang ist diese Rolle klar besetzt – es sind die Flammen des zerstörerischen Brandes. Das erste Abenteuer ist bereits die Löschaktion selbst, die acht Tage dauerte. Bereits während dieser Phase taucht jedoch auch ein menschlicher Feind auf. Paradoxerweise sind es die eigentlichen Opfer der Katastrophe, die nun zu Tätern werden. Zwei Tage nach der

---

[28] Frye, Northrop: *Anatomie kritiky. Čtyři eseje*, Brno 2003 [erstveröffentlicht 1957, unter dem Titel *Anatomy of Criticism*].

[29] Ebd., S. 216 - 224.

Brandentstehung beschuldigte die Tageszeitung *Grenzbote* die jüdische Bevölkerung der Mitverantwortung an diesem Unglück. Nicht nur mangelhafte technische und hygienische Maßnahmen sowie ein starker, von der Donau herauf wehender Wind seien an dem riesigen Ausmaß der Schaden schuldig. Wie bereits erwähnt, sollten die Juden selbst die Verantwortung für die Katastrophe getragen haben, da sie an einem Samstag keine ausreichende Bereitschaft gezeigt hätten, sich an der Löscharbeit zu beteiligen. Aus den Opfern werden die Täter.

Die Verteilung der Akteure in Helden und Bösewichte erscheint auch in den Nachrichten über Plünderungen im Ghetto, die bei der Löschaktion von betrunkenen Soldaten begangen wurden. Hat die einheimische Presse diese Vorfälle entschieden verurteilt, die im krassen Widerspruch zum heldenhaften Benehmen aller positiven Figuren dieser Geschichte standen, reagierte sie sehr empfindlich auf die Kritik seitens der Blätter in anderen Städten. Hier galt es, die Stadt vor fremden Angriffen in Schutz zu nehmen und ihren guten Ruf zu bewahren.

Als eine Variation der Konflikts Held *versus* Bösewicht lässt sich auch die Diskussion über die Zukunft des zerstörten Stadtteils lesen. Aktivisten wie z. B. der Arzt Ludwig Kováts oder weitere Persönlichkeiten, die sich für eine radikale Regulierung des ehemaligen Ghettos einsetzten, wurden von der bürgerlichen Presse als Heroen angesehen. Die Widersacher dieses Vorschlags werden dagegen in der Presse als Feinde der Stadt dargestellt, die einzig die partikulären Interessen der Hausbesitzer und nicht die Bedürfnisse der ganzen Stadt vor Augen haben.

Die jüdische Tragödie

Da die Katastrophe am stärksten die jüdische Bevölkerung heimsuchte, nimmt es kein Wunder, dass die bittersten Klagen in der jüdischen Presse ertönten. Der hier vorherrschende Ton entspricht dem tragischen Fiktionsmodus in der Theorie Fryes. Das Thema der Tragödie ist laut Frye die Katastrophe (*pathos*), die in der Exklusion des Helden aus der Gesellschaft besteht. Der Held, infolge seines sozialen Status oder seiner Herkunft seinen Mitmenschen übergeordnet, wird zum Opfer eines Schicksalsschlages.[30] In unserem Fall ist der tragische Held nicht eine konkrete Person, sondern das ganze Ghetto. Eine Art überindividueller Held, der wie ein kollektiver Protagonist die ganze jüdische Gemeinde repräsentiert (*totum pro parte*).

Die Wahrnehmung des Ghettos in der Rolle des tragischen Helden ergibt sich aus der Anthropomorphisierung dieses Stadtteils, welche von der jüdischen Presse vollzogen wird. Die zertrümmerte Schlossgasse sendet ihren Nächsten, den ehemaligen Studenten, den Einwohnern und Gelehrten einen Todesgruß.

---

[30] Ebd., S. 73 u. S. 223 - 224.

Aus der Sicht der Rhetorik spendet hier der Tod das Leben. Er wirkt nämlich als personifizierendes Element, das den nicht lebenden Häusern und Gassen „das Leben einhaucht". Die *Ungarländische Juedische Zeitung* nennt die Schlossgrundgasse „die Predigerin der Wahrheit", und ihre Zerstörung vergleicht sie mit der Himmelfahrt des Propheten Elia im Sturm auf einem Feuerwagen. Die alttestamentarische Theatralität wird abgelöst vom Bild des Ghettos als das eines zarten, zerfurchten Mütterchens. Die Ghettobewohner sind ihre Kinder, die an den Bahren der toten Mutter stehen. Aus der Welt ist nicht eine Greisin geschieden, sondern eine „vornehme, stolze, strahlende Erscheinung"[31]. Bereits das Ghetto selbst als eine Existenzform ist Ausdruck einer räumlichen und kulturellen Isolation. Seine physische Liquidierung, ob durch ein Naturelement oder eine menschliche Tat gegen den Willen seiner Bewohner (der von vielen verfochtene Regulierungsplan), vertieft noch den Zustand der Exklusion, die einen tragischen Helden auszeichnet.

Nicht nur das Ghetto als Prophet Elia auf einem Feuerwagen oder als Hüter der Tradition oder eine uralte Mutter weisen Eigenschaften einer fast göttlichen Instanz auf. Die Strategie der Sakralisierung erfolgt bis in die Verwendung von traditionell nur einem göttlichen Wesen vorbehaltenen Attributen wie Glanz, Strahlen, Erhabenheit usw. Auch der Gegner, das Feuer, wird als eine übernatürliche Kraft dargestellt, als Ungeheuer, als Verkörperung des Bösen. Der Brand ist „der glühende Leviathan"[32]. Seine Flammen gleichen der „Teufelszunge" und greifen umher mit ihren „Polypenarmen".[33] Die brennenden Häuser befinden sich „in den Krallen des Verderbens" und verwandeln sich in eine „grau-rote Hexenküche".[34] „Das rasende, entfesselte, blindwütende Element ist da. Wir können ihm nicht Einhalt gebieten, es tobt, es wütet, gleich hungrigen, losgelassenen Waldtieren."[35] Der Brand ist kein Kontrahent, mit dem sich ein fairer Kampf ausfechten lässt. Er ist ein unerwarteter und unabwendbarer Schicksalsschlag. „die jähe, ans Übernatürliche grenzende Wendung des Schicksals"[36]. Ein tragischer Held muss gesetzmäßig dem Schicksal unterliegen, er kann nur – zusammen mit den Zuschauern – seinem Untergang hilflos zusehen.

---

[31] N. N.: *Der 17. Mai 1913. Der Untergang der Pressburger Judenstadt.* In: *UJZ*, 23.5.1913, S. 149.

[32] N. N.: *Von der Brandstätte.* In: *UJZ*, 6.6.1913, S. 166.

[33] N. N.: *Der 17. Mai 1913. Der Untergang der Pressburger Judenstadt.* In. *UJZ*, 23.5.1913, S. 150.

[34] Ebd., S. 151.

[35] Schlesinger, Sarah: *Schaali serufa ... .* In: *UJZ*, 23.5.1913, S. 150.

[36] N. N.: *Von der Brandstätte.* In: *UJZ*, 6.6.1913, S. 167.

„Züngelnd fällt die Flamme von Haus zu Haus. Nichts verschonend. Nichts ist da, das ihr Einhalt gebieten könnte."[37]

Einen Bestandteil des tragischen Narrativs bildet die Erinnerung an die Vergangenheit. Einem tragischen Erzähler bleibt nichts anderes als Erinnern übrig, da ihm die Zukunft von vornherein entzogen wird. Das Erinnern ruft in einem bedrohten Kollektiv das Gefühl der Zugehörigkeit hervor, das der Gruppe angesichts ihrer unsicheren Gegenwart und Zukunft Halt bietet. Die gemeinsame Vergangenheit befestigt das kollektive Bewusstsein, das temporär seine unterstützenden Institutionen und Rituale verloren hat, die das Fortdauern des Kollektivs garantieren (die zerstörten Bethäuser, die abgebrannte Synagoge und Jeschiwa). Diesen Intentionen entspricht der Aufsatz *Die Geschichte des Pressburger Ghettos* von David Gross.[38] Der Artikel fungiert als geschichtlicher Rückblick, mit dessen Hilfe die Zukunft gesichert wird. Im Zusammenhang mit der Personifizierung der nicht lebenden Akteure fällt ihm zusätzlich noch eine Rolle zu. Der Text ist zugleich ein Nekrolog, eine Grabrede anlässlich des Todes eines nahen „Menschen", eines tragisch dargestellten Helden.

Die *Ungarländische Juedische Zeitung* informiert zwar durchgehend über die Hilfsaktionen und nimmt Stellung zu den Diskussionen über die Zukunft des Ghettos (die zweite und die dritte Phase), doch bei weitem nicht in einem solchen Umfang und mit einem derartigen Engagement, wie sie die Ereignisse der ersten Tage behandelt hat. Mehr als die verschiedenen wohltätigen Aktivitäten werden in der Zeitung die Schritte der jüdischen Gemeinde kommentiert. Vor allem das lavierende Verhalten und zögerliche Handeln des Gemeindepräses Lazar Gestettner sowie eine mangelnde Transparenz beim Evidieren und Verwenden der finanziellen Unterstützung, die die Gemeinde direkt aus dem Ausland erhält, werden kritisiert. Das Opfer des Brandes – die jüdische Gemeinde – werde der Zeitung zufolge von einem Alibisten und inkompetenten Tolpatsch vertreten. Das tragische Narrativ wird von einem ironischen abgelöst.

Die sozialdemokratische Ironie
Den Helden eines ironischen Fiktionsmodus bildet eine Person, die ihrer Umwelt untergeordnet ist. Die Perspektive des Hauptprotagonisten ist der Blick von unten, und das ironische Narrativ wird häufig als eine Parodie der Romanze entwickelt. Die gegebenen Umstände werden als eine Situation verstanden, die kein heldenhaftes Verhalten zulässt (*sparagmos*).[39] Die Ironie entlarvt den Heroismus als eine falsche Pose. Kombiniert mit Humor kann sie die Form einer Karikatur

---

[37] Ebd.
[38] Gross, David: *Die Geschichte des Pressburger Ghettos.* In: *UJZ*, 23.5.1913, S. 154 - 156.
[39] Frye: *Anatomie*, a. a. O., S. 223 - 224.

oder Groteske annehmen. Wird ein gewisses Maß an Sarkasmus und Zynismus überschritten, so wird die Ironie zur Invektive. In unserem Fall kommt dem ironischen Erzählmodus das Narrativ der sozialdemokratischen Wochenzeitung *Westungarische Volksstimme* am nächsten.

Das dominante Merkmal des sozialdemokratischen Narrativs ist der Blick von unten. Die soziale Hierarchie spielt eine wichtigere Rolle als die konfessionelle Differenz. Hätte ein ortsunkundiger Leser die Ausgabe der *Volksstimme* vom 16. Mai 1913 gelesen (ein Tag vor dem Brand), wäre ihm beim Feuilleton *Kulturbilder vom Schloßberg* kaum eingefallen, dass der Artikel eigentlich vom ehemaligen Ghetto handelt. Die Wochenzeitung schildert dieses Stadtviertel folgendermaßen:

„Außerhalb von Burgmauern eng an den Berg geschmiegt, Haus an Haus. Zum Teil alte Herrschaftshäuser. Heute in Zinskasernen umgewandelt, bestimmt für die Aermsten der Armen unseres Proletariates. Hier wohnen Familien mit 4 - 5 Kindern in Räumen, denen man es jetzt noch ansieht, daß sie einst als Vorratsräume oder Viehställe gedient haben."[40]

Der Widerspruch zwischen dem Titel des Artikels – *Kulturbilder vom Schlossberg* – und dessen Inhalt – der Unkultiviertheit des Stadtviertels – signalisiert von vornherein einen ironischen Blick. Der Text spricht nicht vom Aufschwung, sondern vom Verfall der Kultur. Auffälligerweise stößt man bei der Lektüre auf kein einziges Wort, das die Anwesenheit der jüdischen Bevölkerung andeuten würde. Die Dichotomie der christlichen und jüdischen Welt, die uns auf den Seiten der bürgerlichen Presse begegnet, wird hier vom sozialen Kontrast der Welt der Herren und des Proletariats, der „Ärmsten der Armen", ersetzt.

Eine solche Perspektive auf diesen Stadtteil, der von den bürgerlichen Blättern ganz geläufig das ehemalige Ghetto genannt wurde, änderte sich auch nach dem 17. Mai nicht. Von der Katastrophe schreibt die *Volksstimme* folgendermaßen: „Das Unglück traf ausschließlich nur arme Leute, Proletarier, die in den unter aller Kritik stehenden Kleinwohnungen des ehemaligen Ghetto für sündhaft teures Geld hausten."[41] Die Thematisierung des Konflikts zwischen den Bewohnern und den Besitzern der Häuser erlaubt natürlich keine soziale Versöhnung. Von einer breiten sozialen Idylle kann bei diesem Narrativ nicht die Rede sein. Die Idylle ist das Produkt der bürgerlichen Romanze. Im Diskurs der Sozialdemokraten sind die Helden der bürgerlichen Presse und ihre Hilfsaktionen Zielscheibe einer scharfen Kritik: „Es werden wohl unzählige Sitzungen abge-

---

[40] N. N.: *Kulturbilder vom Schloßberg.* In: *Westungarische Volksstimme*, 16.5.1913, S. 2 [im Folgenden zitiert als *WV*].

[41] N. N.: [ohne Titel]. In: *WV*, 20.5.1913, S. 2.

halten, aber direkte Hilfeleistung sieht man nur wenig.[...] Die Armen müssen ihre Sache selbst in die Hand nehmen, wenn daraus etwas werden soll."[42]

Die sozialdemokratische Kritik an den Aktivitäten des Magistrats und der bürgerlichen Vereine war gewiss auch dadurch verursacht, dass sich der Magistrat weigerte, das Hilfskomitee der Sozialdemokraten als eines der offiziellen Organe der Stadt zu akzeptieren, das befugt wäre, Hilfsaktionen zu koordinieren.[43] Als Gegenreaktion distanzierten sich die Sozialdemokraten von den Aktivitäten der Stadtbehörden und versuchten, das städtische Engagement für die Brandopfer in Frage zu stellen. Die Sozialdemokraten stilisieren sich in die Position des einzig richtigen und verkannten Anwalts der Rechte und existenziellen Bedürfnisse der Arbeiter und der einfachen Stadtbewohner.

„In dem Augenblicke als Arbeiter und schlichte Bürger die erste Hilfsaktion einleiteten, da wurden die ‚hochherzigen' Aristokraten eifersüchtig. [...] Kurzerhand rissen sie das Heft der Hilfsaktion an sich, um jetzt der ganzen Bewegung ein markant konfessionelles Gepräge zu verleihen. [...] Die Hauptaufgabe betrachtete man beispielsweise von offizieller Seite darin, daß man den diversen hohen Persönlichkeiten die Brandstätte zeigte und sich das ‚höchstihre' tiefgefühlte Bedauern aussprechen ließ. Auch sämtliche Zeitungen stopfte man mit diesen Beileidskundgebungen voll, als könnte man mit diesen aufrichtigen Teilnahmen den knurrenden Magen der armen Abbrändler zum Schweigen bringen und aller Not ein Ende bereiten."[44]

Als einzige der Hilfsinitiativen bietet die Sozialdemokratie den betroffenen Arbeitern juristische Beratung bei den Verhandlungen mit den Behörden, Hausbesitzern und Versicherungsanstalten. Von ihrem Standpunkt aus ist sie selbst der einzig positive Protagonist dieser Geschichte. Die soziale Idylle in der Auffassung der *Volkstimme* besitzt einen ausschließlich sozialdemokratischen Charakter. Bei dieser Sichtweise liegt auch der Schuldige klar auf der Hand. Es ist die Stadtverwaltung. Die Versammlung der sozialdemokratischen Partei erklärte am 21. Mai 1913, „daß die Brandkatastrophe eine Folge jener Unterlassungssünden in der Wohnungsfrage ist, welche die Stadtverwaltung trotz aller Warnungen begangen hat."[45] Im Einklang mit dieser Einstellung sah das Blatt die einzige Lösung der sozialen Kalamität im Bau von Kleinwohnungen.

---

[42] Ebd., S. 3.

[43] N. N.: *Die Kreisvertretung der sozialdemokratischen Arbeiterschaft und Gewerkschaften.* In: *PZ*, 22.5.1913, S. 1.

[44] N. N.: *Die Pressburger organisierte Arbeiterschaft und die Brandkatastrophe.* In: *WV*, 24.5.1913, S. 2.

[45] N. N.: [ohne Titel] In: *WV*, 24.5.1913, S. 1.

Fazit

Selbst- und Fremdbilder stellen keine Konstanten im gemeinsamen Umgang der Menschen dar, auch wenn die Unterschiede immer als permanent und unüberbrückbar erscheinen. Sie sind situationsbedingt und werden als stark emotionsgeladene Argumente in gesellschaftlichen und politischen Auseinandersetzungen gebraucht. Die Dynamik des Prozesses der Grenzziehung zwischen ,wir und die Anderen' ergibt sich in dem hier analysierten Fall aus der Dynamik von Natur- und Sozialkatastrophen, die sich (traditionell) in drei Akten abspielen: 1. radikale Aufhebung der Ordnung, 2. soziale Utopie, 3. radikale Festlegung neuer Grenzen. In diesen drei Aufzügen (die einer Kleistschen Novelle würdig wären) werden Grenzen zwischen den Stadtteilen (Straßenlinien in den architektonischen Plänen) sowie Grenzen in den Köpfen der Stadtbewohner gezogen.

Die drei Phasen der Brandkatastrophe finden sich in allen drei Narrativen der lokalen Presse, die mit Hilfe von Fryes Theorie der Fiktionsmodi untersucht wurden. Die einzelnen Narrative messen jedoch diesen Phasen ein jeweils anderes Gewicht bei. Die bürgerliche Romanze hält für ihr Hauptthema die soziale Idylle – Überwindung von Problemen, allseitige Hilfe und Opferbereitschaft. Aus diesem Grund räumen die Blätter einen großen Platz für die Rettungs- und Wohltätigkeitsaktivitäten ein, die zugleich das Loblied auf den bürgerlichen Helden singen. So entsteht hier das kollektive Selbstbild der Pressburger, das auf Werten wie Nächstenliebe, Sozialgefühl, öffentliches Engagement und Lokalpatriotismus beruht.

Das zentrale Thema des tragischen Narrativs der jüdischen Presse ist die Katastrophe selbst. Die lokale *Ungarländische Juedische Zeitung* berichtet über die Brandereignisse äußerst minutiös. Während die bürgerlichen Zeitungen in der Regel die durch den Brand beschädigten Objekte nur nach den Straßen oder Hausnummern lokalisieren, werden hier die einzelnen Häuser immer mit ihrem Eigennamen angeführt: Agrányihaus, Bifflhaus, Bernauerhaus, Nestorhaus, Edlhof usw. Die Dominanz der ersten Phase (Katastrophe) sowie eine suggestive Darstellung der Ereignisse resultieren natürlich aus der Opferrolle der jüdischen Stadtbewohner. Das kollektive Selbstbild dieser Gruppe, das die *Ungarländische Juedische Zeitung* präsentiert, ist das des Opfer – des Opfers eines Naturelements, ferner der inneren Spannungen zwischen der jüdischen Orthodoxie und Neologie und zuletzt der mangelnden Bereitschaft der christlichen Mehrheit, die Bedeutung des ehemaligen Ghettos in Pressburg für die lokalen, aber auch überregionalen jüdischen Traditionen einzusehen.

Das ironische Narrativ der sozialdemokratischen Presse geht von der Wahrnehmung der Gesellschaft als eines sozial streng hierarchisierten Gebildes aus. Mit ihrem ,Kampf' um das Bild der Stadt kämpft die *Volksstimme* um die Position der Arbeiter in der Gesellschaft. Ihr Narrativ ist von allen drei Narrativen am offensivsten und lehnt die Vorstellung einer sozialen Idylle ab. Es konstruiert das Bild besitzloser Ghettobewohner als Opfer einer langdauernden sozialen Krise und eines Klassenkonflikts. Die Bedeutung des ehemaligen Ghettos für das religiöse und kulturelle Selbstverständnis der jüdischen Gemeinde wird in diesem Blatt gleichermaßen wie in den bürgerlichen Blättern ignoriert.

Der vierte Modus der Fiktion ist laut der Theorie von Northrop Frye die Komödie. Sie feiert die Versöhnung des Helden mit der ihm am Anfang feindlich eingestellten Gesellschaft und stellt in optimistischer Weise seine Integration dar. Die sich bis zum Beginn des Jahres 1914 hinziehenden Debatten über die Gegenwart und Zukunft des Schlossgrundes ließen keine „komödiale" Narration mehr entstehen. Die großen Pläne zu einer grundsätzlichen Stadtregulierung sind an der mangelnden finanziellen Unterstützung seitens der ungarischen Regierung gescheitert. Lokale soziale und urbanistische Probleme des Jahres 1913 sollten ein Jahr später durch eine neue Katastrophe von weit größerem Ausmaß übertüncht werden.

Ludmila Horká
Prostitution als literarische Provokation.
Dirnen in der slowakischen Stadt-Literatur:
Tido J. Gašpar und Ján Hrušovský

„Schatz, ich bitt' Dich, komm heut' Nacht,
Alles, was Dir Freude macht,
Geb' ich gerne Dir, komm doch zu mir!
Ich hab' ein blaues Himmelbett…"[1]

I.

Das Prostitutionsmotiv hat in der Literatur und Kunst eine lange Tradition und zieht sich von alten babylonischen und antiken Texten bis in die Gegenwart. Im europäischen Kontext entstehen zur Prostitution seit dem 19. Jahrhundert zahlreiche literarische Texte, Gemälde, aber auch wissenschaftliche Abhandlungen und Essays vor allem in Frankreich. In Deutschland spielt die Prostituierte in der Literatur bis gegen Ende des 19. Jahrhunderts eine eher untergeordnete Rolle. In modernistischen Texten wird die Prostituierte aktuell, und besonders bei Expressionisten gilt sie als die zentrale weibliche Figur. Sie wird vielschichtig interpretiert und erhält verschiedene Charakterisierungen. In den Texten der Jahrhundertwende dient sie als Emblem der offenen Sexualität[2], von den Expressionisten wird sie als Mensch wiederentdeckt. Ihre Positionen reichen vom Ausdruck der Solidarität, über die Heiligsprechung als vitalistisches Ideal bis hin zum Ekel.[3] In den 1920er-Jahren erscheint die Prostituierte als Allegorie der Ware und Mittel zur Kritik an den Verdinglichungstendenzen der modernen Zeit.[4] In jedem Fall ist sie mit der Stadt fest verwoben und wird als zum Stadtbild gehörend dargestellt.

Im Unterschied zu anderen europäischen Literaturen kommt das Motiv der Prostituierten in der slowakischen Literatur erst später zum Ausdruck. Die veränderte staatliche Ordnung und neue gesellschaftliche Bedingungen nach dem Ersten Weltkrieg begünstigten die starke Transformation des kulturellen und literarischen Lebens auch in der Slowakei. In den 1920er-Jahren wurde die Prostitutionsthematik für die slowakische Kultur und Literatur eine thematische Neu-

---

[1] Lehár, Franz: *Frasquita* (Operette), 1922.
[2] Siemes, Isabelle: *Die Prostituierte in der literarischen Moderne, 1890 – 1933*, Düsseldorf 2000, S. 8 - 9.
[3] Schönfeld, Christiane: *Dialektik und Utopie: die Prostituierte im deutschen Expressionismus*, Würzburg 1996, S. 5.
[4] Siemes: *Die Prostituierte in der literarischen Moderne*, a. a. O., S. 8 - 9.

entdeckung, die für die konservative slowakische Gesellschaft höchst provozierend war. Die Verarbeitung dieses Themas diente als Mittel der Gesellschaftskritik und der moralischen Reflexion, aber nicht zuletzt auch als prikkelnde Unterhaltung. Die Autoren lenkten ihren Blick auf die moderne Großstadt und fingen das bunte Nebeneinander verschiedener städtischer Lebensweisen und Lebensstile ein, deren Teil die Prostitution war. Neben dieser vitalistischen Seite wird zudem die destruktive Kraft der Großstadt reflektiert. Im Vordergrund der zwei nachfolgend ausgewählten Novellen steht nicht die Größe der Stadt, ihre Schönheit oder Fremdheit. Vielmehr wird der urbane Raum mit bestimmten Erscheinungen und Werten verbunden, zu denen auch das Phänomen der Prostitution gehört.

II.

Nach dem Zerfall der Österreichisch-Ungarischen Monarchie 1918 wird die Tschechoslowakische Republik ausgerufen. Bratislava wird zum neuen Zentrum der Slowaken. In der Zwischenkriegszeit erfährt die Stadt einen bemerkenswerten kulturellen und wirtschaftlichen Aufschwung. Von 1900 bis 1938 erlebt sie einen Bevölkerungszuwachs von 65 867 auf 123 788 Einwohner.[5] Deutlich stieg auch die Anzahl der slowakischen Bürger in der multikulturellen Stadt. Die mit der fortschreitenden Urbanisierung und dem Industriewachstum einhergehende Modernisierung der Gesellschaft hatte auf die soziale Sphäre allerdings nicht nur positive Auswirkungen. Als ein dringend zu lösendes Problem etabliert sich die Prostitution. Wenige Meter unterhalb der Burg lag das verrufene Rotlichtviertel Bratislavas: Weidritz bzw. Vydrica.[6]

Weidritz war seit dem 14. Jahrhundert ein lebendiges Fischer-, Schiffer-, und Handwerkerviertel mit vielen kleinen Gassen und Kneipen, Kaffee- und Gasthäusern. Seine Entwicklung zum Ort der Gewerbsprostitution in Bordellen (un-

---

[5] Zemko, Milan: *Slovakizácia Bratislavy v 20. storočí podľa štatistík.* In: Ferenčuhová, Bohumila a kol. (Hrsg.): *Slovensko a svet v 20. storočí*, Bratislava 2006, S. 26 - 33.

[6] Gerade in diesem anrüchigem Viertel des alten Pressburgs findet Adrian Leverkühn aus dem Roman *Dr. Faustus* von Thomas Mann seine Esmeralda wieder: „Er reiste allein, und es ist nicht mit Sicherheit zu bezeugen, ob er sein angebliches Vorhaben ausführte und von Graz nach Pressburg, möglicherweise auch von Pressburg nach Graz fuhr, oder ob er den Aufenthalt in Graz nur vorspiegelte und sich auf den Besuch von Pressburg, ungarisch Pozsony genannt, beschränkte. In ein dortiges Haus war nämlich diejenige, deren Berührung er trug, verschlagen worden, da sie ihren vorigen Gewerbsplatz um einer Hospital-Behandlung willen hatte verlassen müssen; und an ihrer neuen Stätte machte der Getriebene sie ausfindig. [...] Kein Zweifel, sie erinnerte sich des flüchtigen Besuchers von damals. Ihre Annäherung, dies Streicheln seiner Wange mit dem nackten Arm, mochte der niedrigzärtliche Ausdruck ihrer Empfänglichkeit gewesen sein für alles, was ihn von der üblichen Klientel unterschied." In: Mann, Thomas: *Doktor Faustus*, Frankfurt a. M. 1971, S. 153f.

gefähr seit dem 18. Jahrhundert) wurde durch die Tatsache begünstigt, dass Weidritz einen Verkehrsknotenpunkt bildete: In seiner Nähe befanden sich eine Furt durch die Donau und eine Stelle, an der die Schiffe vor Anker lagen. Der hiesige Anstieg der Prostitution ging Hand in Hand mit einer vermehrten Nachfrage auch aus niedrigeren Schichten sowie mit einem insgesamt erhöhten ,Konsumbewusstsein' und zunehmender Doppelmoral. Auf der anderen Seite sorgte die schlechte wirtschaftliche Situation vieler Frauen für die Ausbreitungen dieses Gewerbes, Prostitution stellte einen Ausweg dar aus Armut, Existenznot, und Arbeitslosigkeit. Die Prostituierten wurden polizeilich registriert und überwacht. Im Sinne des Kampfes gegen Geschlechtskrankheiten mussten sie sich regelmäßig ärztlichen Kontrollen unterziehen. Diese Maßnahmen hatten große Auswirkungen auf das Leben der Prostituierten, denn die Rückkehr in das normale gesellschaftliche Leben war praktisch unmöglich.

Zu Beginn des 20. Jahrhunderts ist in Weidritz ein nochmals verstärkter Zuwachs an Prostituierten zu verzeichnen. Das ungekannte Ausmaß und die zunehmende Sichtbarkeit der Prostitution führten zu mehreren Protestschreiben an die Polizei und an die Stadtverwaltung. Im Jahre 1922 erließ die Stadt Verordnung über das Abschaffen der Bordelle. Die Situation wurde damit nicht gelöst, denn die Prostituierten mieteten sich Zimmer in diesem Viertel an und übten ihr Gewerbe weiter aus. In den 1920er- und -30er-Jahren nahm auch die Straßenprostitution zu, die strafbar war.[7] In den 1960er-Jahren wurde ein Großteil des Vergnügungsviertels für den Bau der Neuen Brücke abgerissen. Weidritz blieb aber auf alten Postkarten, Fotografien und Bildern erhalten und gilt in den Erinnerungen bis heute als Inbegriff der käuflichen Liebe.

Die Prostitution war für viele europäische Künstler bereits im 19. Jahrhundert (und besonders zu dessen Ende) ein begehrtes Thema, das eine Vielzahl an literarischen Texten und Bildern hervorbrachte. Prostituierte gehörten längst zur Wirklichkeit der Großstadt, als die Problematik zu Beginn des 20. Jahrhunderts langsam auch in der slowakischen Kunst an Aktualität gewann. Damit wurde ein künstlerisches Tabu gebrochen. Die Schriftsteller Ján Hrušovský und Tido Jozef Gašpar waren unter den ersten, die dieses Thema in den 20er-Jahren aufgriffen. Beide gehörten der sogenannten „Bratislavaer Boheme" an, die durch ihre extravagante Lebensführung bei den Bratislavaer Philistern Anstoß erregte. Bei dieser Boheme handelte sich um eine lose Künstlergruppe mit unterschiedlichen ästhetischen Präferenzen, die sich regelmäßig in Weinhäusern und Kneipen traf und sich über die moderne Kunst austauschte. Ihre Mitglieder bevorzugten äs-

---

[7] Vgl. Baláž, Anton: *Hriešna Vydrica*, Bratislava 2007, S. 47 - 74. Laut Polizeiangaben gab es im Jahre 1948 in Bratislava 70 registrierte Prostituierte; Schätzungen belaufen sich auf beinahe 900 unregistrierte Prostituierte. Ebd., S. 139.

thetische Kriterien statt jene nationaldefensiven Töne, die in der Kunst vor dem Umbruch 1918 dominierten. Ján Hrušovský schrieb über das Denken und Handeln seiner Generation: „Uns ist die schwere Aufgabe zugefallen, nach dem Umbruch eine junge Literatur auf neuen Grundlagen zu schaffen."[8] Das Schaffen dieser Autoren wird zur „zweiten Moderne"[9] gezählt. Es beruht auf partieller Negation alter Muster, auf thematischen und formalen Erneuerungen, die dem „Fensteröffnen nach Europa" zugerechnet oder als „nützlicher Import aus dem Ausland" interpretiert werden.[10] Dabei stehen sowohl Eklektizismus wie auch Stilpluralismus im Vordergrund. Beides oszilliert zwischen ästhetischer Provokation und literarischer Tradition, zwischen Modernität und Kontinuität. Dank der Experimentierfreude dieser Boheme und durch ihre Lust an der Provokation hält auch die Prostituiertenfigur Einzug in die slowakische Literatur – und zwar direkt als Hauptfigur.

Im Folgenden widme ich mich der literarischen Aufarbeitung des Themas Prostitution in der slowakischen Literatur der 1920er-Jahre und ihrer Verbindung zur Stadtproblematik. Anhand zweier Novellen soll das literarische Bild von Prostituierten untersucht werden. Die Geschichte von Ján Hrušovský spielt im oben erwähnten Viertel Bratislava-Weidritz. Bei Tido Jozef Gašpar lässt sich der Handlungsort nur erahnen, konkrete Angaben werden hier nicht genannt.

III.

Tido Jozef Gašpar war in seiner Zeit ein wohlbekannter und beliebter Schriftsteller und Redakteur. 1925 bis 1927 wirkte er als erster Dramaturg am Slowakischen Nationaltheater (gegründet 1920). Seine für Leser attraktiven Prosatexte sind maßgebend für viele Untersuchung zur Zwischenkriegsliteratur und Kultur in der Slowakei. In den 1920er-Jahren schrieb er vorrangig Novellen, seit den 1930er-Jahren war er eher publizistisch tätig.[11] Von 1941 bis 1945 war er Chef des slowakischen Propagandaamtes, wofür er nach dem Zweiten Weltkrieg verurteilt und inhaftiert wurde. Später veröffentlichte er einige Erinnerungsbücher. Gašpars Prosa oszilliert zwischen dem Modernen und dem Traditionellen, aber immer bleibt er dem romantischen Denken verhaftet. Seine Novellen baut er auf dem Widerspruch zwischen Ideal und Realität auf. Sie sind oft durch eine

---

[8] Hrušovský, Ján. Zit. nach: Petrík, Vladimír: *Posledný z generácie.* In: Petrík, Vladimír: *Hodnoty a podnety*, Bratislava 1980, S. 112.

[9] Die *zweite Moderne* in der slowakischen Literatur wird ausführlicher behandelt in: Habaj, Michal: *Druhá Moderna*, Bratislava 2005.

[10] Vgl. Čepan, Oskár: *Literárny vývin v rokoch 1918 - 1945* (1974). In: Čepan, Oskár: *Literárne dejiny a literárna veda*, Bratislava 2002, S. 11 - 19.

[11] Vgl. Kročanová-Roberts, Dagmar: *Tido Jozef Gašpar.* In: Zambor, Ján (ed.): *Portréty slovenských spisovateľov*, Bratislava 2000, S. 17 - 24.

„Stimmung von Verlust" (Števček), von verträumter Melancholie und unerfüllten Sehnsüchten geprägt. So enden die meisten seiner Novellen mit Liebesthematik auch mit Motiven des Verlusts: mit Tod, Trennung und Enttäuschung. Weiblichen Figuren schenkt Gašpar ein erhöhtes Interesse. Er idealisiert und mythisiert die Frau und versetzt sie in die Sphäre des Träumerischen und des Fantastischen. Wichtige Impulse für sein Schaffen erhielt er außerdem in der Adria (als Seemann) und in Wien (bei der Marinesektion des Kaiserlich-Königlichen Kriegsministeriums).[12]

Die Novelle *Na peľasti postele Márie Immaculaty* (*An der Bettkante von Maria Immaculata*) stammt aus der Sammlung *Buvi-buvi* aus dem Jahre 1925. Gašpar erzählt hier die Geschichte eines einfachen jungen Mannes, den ein Plakat mit der Aufschrift „Maria Immaculata – der bekannte Tanzstern" in ein Tanzlokal hineinlockt. Das nächtliche Abenteuer beginnt in dieser Tanzbar, als der junge Mann, zugleich der Erzähler der Geschichte, durch zwei Tanznummern aufgereizt, die ersehnte Maria Immaculata erblickt. Maria wird als eine „von der einstigen Höhe herabgesunkene ‚grande cocotte', die schlechte Zeiten und nächtliche Stürme herbeigeweht hatten"[13] dargestellt. Sie ist eine verhängnisvolle Frau, deren Macht deutlich zum Ausdruck gebracht wird und die durch ihre Verführungskunst über Männer triumphiert. Ihr Repertoire besteht aus Tanz, Gesang und lustvollem Cocktailtrinken mit dem Strohhalm an der Theke, das sich zum großen Verführungsfinale mit dem Lied *Schatz, ich bitt' dich, komm heut' Nacht*[14] steigert. Ihr sirenenhaft verlockender Gesang wechselt mit den leidenschaftlichen Antworten des Protagonisten:

„Schatz, ich bitt' dich, komm heut' Nacht…"
„Wohin, meine goldene Schönheit?"
„Zu mir…"
„Ich komme!"[15]

Der junge Mann betritt damit eine ihm unbekannte Welt, die Welt der roten Tapeten, der erotisierenden Tänze und aufgeregten Schreie. Die Erotik wird hier nicht plump ausgespielt, sondern dekorativ dargestellt. Mag Marias Selbstins-

---

[12] Vgl. ebd.; und: Habaj: *Druhá Moderna*, a. a. O.

[13] Gašpar, Tido Jozef: *Na peľasti postele Márie Immaculaty*. In: Gašpar, Tido Jozef: *Červený koráb a iné prózy*. Bratislava 2005, S. 38. Im Original: „[…] z výšky skĺznutá „grande cocotte", ktorú zlé časy a nočné víchre priviali až sem." Alle Übersetzungen stammen von der Verfasserin.

[14] *Schatz, ich bitt' dich, komm heut' Nacht* ist das populärste Lied aus der Operette *Frasquita* (1922) von Franz Lehár.

[15] Gašpar, Tido Jozef: *Na peľasti postele Márie Immaculaty*, Prag 1925, S. 42. Im Original: „„Kde, krása zlatá?' / ‚Ku mne…' / ‚Pôjdem!'"

zenierung als „Grande Cocotte" auch perfekt ausgeführt sein, ihre Augen spiegeln, wie die Seele funktioniert: „Ihre Augen, die Augen von Maria Immaculata, waren braun, aus der Nähe schienen sie kalt und – böse." Oder: „Mit einem traurigen, toten Echo sind ihre Worte verklungen, und ihre Augen wurden schwarz wie eine dürre Heide."[16] Maria Immaculata wird dämonisiert. Gašpar stellt sie als gefährliche Medusa dar: „Das Gesicht von Maria Immaculata blitzt aus den Rauchringen auf, [...], wie das Gesicht der Medusa. Sie ist wie eine Rächerin, die durch die Liebesbetten wandert und Herzen raubt."[17] An einer anderen Stelle wird sie wiederum als Sirene geschildert: „[...] eine süße Sirene, die dem Herzen droht, dass sie es ins Labyrinth der Nacht verschleppt."[18] Gašpar variiert hier sein Schema, nach dem er seine Liebesmärchen[19] bevorzugt aufbaut. Es treffen Mann und Frau aufeinander, die eine Romanze beginnen. Der Moment der Distanz zwischen ihnen entsteht meistens dadurch, dass der Mann der Frau unterlegen ist – entweder gesellschaftlich-kulturell (sie entstammt einer aristokratischen oder großbürgerlichen Familie) oder religiös-transzendent (der Marienkult wird herangezogen; die Frau verkörpert ein heiliges Ideal oder wird als Liebesbotin dargestellt).[20] Letzteres trifft auch auf diese Novelle zu. Maria Immaculata „thront" zwar noch – „aber nur um Mitternacht auf einem hohen Barhocker"[21]. Sie wird für den jungen „proletarischen" Neugierigen, der „hungrig nach Abenteuern der Geldoligarchie"[22] ist, zum Objekt seiner Begierde, das er sich jedoch nicht leisten kann: „Hahahaa... Das wird ein teurer Spaß! Du könntest mich nicht bezahlen, mein Sohn!"[23] Da Maria schließlich aber ein gewisse Sympathie für den jungen Mann empfindet und sich vergewissert, dass er „das Opfergeld für die Erlösung seiner männlichen Hässlichkeit"[24] irgendwie zusammenbekommt, entschließt sie sich, ihn doch in ihr privates Hotelzimmer vorzulassen, in dem sie sonst keine Männerbesuche empfängt. Als er das

---

[16] Ebd., S. 41. Im Original: „Jej oči, oči Márie Immaculaty, boli hnedé, zblízka studené, zlé oči [...]."; „Smutným, mŕtvym echom dozneli jej slová a oči sa jej začerneli, ako vyschlá pláň."

[17] Ebd. Im Original: „Tvár Márie Immaculaty z kotúčov dymu zablýska [...], ako tvár Medúzy. Je ako pomstiteľka, čo túla sa po ložiskách lásky a olupuje srdcia."

[18] Ebd. „[...] ako sladká siréna, čo hrozí srdcu, že ho zavlečie v bludište noci [...]."

[19] *Rozprávky o láske* [Liebesmärchen] nennt Gašpar seine Novellen mit Liebesthematik.

[20] Vgl. Habaj: *Druhá moderna,* a. a. O., S. 60.

[21] Gašpar: *Na peľasti postele Márie Immaculaty,* a. a. O., S. 38. Im Original: „[...] ale len okolo polnoci na vysokom sedadle baru."

[22] Vgl. ebd., S. 40. Im Original: „[...] proletárski zvedavci, lačnieme na chúťky peňažnej oligarchie [...]."

[23] Ebd. S. 42. Im Original: „Hahahaá... To je drahý špás. Ani by si ma nevedel zaplatiť, syn môj."

[24] Ebd. Im Original: „[...] oferu za spásu svojej mužskej ošklivosti [...]."

Zimmer betritt, wird ihm klar, dass es kein „Zimmer der Liebe", sondern „eine kleine Traumecke" ist.[25]

Im Interieur dieses Hotelzimmers dominieren „das [blaue] Himmelbett" und emblematische Kulissen, die für zwei Pole ihres Lebens stehen: Oben an der Wand hängt ein Bild der Mutter Gottes, die eine weiße Lilie in der Hand hält, und unten auf dem Nachttisch steht die kleine Statue einer Kurtisane mit gespreizten Beinen. Maria zeigt ihm auch ein Gebetsbuch und erzählt in einem aufrichtigen Gespräch, dass sie jeden Tag betet und an ein Paradies nach dem Tode glaubt. Die Öffnung ihres privaten Raumes wird als eine ‚Entblößung' Marias dargestellt. Dadurch wird verhindert, dass der Protagonist zu einem ihrer Kunden wird. Aus dem Gespräch, das ihre Verletzlichkeit offenbart, kann sie Trost schöpfen. Diese Demaskierung wird als ein Wunder geschildert:

> „Hier passiert ein Wunder. Maria Immaculata verwandelt sich, wie verwunschen. Die rote Flamme, die Frivolität, die Wollust der weltlichen Liebhaberin schwinden aus ihr, und der Augenblick macht sie zur wunderschönen, reinen Braut eines abstrakten Idols."[26]

Maria verfügt im zweiten Teil der Novelle über die typischen Attribute einer *Femme fragile*: Sie ist schön, keusch und gläubig, sie sitzt auf ihrem Bett in einem weißen leichten Hemd, mit leuchtenden Augen, von Müdigkeit geplagt: „Maria Immaculata sah jetzt aus wie ein großes, krankes Kind."[27] Sie wandelt sich zum Inbegriff eines unschuldigen Mädchens, das sich vor den Küssen ihres Geliebten scheut: „Voller Inbrunst sah ich sie an, wie eine kleine, reine Jungfrau, die mir die Nacht in Pflege gab."[28] Ihre körperliche Zartheit korrespondiert mit der seelischen Subtilität. Die Opposition von Femme fatale und Femme fragile wird an dieser Stelle verdeutlicht. Während sich Maria in der Tanzbar durch ihren verführerischen Körper präsentiert, verwandelt Gašpar diese Figur im zweiten Teil der Novelle zum vergeistigtes Wesen, das als moralische Instanz fungiert. Die Wendung des feurigen und vernichtenden Verhängnis' in sanfte Zerbrechlichkeit wird durch den Ortswechsel angeregt. Einher geht dieser mit dem Wunder einer inneren Wandlung und Heilung, die sich in jener Nacht vollziehen. Maria Immaculata heilt den Protagonisten von seiner Genusssucht und geistigen Blindheit, indem sie ihm ihr Märtyrergesicht zeigt: „[...] mein Leiden

---

[25] Vgl. ebd., S. 43. Im Original: „izba lásky" und „malý tichý kút snov".

[26] Ebd., S. 45. Im Original: „Tu deje sa akýsi zázrak. Mária Immaculata sa premieňa, ako zakliata. Rudý plam, frivolnosť, rozkoš svetskej milenky miznú z nej a chvíľa pristrája ju v akúsi krásnu, čistú mladuchu abstraktného Idola."

[27] Ebd. Im Original: „[...] Mária Immaculata vyzerala teraz ako veľké, choré dieťa."

[28] Ebd., S. 46. Im Original: „Vrúcne som hľadel na ňu, ako na čistú mladú pannu, ktorú mi noc dala do opatery."

verschwand in der Größe deines Leidens."[29] Sie wird zu einer unantastbaren Heiligen stilisiert und vom Erzähler zur „Märtyrerin der Wollust"[30] erklärt. Dekadente und jugendstilistische Züge kennzeichnen die stark stilisierte Realität in dieser Novelle. An manchen Stellen wird diese Ästhetik gebrochen, und dort, wo sich der Text dem Sozialen öffnet, steigert sich die Expressivität. Die dargestellten traumhaften Sequenzen bildet keine autonome Welt; vielmehr dekorieren und verschleiern sie eine erdrückende Wirklichkeit, um sie erträglicher werden zu lassen. Gašpars Manierismus zeigt sich auch in seinem Umgang mit der Sprache. Nicht nur die Freude an verbalen Ausschmückungen, poetischen Wörtern, Neologismen und Fremdwörtern, sondern auch sein komplexer Satzbau machen ihn zu einem Ornamentalisten.[31] Die Vorliebe für gewölbte Linien und Farbdetails, für dekorative Stilisierungen sowie die besondere Bedeutung von Klang und Rhythmus verdeutlichen seinen Ästhetizismus.

IV.

Ján Hrušovský hielt sich für einen Teil jener „Generation der Mitte", die „etwas von der alten und etwas von der neuen Welt" in sich trug, weshalb er versuchte, „diese Gegensätze in Einklang zu bringen".[32] Seine schriftstellerische Karriere begann er mit kurzen Feuilletons zur Zeit des Ersten Weltkriegs, in denen er seine Erfahrungen an der Front verarbeitete. Nach dem Krieg war er als Beamter und später als Journalist und Schriftsteller tätig. In den 1920er-Jahren schrieb Hrušovský modernistische Novellen und Romane, für die er 1925 mit dem tschechoslowakischen Nationalpreis für Literatur geehrt wurde. Sein großer Verdienst liegt darin, dass er, indem er sich bewusst von der realistischen Schreibweise abwandte, in die slowakische Literatur neue Motivik sowie strukturelle und formale Neuerungen einbrachte. Reale oder realistische Ereignisse werden in seinen Prosatexten durch kuriose und exklusive Momente in die Sphäre des Außergewöhnlichen gehoben. Wichtige Impulse schöpfte er auch aus seinen Aufenthalten in Italien (in Rom und auf Capri, 1921). Seit den 1930er-

---

[29] Ebd., S. 47. Im Original: „Môj smútok zmizol vo veľkosti tvojho smútku."

[30] Vgl. ebd., S. 48. Im Original: „Martýrka Rozkoše".

[31] Čepan werte ihn als Ornamentalisten. Diese waren eine Schriftstellergruppe mit stark lyrisierenden Tendenzen, die er von der Zwischenkriegsprosa abgrenzt. In: Čepan, Oskár: *K periodizácii tzv. lyrizovanej prózy* (1974). In: Čepan, Oskár: *Literárne dejiny a literárna veda*, a. a. O., S. 20 - 31.

[32] Hrušovský, Ján: *O dnešnej slovenskej literatúre*. In: *Elán II*, 1930/1931, S. 4. Im Original: „My v strednej skupine prislúchame samým sebe, sme vyhranenými, hoci i spozdenými individualistami, máme v sebe niečo zo starého a niečo z nového sveta a pokúšame sa uviesť obidve tieto protivy do súzvuku."

Jahren schrieb er romantische Abenteuerromane in historischen Kulissen, die ihm Beliebtheit bei einer breiten Leserschaft einbrachten.

In seiner Novelle *Dve sestry* (*Zwei Schwestern*) aus der Sammlung *Dolorosa* (1925) greift Hrušovský die Themen Prostitution und Selbstmord auf. Seine Hauptfigur ist die Prostituierte Blanka, die sich eines Tages der Sinnentleertheit ihres Lebens bewusst wird. Sie versucht, ihr Leben zu ändern, findet aber keine Unterstützung in ihrer Umgebung, selbst ihre Schwester, die Ursulinen-Nonne Regina weist sie ab. Die alternde und kränkelnde Prostituierte sieht keinen anderen Ausweg als den Selbstmord.

Der Kontrast ist das Hauptkompositionsprinzip dieser (und anderer) Novelle(n) von Ján Hrušovský.[33] Die Opposition von Heiliger und Sünderin wird hier in Szene gesetzt. Zwei leibliche Schwestern kommen vom Lande in die Großstadt, nach Bratislava, und erfahren ganz unterschiedliche Schicksale. Die eine verfällt der Gefahr und wird zur Prostituierten. Die andere wird Nonne und bewahrt ihre Werte: „Wahrlich, während Regina den Weg der Gerechten wählte, ertrank Blanka in Unzucht, Schwelgerei, Üppigkeit und Sumpf."[34]

An einem müßigen Vormittag, als Blanka aus der Trunkenheit erwacht, wird ihr die Verdorbenheit ihres Lebens bewusst. Sie sieht sich in ihrem Zimmer um und empfindet ihre Umwelt als eigenartig traumhaft, verändert und fremd. Beim Anblick einer pornografischen Zeichnung, die die Liebe von Daphnis und Chloe darstellt, steigt ihr plötzlich Schamröte ins Gesicht,. Auch das Geld, das sie auf dem Stuhl neben ihrem Bett findet, bringt sie ins Grübeln. Es zeigt ihr ihren „Wert", wovon sie sich beschämt fühlt. Aufgeregt zerknittert sie die Banknote und wirft sie unters Bett. Der heruntergekommene Zustand des Zimmers entspricht dem ihres Inneren. Detailliert beschrieben vermittelt das Zimmer ein charakteristisches Bild des Verfalls. Daraufhin geht Blanka zum Spiegel und betrachtet ihr Spiegelbild. Der unbarmherzige Akt der Selbstbetrachtung lässt keine Täuschung zu: „Aus dem Spiegel starrte sie ein vorzeitig von Falten zerfurchtes, durch billige Schminke zerfressenes Gesicht an, ähnlich einem regungslosen Nachtgespenst mit roten Flecken auf den gelben Wangen. [...] Das Gesicht einer alternden Prostituierten."[35] Dieser Blick in den Spiegel wird mit einem magischen und einem schauderhaften Moment verbunden. Hrušovský bediente sich hier eines alten und populären Motivs: dem Sichtbarwerden des leib-

---

[33] Petrík, Vladimír: *Posledný z generácie*, a. a. O., S. 111.

[34] Hrušovský, Ján: *Dve sestry*. In: *Prípad poručíka Seeborna*, Bratislava 1976, S. 175. Im Original: „Veru, kým si Regina vyvolila cestu spravodlivých – Blanka sa topila v smilstve, roztopašnosti, bujnosti a v kale."

[35] Ebd., S. 177. Im Original: „Zo zrkadla zízala na ňu tvár zbrázdená predčasne vráskami a vyžratá od lacnej šminky, podobná nehybnej nočnej príšere s červenými škvrnami prostred žltých líc. Tvár starnúcej prostitútky [...]."

haftigen Todes im Spiegel. So erblickt Blanka, während sie ihre Gestalt beschaut, auf einmal einen weißen Schein „mit totem, glasigem Blick": „Vor Blanka stand jemand, der nach Moder und Verwesung roch, unmenschlich, leichenhaft [...]."[36] Der Spiegel fällt im nächsten Augenblick zu Boden und „zerspringt in tausend Stücke", was auf Blankas zunehmende Desintegration verweist. Nach diesem Erlebnis kann sie sich nicht mehr von den Gedanken an den Tod lösen.

An dieser Stelle bringt Hrušovský eine neue Figur in die Handlung ein: Erna, eine weitere Prostituierte. Sie ist eine Freundin von Blanka und erfüllt im Verlauf der weiteren Handlung eine wichtige Funktion. Auch hier wird eine Opposition aufgebaut – einem schwachen Individuum wird ein starkes gegenübergestellt. Blanka ist körperlich geschwächt, psychisch unruhig und sensibel. Erna ist im Gegensatz zu ihr stark, körperlich robust, üppig und zeigt ein etwas grobes Verhalten. Ihre Aufgabe besteht darin, die unklare Gemütslage Blankas in Worte zu fassen und damit das traurige Ende der Prostituierten vorwegzunehmen: „Dem Schicksal wirst du, mein liebes Mädchen, nicht entkommen können."[37] Darauf folgt eine Debatte der beiden über die Möglichkeiten, die eine Prostituierte nach ihrer ‚Bekehrung' hat. Blanka vertritt eine idealistische Position, denn sie glaubt an eine Veränderung und will wieder ein normales Leben führen. Erna ist skeptisch und sieht keine Möglichkeit der Reintegration in die Gesellschaft. Die einzige Lösung, wenn derartige Zweifel an der Lebensführung auftauchen, sei der Selbstmord.

Zu Ende der Novelle steigert sich die Handlung ein weiteres Mal. Hrušovský lässt die beiden Schwestern Blanka und Regina auf einander treffen. Blanka, die sich mit der Ausweglosigkeit ihres Schicksals nicht abfinden kann, sucht Regina im Kloster auf und bittet sie um Hilfe. Diese Begegnung endet aber mit einer Enttäuschung. Hrušovský bedient sich dabei eines semantischen Spiels mit dem Wort „Schwester", indem er dessen Bezüge zur familiären und zur kirchlichen Sphäre gegen einander setzt. Um ihre Abneigung gegenüber der leiblichen Schwester zu zeigen, weicht Regina in einen anderen Code aus. Sie verleugnet ihre Schwester, ähnlich wie der biblische Petrus, gleich dreimal: „Ich habe keine Schwester!"[38] Bei näherer Betrachtung entpuppt sich die Nonne Regina als kalt, streng und als unfähig zu vergeben: „Richte deine Bitten an Ihn. Vielleicht vergibt Er Dir. Ich nicht."[39] So bleibt nur noch ein tragisches Ende, die verzweifelte Prostituierte vergiftet sich in der Einsamkeit ihres Zimmers mit Lauge.

---

[36] Ebd., S. 179. Im Original: „Pred Blankou stál ktosi strašný, hnilobou a rozkladom páchnúci, neľudský, mŕtvolný [...]."

[37] Ebd., S. 183. Im Original: „Osudu, dievka moja drahá, neujdeš."

[38] Ebd., S. 186. Im Original: „Nemám nijakej sestry!"

[39] Ebd., S. 187. Im Original: „Tamtoho pros, tamtoho. Azda ti odpustí. Ja nie."

Damit relativiert Hrušovský die ‚Heiligkeit' der Heiligen und die Verdorbenheit der Dirne. Das Vulgäre verdeutlicht die Leblosigkeit des Idealen. Zwei gegensätzliche Frauenbilder werden hier nach unterschiedlichen Prinzipien entworfen: Das apollonische Prinzip der geistigen Harmonie und der asketischen Wachsamkeit wird verkörpert von Regina, „der Heiligen". Das dionysische Prinzip der Körperlichkeit und der entfesselten Sinnlichkeit repräsentiert „die Sünderin" Blanka.[40] Dies verdeutlicht zum Beispiel die folgende Textstelle:

> „Blankas Umgebung war gesättigt vom Geruch des billigen Duftwassers, von Seifen und süßen Likören, Iodoform und Essensresten – Regina atmete den Duft von Thymian und getrockneten Lindenblüten ein. [...] Blanka streifte durch die Straßen in auffälligen, schamlos ausgeschnittenen Kleidern – Regina wagte sich aus dem Kloster nur in ihrem schwarzen, asketisch bis zum Hals hinauf geschlossenen Mantel. Blanka hatte einen auffordernden Blick – Regina senkte ihn zu Boden. Blankas Sprache, oft durch ihr rohes Gelächter unterbrochen, erinnerte an eine Vorstadtkneipe. – Regina sprach sanft, ruhig und korrekt."[41]

Trotz der deutlich sozialkritischen Komponente ist es nicht der mitleidende Blick auf das Schicksal der Prostituierten, der den Text dominiert. Hrušovský zielt vielmehr auf die Darstellung des Menschen mit allen seinen dunklen, geheimnisvollen Seiten ab und untersucht, was sich unter der Hülle des Sozialen verbirgt. In Grenzsituationen kommt das Triebhafte, Rätselhafte und rational Nicht-Fassbare zum Ausdruck. Hrušovský zeigt dabei eine besondere Vorliebe für die Beschreibung außergewöhnlicher Bewusstseinszustände und Grenzsituationen wie Halluzinationen, Delirien, Orgien, Dämmerzustände, Suizid und Ähnliches. Nach einer durchzechten Nacht schweben vor Blankas Augen „unklare Wörter, Gesten, Schreie, das Echo des Gelächters, Zähneknirschen, wollüstiges Gelenkknacken [...] und dann die ganzen Bilder, lasziv, zynisch, grässlich, fast fanatisch in ihrer Hässlichkeit. Plötzlich sah sie vor sich die ganzen schrecklichen Bacchanalien. [...] O, unbarmherziges Hämmern! Bim-bam, bim-bam [...]."[42] Die Darstellung einer hässlichen Wirklichkeit bekommt bei Hru-

---

[40] Habaj: *Druhá moderna*, a. a. O., S. 106.

[41] Hrušovský: *Dve sestry*, a. a. O., S. 175. Im Original: „Blankino prostredie bolo presýtené zápachom lacných voňaviek, mydiel. Sladkých likérov. Jodoformu i odpadkov z jedál – Regina vdychovala vôňu tymianu a suchého lipového kvetu. Blanka blúdila ulicami v nápadných, bezočivo vykrojených šatách – Regina sa odvážila z kláštora len vo svojom čiernom, asketicky až po hrdlo upätom plášti. Blanka mala pohľad vyzývavý – Regina ho klopila k zemi. Blankina reč, prerývaná častým surovým chechotom, zaváňala predmestskou krčmou – Regina hovorila mierne, pokojne a korektne."

[42] Ebd., S. 176. Im Original: „[...] neurčité slová, posunky, výkriky, ozvena chechotu, škrípanie zubov, rozkošníckeho praskotu kĺbov [...] potom celé obrazy, chlipné, cynické,

šovský eine besondere Bedeutung. Er nutzt das ästhetisch Hässliche, um auf den Unterschied zwischen Äußerlichkeiten und dem Wesen hinzuweisen. Die Prostituierte wird dabei als Mensch entdeckt. Ein gewisse Vorliebe für Kakophonie, für harte Kanten, spitze Formen, für Flecke und Scherben lässt eine Tendenz zum Expressionismus erkennen. Solche Motive werden allerdings nicht stilrein umgesetzt, sondern zeugen vielmehr vom Stilpluralismus und der Experimentierfreude Hrušovskýs. So lassen sich des weiteren auch romantische, dekadente und vor allem naturalistische Züge in seinem Werk feststellen.

IV.

Wenn man die literarische Darstellung der Prostituierten bei Hrušovský und Gašpar vergleicht, werden außer einigen Gemeinsamkeiten auch Unterschiede deutlich. Gašpar bedient sich bei der Beschreibung der Prostituierten dekorativer Mittel. Maria Immaculata, „die verwelkte Orchidee aus dem Walde des Eros'"[43], schildert er als Medusa, Sirene oder verführerische Tänzerin und Sängerin. So steht Gašpars „Ästhetik der Kokotte"[44], die er in seiner Novelle entwirft, im Gegensatz zur drastischen „Ästhetik der alternden Dirne", die Hrušovský bevorzugt. Hrušovský greift die Vorstellung einer kranken Physiognomie der Prostituierten auf. Blankas ausgezehrtes, gelbliches Gesicht, ihr schütteres, verklebtes Haar und ein elender, tuberkulöser, „durch den übermäßigen Alkoholkonsum und das maßlose Genießen von männlicher Umarmung ruinierter Körper"[45] sind Zeichen von Krankheit aber auch des (moralischen) Verfalls.

Beide Autoren suchen nach dem Wesen der Prostituierten. Maria Immaculata, die verhängnisvolle Verführerin, die nach Geld giert, verwandelt sich im Hotelzimmer in ein vergeistigtes Wesen und zeigt dem jungen Mann den Weg zur inneren Umwandlung. Sie selbst sehnt sich nach heiligen Worten und Transzendenz. Blanka verliert zwar an körperlicher Kraft, aber innerlich verändert sie sich zum Guten und will ein neues Leben beginnen. Trotzdem bleibt sie in einer Welt des Verfalls und Untergangs verfangen.

Schon der Titel von Gašpars Novelle *An der Bettkante von Maria Immaculata* deutet an, dass die Handlung im Innenraum spielt – zuerst in einer Tanzbar,

---

príšerné, priam fantastické vo svojej ohavnosti. Zrazu videla pred sebou celé tie hrozné bakchanálie [...] Ó, kladivá nepoznajúce zmilovanie! Bim-bam, bim-bam [...]."

[43] Gašpar: *Na peľasti postele Márie Immaculaty*, a. a. O., S. 40. Im Original: „[...] zvädlé Orchidey z Erosovho lesa [...]."

[44] Diesen Ausdruck benutzte Roger Stein in seinem Buch *Das deutsche Dirnenlied* (2006), wenn er Kurt Tucholskys Schilderung von Massary kommentierte. Er scheint mir auch für Gašpars *Beschreibung von Maria Immaculata* sehr treffend.

[45] Hrušovský: *Dve sestry*, a. a. O., S. 176. Im Original: „[...] jej biedne, tuberkulózne, nesmiernym požívaním alkoholu i mužského objatia znivočené telo [...]."

dann im Hotelzimmer. Die Stadt selbst wird nicht näher beschrieben, sie wird nur durch Teile der städtischen Wirklichkeit präsent, durch bestimmte visuelle Eindrücke und Geräusche . Zu derartig prägenden Faktoren des Stadtbildes gehört auch die Reklame. Ihre unerbittliche Aufdringlichkeit (jedoch nicht negativ konnotiert) wird im Text an zwei Stellen erwähnt. Gleich am Anfang stellt das Plakat mit der berühmten Tänzerin für den jungen Mann eine große Verlockung dar. Er kann nicht widerstehen und betritt den unbekannten Raum der Tanzbar. An einer anderen Stelle im Text wird eine Werbung für Strumpfhosen genannt, die die Beine von Maria Immaculata zeigt. Der Protagonist erinnert sich, dass er dieses Plakat an verschiedenen Orten in der Stadt sah. Die Geräusche der Stadt, wie Fiaker, Ausrufe von Betrunkenen in der Nacht oder das Glockenläuten am frühen Morgen, unterbrechen rhythmisch die nächtliche Stille. Die Nachtbar ist ein Ort, an dem sich heterogene soziale Schichten zu Musik und Tanz treffen. Zwischen all den nicht näher bestimmten Chansons stellt Gašpar das bekannte Lied *Schatz ich bitt' Dich, komm heut' Nacht* aus der Operette *Frasquita* (1922) von Franz Lehár als Leitmotiv heraus. Die suggestive erotische Atmosphäre der Tanzbar wird durch die Beschreibung eines der wichtigsten Modetänze der 20er-Jahre – den Shimmy – bekräftigt.

In der Novelle von Ján Hrušovský werden konkrete topografische Angaben gemacht: „Blanka und Regina waren leibliche Schwestern. Blanka führte das wüste Leben einer Prostituierten an der anrüchigen Schlossstiege[46], und Regina war eine Schwester im Ursulinenkloster auf dem Dreifaltigkeitsplatz.[47] Auch hier ereignet sich fast die ganze Handlung in Interieurs – im Weidritzer Prostituiertenzimmer mit rosaroten Tapeten und in der dunklen Zelle des Ursulinenklosters. Blanka und Regina leben in zwei Welten, die sich nicht überschneiden. Nur ein einziges Mal treffen sie sich auf der Straße, aber Regina wendet ihren Blick ab und will ihre Schwester nicht erkennen. Auch in der Stadt herrscht eine klare Einteilung der Räume: für „Heilige" und „Sünderinnen".

Die urbane Lebenswirklichkeit wird in beiden Novellen ambivalent erfahren. Auf der einen Seite wirkt die Stadt bedrohlich und ist voller Gefahren (sodass man auf den ‚falschen' Weg geraten kann). Auf der anderen Seite bietet sie die Möglichkeit der süßen Freuden und ekstatischen Momente.

Gašpars Gegenwartsanalyse und seine Auseinandersetzung mit Phänomenen der modernen Zeit führen zu deutlicher Kulturkritik. Die Gesellschaft sei

---

[46] Die kleine Gasse mit Stiegen, die hinauf zur Burg führte, war damals Quartier der Prostituierten.

[47] Hrušovský: *Dve sestry*, a. a. O., S. 176. Im Original: „Blanka a Regina boli rodné sestry. Blanka viedla pustý život prostitútky na zlopovestných Zámockých schodoch a Regina bola sestrou v kláštore Uršuliniek na námestí sv. Trojice."

,krank', und seine Diagnose lautet: Wir sind „Fanatiker des Großen Hasards"[48] geworden. Er klagt über den Verlust von Transzendenz und darüber, dass die Menschen von Genusssucht und seelenloser Besitzgier beherrscht werden: „In einer kranken, wirbelnden Tornadoatmosphäre leben wir, in der nur noch die Groschenhysterie siegreich grinst."[49] Somit schildert er (nicht nur) Maria als Opfer der Zeit. Dabei zielt er auch auf den Warencharakter der Prostitution ab. Auch Hrušovský schließt sich der Zeitkritik an. Er fokussiert auf das soziale Schicksal der (alternden) Prostituierten und die Unmöglichkeit ihrer Reintegration in die Gesellschaft. Blanka ist zunächst Täterin, die schließlich als Opfer der gesellschaftlichen Verhältnisse enthüllt wird. Hrušovský konfrontiert zu diesem Zweck zwei extrem gegensätzliche Lebensweisen miteinander, problematisiert am Ende die klare Einteilung in ,Gut und Böse' und hinterfragt so die Strenge der Moral und Leblosigkeit der Ideale, die Regina vertritt. Hrušovský integriert in seinen Text etliche Details, die Auskunft geben über die zeitgenössischen Diskussionen zum Thema Prostitution und vorherrschende Überzeugungen sowie Lösungsversuche dokumentieren: So wird ein seinem Triebleben verfallener Mensch von der Gesellschaft strikt verurteilt. Seine ,Niedrigkeit' wird dadurch bekräftigt, dass er aufgrund von ansteckenden Krankheiten ein soziales Risiko darstellt – Blanka etwa leidet an Tuberkulose. Sexuell übertragbare Krankheiten versuchten die Zeitgenossen mit der Pflicht zu regelmäßigen Gesundheitskontrollen der Prostituierten zu bekämpfen. So begegnet Blanka ihrer Schwester in der Stadt, als sie gerade von einer ärztlichen Untersuchung zurückkommt. Auf die aktuellen hygienischen Maßnahmen der Zeit wird durch den Geruch von zur Desinfektion verwendetem Iodoform hingewiesen.

Beide Autoren widmen sich empfindlichen Momenten, in denen die käufliche Liebe und das Prostituiertendasein problematisiert werden. Gašpar konfrontiert seine Kokotte mit einem jungen „unverdorbenen" Mann und Idealisten. Hrušovský schildert Blankas Introspektion und Selbstanalyse, inszeniert Gespräche mit einer anderen Dirne und mit Blankas Schwester, die zugleich den Standpunkt von Familie und Kirche repräsentiert. Der Abstieg Blankas, aber auch Marias in das Prostituiertendasein wird als unvermeidliche Folge gesellschaftlicher Verhältnisse gezeigt. Beide Autoren spielen mit der Opposition von ,Hure' und ,Heiliger' und verbinden diese mit der sozialen Problematik. Gašpar illustriert blumig eine Begebenheit aus dem „nomadischen" Leben einer verelendenden Kokotte, die von Stadt zu Stadt reist. Hrušovský schildert das

---

[48] Gašpar: *Na peľasti postele Márie Immaculaty,* a. a. O., S. 39. Im Original: „[... stáva sa] fanatikom Veľkého Hazardu [...]."

[49] Ebd., S. 46. Im Original: „V chorej, rozvírenej tornádovej atmosfére žijeme, z ktorej sa už len hystéria groší škerí víťazne."

soziale und menschliche Drama einer Dirne und zeigt unverblümt die Hässlichkeit ihres von Alter und Krankheit gezeichneten (nackten) Körpers. Die Figur
der Prostituierten dient beiden Autoren als Mittel zur Provokation. Maria Immaculata verkörpert sexuelle Leidenschaft, die Gašpar auf eine hoch stilisierte, äs-
thetisierte Art und Weise ausdrückt. Hrušovskýs Blanka repräsentiert das Triebhafte im Menschen, aber auch Wahrhaftigkeit und Menschlichkeit. Die Prostituierte wird verachtet, aber trotzdem als Lustobjekt ausgenutzt. Somit ist die
Prostituierte für Gašpar und Hrušovský auch ein Mittel zur Gesellschaftskritik.

Péter Urbán
Zwischen Heimatpflege und kosmopolitischer Resonanz.
Zwei deutschsprachige literarische Zeitschriften
aus dem Bratislava der Zwischenkriegszeit

1. Das Jahr 1918 und die deutschsprachige Presse in Bratislava
Das Jahr 1918 bedeutete für die Pressburger nicht nur das Ende des ersten Weltkrieges, sondern auch den Zerfall der Österreichisch-ungarischen Monarchie
und den Anfang einer neuen Etappe in der Geschichte der ehemaligen Krönungsstadt des Ungarischen Königreichs. Die Monarchie der Österreicher und
der Ungarn wandelte sich in die Republik der Tschechen und Slowaken um. Die
Dreh- und Angelpunkte des Staates waren nicht mehr Wien und Budapest, sondern Prag und Pressburg. Das Zentrum des slowakischen Teiles der Republik
bekam sogar einen neuen offiziellen Namen: Pressburg, Pozsony, Prešporok –
wie die Einwohner ihre Heimatstadt je nach Muttersprache genannt haben –
heißt ab März 1919 offiziell Bratislava.

Die alte Donaustadt war aber trotz des Regierungswechsels, der Umwandlung
des politischen Systems und der Umtaufe eine multikulturelle Metropole geblieben, in der das deutsch(sprachig)e Element nach wie vor einen maßgeblichen
Anteil hatte, vor allem an der Prägung des kulturellen Lebens der Stadt. Denn
obwohl die Kontrolle über die Stadtverwaltung von tschechischen und slowakischen Beamten übernommen wurde, behielt im kulturellen Bereich die
deutschsprachige Bevölkerung die Oberhand. Die deutschsprachige Presse Bratislavas musste nach dem Zerfall der Monarchie auch keine Einbußen erleiden.
Im Jahre 1918 gab es sieben deutschsprachige Zeitungen und Zeitschriften in
Pressburg, die alle in der Republik weiter herausgegeben wurden.[1] Trotz der of-
fensichtlichen Tatsache, dass die gesellschaftlichen, politischen und wirtschaftlichen Bedingungen der Monarchie während des Krieges mit denen der Republik der friedlichen 1920er-Jahre bei weitem nicht vergleichbar sind, lässt sich
konstatieren, dass wegen des Zerfalls der Monarchie keine deutschsprachige

---

[1] Für diese Information danke ich Herrn Milan Zemko, der mir durch seine bisher nicht
veröffentlichte Studie über die deutschsprachige Presse Bratislavas in der
Zwischenkriegszeit den Ansporn gegeben hat, dieser Zahl in den Biografien nachzugehen.
Vgl. Potemra, Michal (Hrsg.): *Bibliografia inorečných novín a časopisov na Slovensku do
roku 1918 [Bibliographie anderssprachiger Zeitungen und Zeitschriften in der Slowakei
bis zum Jahre 1918]*, Martin 1963, S. 221; und: Kipsová, Mária u. a. (Hrsg.): *Bibliografia
slovenských a inorečových novín a časopisov z rokov 1919 - 1938 [Bibliographie
slowakischer und anderssprachiger Zeitungen und Zeitschriften aus den Jahren 1919 -
1938]*, Martin 1968, S. 752f.

Zeitung oder Zeitschrift in Bratislava eingehen musste. Im Gegenteil: wenn man die ersten zwei Dezennien des 20. Jahrhunderts, in denen insgesamt dreißig deutschsprachige Periodika erschienen sind, mit den knapp zwei Jahrzehnten der Zwischenkriegszeit, die über 90 deutschsprachige Zeitungen und Zeitschriften zur Welt brachten, vergleicht, stellt man einen 300-prozentigen Anwuchs fest. Der Vollständigkeit halber muss hier auch auf die allgemeine, den Rahmen der Staatsgrenzen sprengende und die regionalen Merkmale weit übersteigende Entwicklung und Verbreitung der Gattung Presse in den 20er-Jahren hingewiesen werden. Sie trug zu diesem bedeutenden Fortschritt der deutschsprachigen Presse in Bratislava in der Zwischenkriegszeit maßgeblich bei.

Unter diesen knapp hundert deutschsprachigen Periodika befanden sich auch einige Zeitschriften literarischen Charakters. Die *Heimat* und *Das Riff* sind zwei von ihnen, die teilweise gleichzeitig erschienen sind und denen gemeinsam war, dass sich beide in den Dienst der Kunst und Literatur gestellt, jedoch diesen Dienst auf unterschiedliche Art und Weise interpretiert haben. Wie es bereits der Titel des ersten Blattes vermuten lässt, versuchte die *Heimat* in erster Linie die lokale Kulturtradition zur Geltung zu bringen, während *Das Riff* den Anschluss an die europäische Moderne der 20er-Jahre suchte. Kurzfristig ist es beiden gelungen, ihr Ziel zu erreichen, aber es fanden weder die patriotische Kulturmission der *Heimat* noch das weltbürgerliche Kunstgefühl des *Riffes* auf die Dauer ein Echo in Bratislava.

2. „Die Heimat"

Neben dem aussagekräftigen Titel geben der Untertitel und die Programmatik bereits auf dem Titelblatt weitere Auskunft über den Vorsatz der Herausgeber der *Heimat*. „Zeitschrift für Literatur, Kunst, Stadt- und Volkswirtschaft" lautet die Selbstdefinition des Blattes, „Pflege der Heimatskunde und Heimatsliebe. Förderung des Heimatsschutzes" heißt die edle Mission des Herausgebers Emil Kumlik.[2] Es handelt sich also nicht um ein rein literarisches Blatt. Zum Interesse an kulturellen Themen gesellt sich eine Neigung zu wirtschaftlichen Fragen. Das Sujet der Zeitschrift lässt sich demgemäß in drei Arten von Beiträgen teilen: entweder sind das Artikel wirtschaftlichen Charakters oder kulturliterarische Texte, die sich weiter in primärliterarische und sekundärliterarische gliedern lassen, oder Beiträge über die bildende Kunst. *Die Heimat* bediente die Bratislavaer Leserschaft knappe anderthalb Jahre zweimal pro Monat, die erste Nummer erschien am 1. April 1920 und das letzte Heft am 15. Juni 1921.

---

[2] *Heimat*, Nr. 1 (1920), S. 1.

2.1 Wirtschaftliche Beiträge

Zur Bedeutung der Ökonomie für das Programm der *Heimat* bekennt sich der Herausgeber bereits in der ersten Nummer: „Zu den Aufgaben, die wir uns bei der Gründung unserer ‚Heimat' gestellt haben, zählt auch die, daß wir unsere Leser über volkswirtschaftliche und finanzielle Angelegenheiten fachmännisch unterrichten, um ihnen beim richtigen Verstehen und bei der Lösung der sich jetzt täglich ergebenden unzähligen Fragen behilflich zu sein."[3] In einem als Geleitwort dienenden Brief stimmt dem Vorhaben seines Freundes auch Miklós Gébay zu, in dem der über eine achtenswerte journalistische Vergangenheit verfügende ehemalige Bahnbeamte die wirtschaftliche Einstellung der *Heimat* begrüßt: „Daß Du auch dem Wirtschaftlichen in Deiner Zeitschrift Raum geben willst, ist klug und gerecht. Die wahre Pflege der Heimat kann sich nicht auf das rein Geistige, auf Rosenduft und Mondscheinweben beschränken; um zu leben, muß die Heimat auch materiell, also wirtschaftlich stark sein."[4]

Diese selbstgestellten Ansprüche versuchte man am Anfang noch fleißig zu befriedigen. Artikel wie *Zweierlei Mass. Aus der Stadt mit den zu vielen Banken*, *Zur Frage der Kommunalsparkasse*, *Valutaschuldner* oder *Die Zukunft unserer Sparkassen* wurden auf den Seiten der *Heimat* veröffentlicht. Man versuchte sogar, unter dem Titel *Aus Nah und Fern* eine Berichterstattung über wirtschaftliche Geschehnisse ins Leben zu rufen. Mit kurzen Nachrichten bemühte man sich, die Leser auf dem Laufenden zu halten, wie z. B.: „Die tschechische Agrarni Banka soll das Bad Trentschin-Teplitz für 9 Millionen Kronen gekauft haben." Oder: „Die Ursache des Hartgeldmangels ist, daß dieses von galizischen Händlern angekauft und über die Grenze geschmuggelt wird. Es sind Fälle vorgekommen, daß Nickelmünzen mit 30 und 60 Heller bezahlt wurden."[5]. Dies blieb aber eine kurzfristige Erscheinung und ist nicht zu einer langlebigen, regelmäßigen Rubrik avanciert. Einen weiteren Versuch, über die Wirtschaftsgeschehnisse zu referieren, finden wir erst später, als in der 28. Nummer anhand der beim städtischen Bauamt gegenwärtig angemeldeten Neubauten über die *Bautätigkeiten in Pressburg* berichtet wurde. Auch dies blieb nur eine einmalige Erscheinung.

Mit der Zeit nahm die Anzahl der Beiträge wirtschaftlichen Charakters ab. Die Prophezeiung aus der ersten Nummer, dass „das alles mit so manchen Schwierigkeiten verbunden sein" würde, scheint sich bewahrheitet zu haben. „Die volkswirtschaftliche Rubrik kann sich freilich nur schrittweise entwickeln, wir beginnen demzufolge auch nur in bescheidener Ausdehnung, sind aber

---

[3] Ebd., S. 18.
[4] Ebd., S. 3.
[5] *Heimat*, Nr. 5 (1920), S. 19.

Peter Urban

bestrebt, den jetzigen schmalen Rahmen nach Möglichkeit recht bald dermaßen auszudehnen, wie es die Bedürfnisse des Leserkreises und der geschäftlichen Interessenten dieser Rubrik erheischt."[6] Statt der Ausdehnung erfolgte aber eine Abnahme der Beiträge wirtschaftlichen Charakters. Die Frage, ob die Bedürfnisse des Leserkreises nach mehr Ökonomie nachgelassen haben oder die Erweiterung der wirtschaftlichen Ressourcen stagnierte – oder beides, zeigte sich für die Redaktion als eine zu harte Nuss und bleibt wohl unbeantwortet. Das ändert aber nichts an der Tatsache, dass ab der Hälfte des ersten Jahrgangs die Zahl der ökonomischen Beiträge deutlich abgenommen hat. Wirtschaftliche Themen haben auf die Dauer in der *Heimat* nicht Fuß gefasst und die anfänglich mäßige Dominanz der kulturellen Themen wurde mit der Zeit noch stärker. Miklós Gébay hat gerade diese Inkonsequenz in der Behandlung ökonomischer Fragen dem Herausgeber vorgeworfen und den Mangel am wirtschaftlichen Profil der *Heimat* als Grund für das Scheitern der Zeitschrift angegeben.

2.2 Literarische Beiträge
Der Inhalt der *Heimat* war trotz der ökonomischen Exkurse größtenteils mit Literatur und Kunst abgedeckt. Einerseits waren es literarhistorische Rückblicke, kurze Biographien, philosophische Aufsätze, ausführliche Rezensionen u. ä., die zur Aufklärung des Publikums über die literarischen Werte des Vaterlandes dienten. Auf der anderen Seite fanden auch Werke lokaler zeitgenössischer Autoren ihren Platz in der *Heimat*.

2.2.1 Sekundärliterarische Beiträge
„Pflege der Heimatskunde und Heimatsliebe. Förderung des Heimatsschutzes" – diese Programmatik sollte nicht nur durch wirtschaftliche Berichterstattung erreicht werden, sondern sie erlangte ihre Gültigkeit auch in den Beiträgen literarischer Provenienz. Sowohl die Autoren, die auf den Seiten der Heimat publizierten, als auch die Themen, die im Fokus standen, lassen sich dadurch auf einen gemeinsamen Nenner bringen, dass sie Pressburg und der ruhmvollen Stadtgeschichte große Aufmerksamkeit widmeten.
Unter den Autoren, die sich in der Heimat regelmäßig zu Wort meldeten oder deren Werke in der Heimat veröffentlicht wurden, finden wir fast ausschließlich solche, die aus dem kulturellen Umfeld der zerfallenen Monarchie stammen. Statt die durchaus interessante und komplexe Nationalitätenfrage zu erörtern oder auf die Auslegung des Begriffs Heimat und Vaterland einzugehen, soll hier ein Zitat aus dem Geleitwort der ersten Nummer demonstrieren, wie die Redakteure der *Heimat* ihren Titelbegriff interpretiert haben: „Was Deutsche und

---

[6] *Heimat*, Nr. 1 (1920), S. 4.

68

Magyaren gemeinsam geschaffen, das wollen sie auch gemeinsam pflegen und erhalten – ihre Heimat."[7]

Als Indiz für den weitgehenden ungarisch-deutschen Zusammenhalt gilt auch die publizistische Tätigkeit der Beiträger der *Heimat* in ungarischsprachigen Periodika. Emil Kumlik selbst war Herausgeber des *Tavasz*, einer ungarischsprachigen Literaturzeitschrift in Bratislava, bevor er seine Stelle räumte, um seine ganze Energie der Gründung der *Heimat* zu widmen. Seinen Posten beim *Tavasz* übernahm Karl Gruber-Szeredai, ein weiterer Autor der *Heimat*. Der bereits erwähnte Miklós Gébay, der Germanist und Religionsphilosoph Ödön Szelényi sowie der volkswirtschaftliche Schriftsteller Franz Kováts haben auch Kontakte zu ungarischsprachigen Zeitungen und Zeitschriften aufrechterhalten. Außer ihnen gehörten noch der Lyriker Karl Weiß-Schrattenthal und der Pressburger Stadtarchivar Ovidius Faust zu den produktivsten Beiträgern der *Heimat*.

Bei der Themenwahl stehen ebenfalls alte Traditionen Pressburgs im Vordergrund. In einer sechsteiligen Serie *Unsere deutschen Literaten* wurden jene Männer und Frauen vorgestellt, die „als Dichter oder Schriftsteller dem Leben und Weben ihrer Gedanken und Gefühle poetischen Ausdruck verliehen und im Vereine mit anderen künstlerisch begabten, vom Schönheitssinn trunkenen Mitbürgern uns ein Heim hinterlassen haben, das auf Schritt und Tritt von einer vielhundertjährigen Kulturarbeit Zeugnis gibt."[8] In den *Kleinen Beiträgen zur geschichtlichen Bedeutung Pressburgs in der Vergangenheit* hat man die Geschichte der Stadt, die „vor 100 bis 150 Jahren [...] infolge ihrer glücklichen geographischen Lage, ihrer Verbindungen nach Osten und Westen, ihrer politischen Machtstellung und ihrer bedeutenden Kultur wie prädestiniert dazu schien, die Zentrale des ungarischen Deutschtums zu sein"[9], hoch gepriesen. Im Anschluss an den Lobgesang der Vergangenheit wurde auf den Mangel der Gegenwart hingewiesen, nämlich dass die Verarbeitung dieser Etappe der Stadtgeschichte noch in den Kinderschuhen stecke und einer Monografie bedürfe.

Im Artikel *Theaterwesen und literarisches Leben in Pressburg vor 120 Jahren* kam neben der Hochachtung der Vorfahren auch eine Kritik der Vorgänger zum Ausdruck. Denn nach der ehrgeizigen Behauptung, dass „in Pressburg immer ein gewisses literarisches Leben, eine gewisse Empfänglichkeit für Schönheit und Kunst vorhanden war [...]", wurde sofort kühn auf den Schwachpunkt aufmerksam gemacht, dass die Stadt „nie eine wirkliche bodenständige Literatur und Kunst (,Heimatskunst') hervorbrachte, daß sie nie genügend tatkräftig und folgerichtig war, um an der Grenze von Osten und Westen ihre

---

[7] Ebd.
[8] *Heimat*, Nr. 13 (1920), S. 7.
[9] *Heimat*, Nr. 9 (1920), S. 2.

besondere Selbständigkeit zu bewahren und zum Ausdruck zu bringen". Der Ausklang des Textes stand aber wieder im Zeichen der Hoffnung „daß es nun geschehen wird und daß die neuen Zeiten ein neues selbständiges, auf sich gestelltes Pressburg entwickeln werden, mit einer spezifisch Pressburger Kunst und Literatur"[10].

Neben der Hervorhebung der Lokalgeschichte der Stadt, wurde auch die Betonung der großdeutschen Kulturtradition als Mittel zur Verstärkung der Heimatliebe genutzt. Die zum Symbol der deutschen Literatur avancierte Kultfigur Goethe tauchte oft auf: In den ersten drei Nummern stellte man *Goethe als Gottsucher* dar, das dritte Heft bot einen von einem Leser eingesendeten ausführlichen Bericht über das *Goethefest in Pressburg* und auch literarische Interpretationen seiner Werke fehlten nicht (z. B. *Lebensideale in Goethes Faust*, *Heimat*, 4/1920). Goethe war aber nicht der einzige, dem auf den Seiten der *Heimat* Aufmerksamkeit geschenkt wurde. Auch andere historische Persönlichkeiten – vor allem, aber nicht ausschließlich aus der deutschen Geschichte –, die in Verbindung mit Pressburg gekommen waren, wurden von den Redakteuren thematisiert. „Wie Michelangelo unter den bildenden Künstlern, wie Goethe unter den Dichtern, wie Kant unter den Denkern, so ragt unter den Musikern Beethoven unvermittelt, unerreichbar, unnachahmbar empor"[11] – schrieb man über Beethoven *Zur hundertfünfzigsten Wiederkehr seines Geburtstages*. Anhand der Quellen des Stadtarchivs wurde Paracelsus' Besuch in Pressburg dargestellt und detailliert geschildert, wie „man ihn in feierlicher Weise vor dem Stadttor empfing, ihm im Hause des angesehensten Bürgers der Stadt [ein Quartier gab]"[12]. Dem 100. Jubiläum des ersten Klavierkonzerts von Franz Liszt huldigte die *Heimat* mit einem „Gedenkblatt", das den Titel *Pressburg als Lisztstadt*[13] trug.

2.2.2 Primärliterarische Beiträge

Das Attribut literarisch hat sich die *Heimat* nicht nur aufgrund ihres Interesses an literarischen Themen verdient, sondern auch dank zahlreicher (primär-) literarischer Texte, die auf ihren Seiten veröffentlicht wurden. Den Hauptanteil an der literarischen Ausstattung der *Heimat* hat Franz Herczeg, dessen Erzählungen und Novellen mehr als die Hälfte des prosaischen Gesamtrepertoires der Zeitschrift ausmachten. Ohne Franz Herczegs Werken den künstlerischen Wert aberkennen zu wollen, soll auf die Tatsache hingewiesen werden, dass die

---

[10] *Heimat*, Nr. 7 (1920), S. 3.
[11] *Heimat*, Nr. 18 (1920), S. 3.
[12] *Heimat*, Nr. 12 (1920), S. 5.
[13] *Heimat*, Nr. 16 (1920), S. 3ff.

Prosa dieses ungarischsprachigen Schriftstellers unter anderem von Emil Kumlik ins Deutsche übersetzt wurde, was auch eine wesentliche Rolle dafür spielen durfte, dass sein Name in der Heimat so oft vorkam. Außer aus dem Ungarischen hat sich die Übersetzungstätigkeit der Redakteure auf zwei Erzählungen von Svetozár Hurban-Vajanský aus dem Slowakischen, eine Plauderei von Marcell Prévost aus dem Französischen und zwei Gedichte aus dem Englischen beschränkt. Der Vorzug wurde auch hier den einheimischen, lokalen Autoren gegeben. Es handelte sich dabei oft um die literarischen Versuche der oben genannten Personen: Karl Gruber-Szeredai oder Karl Schrattenthal meldeten sich mit ihren Gedichten zu Wort, und Miklós Gébay stellte seine Erzählkunst unter Beweis. Die Gedichte, die kaum in einer Nummer fehlten, waren entweder auf die Heimat fokussiert (*O du, der eine Heimat hat...* oder *Heimatsflur*) oder bezogen sich in melancholisch-sentimentaler Stimmung auf den aktuellen Feiertag und die anstehende Jahreszeit (*Ostern, Tannenbaum, Mein Herz, Es wird auch dieses Jahr Frühling sein..., März, Die ersten Veilchen* und *Pfingsten*). So lässt sich konstatieren, dass die literarischen Beiträge – lyrischer sowie prosaischer Art – auch im Dienste des Programms „Pflege der Heimatskunde und Heimatsliebe" standen.

2.3 Bildende Kunst
Neben der Literatur wurden in der Heimat auch andere Kunstformen thematisiert. Vor allem im Bereich der bildenden Kunst versuchte man, einen Service zu bieten, der den Lesern half, sich in der Welt der neuesten Werke und Ausstellungen in Bratislava zurechtzufinden. So gab es regelmäßig Auskünfte über das aktuelle Angebot der Kunsthandlungen: „Die Kunsthandlung Loefen und Comp., Pressburg, Kossuthpromenade 6. enthält eine ständige Ausstellung von Originalgemälden, Graphiken, seltenen Kunstblättern, Plastiken und Kunstindustriegegenständen. [...] Eine Aufzählung der gegenwärtig dort lagernden Kunstgegenstände wäre gleichbedeutend mit der Anlage eines Ausstellungskataloges nicht unansehnlichen Umfanges."[14] Auch Kurzberichte über die Tätigkeit der zeitgenössischen Bratislavaer Künstler fanden ihren Platz in der *Heimat*: „Bildhauer Alois Rigele hat in seiner ‚Atelier' genannten Bretterhütte [...] soeben zwei neue Skulpturwerke vollendet."[15] Der rein informativen Berichterstattung folgte in der Regel eine subjektive Bewertung des Werkes, die in den meisten Fällen positiv ausfiel. In der Berichterstattung scheint das Prinzip zur Geltung gekommen zu sein, dass die für schlecht gehaltenen Stücke mit Nichterwähnung bestraft wurden.

[14] *Heimat*, Nr. 13 (1920), S. 18.
[15] *Heimat*, Nr. 1 (1920), S. 12.

In der 25. Nummer wurde eine engere Zusammenarbeit mit dem Pressburger Kunstverein angekündigt. „Wir haben der Zeitschrift ‚Heimat' die Hand gereicht zur gemeinsamen Arbeit um unsere Kultur", hieß es in der Einleitung des öffentlichen Aufrufs des Pressburger Kunstvereins. Der ganze Text des Aufrufs, in dem „die löbl. Stadtvorstehung, als auch die Gönner und Förderer des Vereines ihn in seinen Unternehmungen kräftigst unterstützen zu wollen"[16] angesprochen wurden, wurde anschließend veröffentlicht.

Diese Zusammenarbeit und gegenseitige Unterstützung dauerte aber nicht lange, denn zwei Monate später musste die *Heimat* eingestellt werden. Bereits in der vorletzten Nummer beklagte sich der Herausgeber, dass „die bodenständige Bevölkerung unserer Stadt, deren geistigen und materiellen Interessen die ‚Heimat' gewidmet ist, unseren Bestrebungen nicht mit jenem tatkräftigen Verständnis entgegenkommt, das eben von ihr vorauszusetzen wäre"[17]. Da er die Situation der *Heimat* mit dem Fall des Frankfurter Goethe-Museums verglich, in dem man vergeblich Geld für den Weiterbestand von Goethes Haus gesammelt hat, mangelte es allem Anschein nach an finanzieller Unterstützung. Seine Empörung über die fehlende Wertachtung seiner Tätigkeit geht sogar in den Vorwurf über, dass seine Landleute „keine andere publizistische Kost brauchen als eine derart gewürzte, daß sie davon der Hustenreiz überkommt"[18].

Zwei Wochen später konnten die Bratislavaer zum letzten Male die *Heimat* zur Hand nehmen. Die Abschlussnummer unterschied sich von den anderen Heften nur darin, dass sich Miklós Gébay, der Freund des Herausgebers, der in der ersten Nummer das Geleitwort geschrieben hatte, wieder zum Wort meldete. *Offenes Schreiben an einen Heimatmüden* lautet die Überschrift seines Briefes, in dem er sein Bedauern über das Schicksal der *Heimat* zum Ausdruck brachte. Nach der Würdigung der bisherigen Arbeit des Herausgebers warf er ihm vor, zu früh aufgegeben zu haben. „Auch die Heimatliebe und Heimatverehrung führt durch den Magen"[19] – so wies er erneut, wie auch im ersten Heft, auf die Wichtigkeit der wirtschaftlichen Themen hin, die in der Heimat immer mehr und mehr in den Hintergrund gerückt waren. Mehr Interesse gegenüber den bodenständigen Handwerkern, Fabriken, Weingärtnern etc. hätte auch die Aufmerksamkeit der Mäzene auf die Zeitschrift gelenkt. „Erst wenn du diesen Weg vergebens versucht hast, magst Du die Fahne ermüdet sinken lassen und sagen: der Pressburger verdient nichts anderes als Züchtigung durch allerlei Schund-

---

[16] *Heimat*, Nr. 25 (1921), S. 14.
[17] *Heimat*, Nr. 29 (1921), S. 20.
[18] Ebd., S. 21.
[19] *Heimat*, Nr. 30 (1921), S. 3.

literatur. Ich hoffe aber, es wird nicht dazu kommen!"[20] Diese Hoffnung ging aber nicht mehr in Erfüllung, denn am 15. Juni 1921 erschien die *Heimat* zum letzten Mal.

3. „Das Riff"

„Sturmschwalbe brütet, wie uns die Schiffer sagen, wo weit hinaus ins Meer die letzten Riffe ragen" – mit diesem Zitat von Ibsen auf dem Titelblatt stellte sich im Februar 1920 das *Riff* dem deutschsprachigen Publikum Bratislavas vor. Es handelt sich um eine Literatur- und Kulturzeitschrift, die auf ersten Blick der *Heimat* thematisch sehr nahe zu stehen scheint. Die genauere Analyse enthüllt aber mehrere, durchaus wesentliche Unterschiede zwischen den beiden Blättern.

3.1 Die formalen Unterschiede

Zu den formalen Unterschieden gehören die Periodizität und der Umfang. Während die *Heimat* auf 24 Seiten zweimal pro Monat erschien, wurde das *Riff* nur einmal pro Monat herausgegeben, dafür hatte aber jedes Heft 36 Seiten. Die erste Nummer kam bereits im Februar 1920 unter der Leitung des verantwortlichen Redakteurs und Herausgebers Richard Messleny heraus. Die letzte Ausgabe scheint vom August und September 1920 zu sein, bzw. diese Doppelnummer ist das letzte bekannte und aufbewahrte Heft des *Riffes*. In der *Bibliografie der anderssprachigen Zeitungen und Zeitschriften in der Tschechoslowakei* werden auch nur diese sieben, bzw. acht Nummern angegeben.[21] Es gibt aber ein paar Indizien, die dafür sprechen, dass das *Riff* noch weiter herausgegeben wurde. Im *Landhaus*, einer von Toni Schwabe in Jena herausgegebenen literarischen Zeitschrift, gab es noch im Oktober und November 1920 Ankündigungen, in denen das *Riff*, „die beste deutsche Kulturzeitschrift der tschechoslowakischen Republik, ein Vermittlungsorgan zwischen deutscher und slawischer Kultur, ein treuer Spiegel des Geisteslebens in Osteuropa" angeboten wurde.[22] Da die Wahrscheinlichkeit, dass Toni Schwabe, dessen Werke auch im *Riff* veröffentlicht wurden, zwei Monate lang nicht über die Einstellung des *Riffs* informiert worden wäre, sehr gering ist, lässt sich guten Willens vermuten, dass das *Riff* noch mindestens im Oktober und November 1920 herausgegeben wurde. Nach wie vor bleibt aber rätselhaft, warum (nur) die letzten Hefte verschollen sind. Weder in der Universitätsbibliothek in Bratislava noch in den Bibliotheken in Deutschland, die die ersten sieben bzw. acht Ausgaben im Be-

---

[20] Ebd.

[21] Kipsová (Hrsg.): *Bibliografia slovenských a inorečových novín a časopisov z rokov 1919 - 1938*, a. a. O., S. 754.

[22] *Das Landhaus*, Nr. 10 (1920), S. 158; und: *Das Landhaus*, Nr. 11 (1920), S. 176.

stand haben, sind sie vorhanden. Demgemäß werden in der folgenden Analyse nur die sieben bzw. acht Nummern berücksichtigt.

3.2 Die inhaltlichen Unterschiede

Von den inhaltlichen Unterschieden lässt sich der erste bereits durch einen Blick auf den Untertitel (*Monatsschrift für Dichtung, Kunst und Wissenschaft*) und das Inhaltsverzeichnis der einzelnen Hefte erkennen: Im *Riff* wurde auf wirtschaftliche Aspekte vollkommen verzichtet, das Blatt hat die ganze Zeit seine rein literarische Natur bewahrt.

Der zweite Unterschied besteht im literarischen Profil des *Riffs*. Während die *Heimat* die Literatur in den Dienst der Tradition und Heimatliebe gestellt hat, verfolgte man beim *Riff* mit dem literarischen Sujet kein anderes Ziel, als die Vermittlung der Literatur selbst. Die Themenauswahl wurde beim *Riff* nicht einem patriotischen Ziel untergeordnet, sondern man versuchte, dem Pressburger Publikum Literatur europäischen Formats darzubieten, um „über die engen, ärmlichen Grenzen des persönlichen Vorteils hinaus, das Fühlen, Denken, Empfinden und Gestalten der schrecklichen und doch gewaltigen Gegenwart menschheitlich zu begreifen, mitzuerleben, mitzugenießen und mitzuleiden"[23]. Nicht die lokalen Autoren wurden ignoriert, die Akzente wurden anders gesetzt als in der *Heimat*: „Das ist eben unsere Anschauung über die Pflege heimatlicher Kunst, heimischen Könnens. Wir legen das Schwergewicht auf das Können."[24]

Und damit sind wir beim dritten und bedeutendsten Unterschied angelangt: das *Riff* hat, statt auf die lokalen Literaten, größeren Wert auf die Publikation von Werken ausländischer Schriftsteller und Dichter gelegt. Es waren einerseits deutschsprachige Autoren aus Deutschland, Österreich und Prag, andererseits Übersetzungen aus der tschechischen und der ungarischen Literatur, die neben den Beiträgen lokaler Pressburger Autoren ihren Platz im *Riff* gefunden haben. Beim Lesen der zahlreichen gut klingenden Namen auf der Liste all derer, die im *Riff* publiziert haben – Franz Werfel, Johannes Urzidil, Oskar Baum, Otto Pick, Max Brod, Rudolf Laban, Michael Babits oder Alfred Polgar, um nur die bekanntesten zu nennen –, drängt sich die Frage auf, ob die Autoren mit den Herausgebern des *Riffes* wirklich in Kontakt gewesen sind oder ob die Beiträge nur von anderen Quellen übernommen wurden? Diese Frage scheint auch die Zeitgenossen interessiert zu haben, denn in der Rundschau der sechsten Nummer sah sich die Redaktion genötigt, die literarischen Beiträge der aktuellen Nummer aufzuzählen und explizit zu sagen, dass sie „Originalbeiträge unserer

---

[23] *Das Riff*, Nr. 6 (1920), S. 236.
[24] Ebd., S. 229.

Zeitschrift [sind], die nirgend früher im Druck erschienen sind. Wir betonen dies besonders, weil uns von übelwollender Seite nachgesagt wurde, wir brächten meisst [sic!] nur Beiträge, die anderwärts bereits erschienen sind. Man sieht, die Anklage deckt sich eben nicht mit der Wahrheit. Der einzige Beitrag in diesem Heft z. B., der als Zweitdruck hier erscheint, ist die hervorragende Abhandlung Rudolf Labans: ,Kultische Bildung im Feste', die wir so wie ,Symbole des Tanzes' im zweiten Riffheft der ausgezeichneten Zeitschrift Eugen Diederichs' in Jena: ,Die Tat' entnehmen."[25] Da auch in anderen Nummern bei einigen Texten auf die Quelle hingewiesen wurde – „Aus dem Bande: Gnade und Freiheit, den der Verfasser nächstens bei Georg Müller in München herausgibt"[26] oder „...diesem [dem *Landhaus*] entnehmen wir die hier folgenden drei Erzählungen"[27] –, bleibt festzuhalten, dass es sich mit hoher Wahrscheinlichkeit – bzw. falls nicht anders angemerkt – um Originalbeiträge oder Erstabdrucke handelte.

Man versuchte aber nicht nur, das Fremde ins Vaterland zu importieren, sondern auch das Eigene ins Ausland zu exportieren. Darin besteht der vierte Unterschied zur *Heimat*. *Das Riff* hat sich nicht nur um die Aufmerksamkeit lokaler Literaturfreunde bemüht, sondern es angestrebt, „dem Worte eine weitere, über das Weichbild dieser Stadt hinausreichende Resonanz zu geben"[28]. Diese Bemühungen waren allem Anschein nach von Erfolg gekrönt, denn „Zeitungen von europäischer Bedeutung haben im In- und im Auslande den Ernst, die Bedeutsamkeit unserer Leistung anerkannt in Kritiken, die jeder in unseren Prospekten nachlesen kann, Abonnenten haben sich aus allen Teilen des Landes, aus Österreich und aus Deutschland gemeldet." So informiert jedenfalls der Herausgeber in seinem Rückblick auf die ersten sechs Monate seiner Zeitschrift. Diesen Erfolg scheinen die zwei bereits erwähnten Anzeigen in der Oktober- und Novembernummer des *Landhauses* in Jena zu bestätigen, wo das *Riff* als „die beste deutsche Kulturzeitschrift der Tschechoslowakei" bezeichnet wurde.[29] Der fünfte Unterschied ist auf die allgemeine Kunstorientierung der zwei Blätter zurückzuführen. Während die *Heimat* konservativ eingestellt war und das Erbe der österreichisch-ungarischen Monarchie anzutreten schien, richtete das *Riff* seinen Blick in die europäische Gegenwart und versuchte, die Gestalt einer modernen Zeitschrift anzunehmen. Die literarischen Texte standen im Zeichen der Jahrhundertwende, „sie bieten ein Mosaik, man könnte sagen einen Querschnitt

---

[25] Ebd.
[26] *Das Riff*, Nr. 1 (1920), S. 7.
[27] Ebd., S. 20.
[28] *Das Riff*, Nr. 6 (1920), S. 236.
[29] Vgl. Anmerkung 23.

Péter Urbán

literarischer Tendenzen und Gefühle jener Jahre". Am deutlichsten hat der Expressionismus das *Riff* geprägt. Im Jahre 1920 hatte zwar der Expressionismus seine Blütezeit bereits hinter sich, aber die Botschaft einer neuen Welt mit neu beseelten Menschen war nach wie vor präsent auf der europäischen literarischen Bühne. Nach Bratislava ist die Botschaft der neuen Ausdruckskunst aus Deutschland und vor allem aus Prag mittels Prager deutscher Autoren gekommen. Franz Werfel mit einer Szene namens *Klingsohr*, Johannes Urzidil mit vier Gedichten, Max Brod und Paul Leppin jeweils mit einer Erzählung trugen zur expressionistischen Ausstattung des *Riffs* bei. Von den deutschen Autoren sind es vor allem Klabunds und Ludwig Winders Erzählungen, die Merkmale des Expressionismus aufweisen. Trotz der expressionistischen Tendenz lässt sich das *Riff* im Ganzen nicht zu den expressionistischen Zeitschriften zählen.

3.3 Übersetzungen anderssprachiger Autoren
Die Offenheit für das Neue, Andere und Fremde stellt auch die Tatsache unter Beweis, dass – neben den deutschsprachigen Autoren – anderssprachige Werke mit Vorliebe aufgegriffen und in deutscher Übersetzung publiziert wurden. Prag und der tschechischen Literatur gebührte hier erneut eine Sonderstellung. Fast in jeder Nummer gab es eine Übersetzung von einem tschechischen Dichter oder Schriftsteller (Stanislav Kostka Neumann, Karel Toman, Ružena Svobodná und Josef Čapek), im fünften Heft wurde sogar fast die Hälfte der Nummer den Werken von Ottokar Theer, Viktor Dyk und Antonín Sova gewidmet. Durch zwei Gedichte von Babits Mihály (Michael Babits), eine Dichtung von Béla Balázs sowie einen Ausschnitt aus den Memoiren des ungarischen Malers Rippl-Rónai József (Josef Rippl-Rónai) und durch eine Erzählung von Charles Péguy sind die ungarische sowie französische Literatur auch zum Vorschein gekommen.

3.4 Kulturbeiträge
Nicht nur das literarische Repertoire des *Riffs* wurde mit Werken prominenter ausländischer Autoren bestückt, sondern auch unter den Autoren der Beiträge kultureller Provenienz befanden sich Persönlichkeiten, die in ihren Fachbereichen einen guten Ruf in Europa hatten. So wurden vom Tanztheoretiker und Choreograf Rudolf Laban, „ein[em] Preßburger Künstler und Denker von strenger Einsamkeit und von kühnem Fluge [...], der aber in seiner Heimat so gut wie unbemerkt geblieben [ist]"[30], nicht nur zwei Studien publiziert (*Symbole des Tanzes und Tanz als Symbol*, 1/1920 und *Kultische Bildung im Feste*, 6/1920), sondern es wurde ihm auch eine Erzählung von Richard Messerschmied (eigentlich der Herausgeber Richard Messleny) gewidmet (*Der Tanz*, 7-

---

[30] *Das Riff*, Nr. 6 (1920), S. 229.

76

8/1920). Der Prager Moralphilosoph Felix Weltsch servierte den Lesern ein philosophisches Traktat über *Den schöpferischen Wille*n (1/1920), der Jenaer Toni Schwabe führte seine Gedanken über das Ausruhen aus (*Vom Ausruhen*, 7-8/1920), und auch ein Ausschnitt aus den Memoiren des ungarischen Malers Rippl-Rónai József fand seinen Platz im *Riff*, wozu „der Meister bereitwilligst seine Einwilligung gab"[31]. Zu Wort meldete sich auch Franz Strunz, der Direktor der Wiener Urania, der sich mit dem Phänomen der Volkshochschulen auseinandersetzte (*Die Volkshochschulen*, 6/1920). Der Prager Sprach- und Literaturkritiker Paul Leppin machte einen Exkurs über die Vielfältigkeit und Anmut der slowakischen Volkslieder. Die Kulturbeiträge brachten die kosmopolitische Einstellung des *Riffs* zur Geltung.

Fazit

Mit der *Heimat* und *Dam Riff* liegen zwei Zeitschriften vor, die sich in den Dienst von Kunst und Literatur gestellt, diesen Dienst jedoch auf unterschiedliche Art und Weise interpretiert haben. Die *Heimat* versuchte in erster Linie, die lokale Kulturtradition zur Geltung zu bringen, während *Das Riff* den Anschluss an die europäische Moderne der 1920er-Jahre suchte. Die *Heimat* richtete ihren Blick in die ruhmvolle Vergangenheit Pressburgs, während *Das Riff* nach vorne schaute und gerne mit dem Ausland liebäugelte. Kurzfristig ist es beiden gelungen, ihr jeweiliges Ziel zu erreichen, aber es fanden weder die patriotische Kulturmission der *Heimat* noch das weltbürgerliche Kunstgefühl des *Riffs* auf die Dauer ein Echo in Bratislava.

---

[31] *Das Riff*, Nr. 1 (1920), S. 161.

Blanka Mongu
Bratislava, die Großstadt im Werden.
Zum deutschsprachigen Feuilleton slowakischer Zeitungen
in den frühen Zwanzigerjahren

Der Kampf um die nationale Emanzipation der Tschechen und Slowaken hatte im Verlauf des 19. Jahrhunderts begonnen. Mit dem Ausbruch des Ersten Weltkriegs eröffnete sich ihnen ein Weg zur Vollendung ihrer Bemühungen, die 1918 in der Gründung der Tschechoslowakischen Republik (ČSR) gipfelten. In der neuen Republik lebten neben den Slowaken und Tschechen, welche gemeinsam die Mehrheit bildeten, verschiedene nationale Minderheiten. Einer der Hauptgründe für den politisch-kulturellen Zusammenschluss der Slowaken und Tschechen war die Notwendigkeit, die Mehrheit im gemeinsamen Staat zu bilden, in dem sie gleichberechtigt und eigenständig waren. Nur so ließ sich die nationale Vormacht über die beiden größten Minderheiten, die Ungarn und Deutschen, legitimieren, da der Anteil der Tschechoslowaken[1] bei Gründung der ČSR nur 65,5 % betrug.[2] Die Hauptstadt der jungen Republik wurde Prag, die modernste Metropole des Landes.

Im Unterschied zu Prag war die Entwicklung Pressburgs (seit 1918 Bratislava) im 19. und frühen 20. Jahrhundert nur verzögert im Schatten von Budapest und Wien vorangeschritten. Die Industrialisierung setzte erst um 1870 ein: In diesem Jahr wurde eine Patronenfabrik gegründet, 1875 errichtete die Hamburger Dynamit-Aktiengesellschaft hier ein Werk, 1895 kamen eine Kabelfabrik und Ölraffinerie hinzu und in den folgenden Jahren Textil- und Lebensmittelfabriken. Um 1900 begannen vermehrt ausländische Investitionen in die Stadt zu fließen, z. B. von der Siemens E.A.G. oder der Stollwerck-AG. Ein weiterer wichtiger Wirtschaftszweig war der Weinanbau, der weitgehend in deutschen Händen lag.[3] Infolge der Industrialisierung kam es zum Anwachsen der Einwohnerzahl Pressburgs / Bratislavas sowie zur Veränderung der sozialen und ethnischen Struktur der Stadtbewohner. Einerseits strömte die slowakische Landbevölkerung in die Stadt, andererseits zogen bis 1918 vermehrt auch Un-

---

[1] Vgl. Beránková, Milena / Křivánková, Alena / Ruttkay, Fraňo (Hrsg.): *Dějiny československé žrunalistiky. III. díl: Český a slovenský tisk v letech 1918 - 1944*, Praha 1988, S. 11. Die Erste Volkszählung zum 15.2.1921 zählte 13 613 112 Bewohner insgesamt, davon 23,4 % Deutsche, 5,6 % Ungarn, 1,3 % Juden u. a. Vgl. auch: Harma, Josef / Kamenec, Ivan: *Na společné cestě: česká a slovenská kultura mezi dvěma válkami.* Praha 1988.

[2] In der damaligen Volkszählung unterschied man nicht zwischen Tschechen und Slowaken.

[3] Vgl. Jahn, Egbert K.: *Die Deutschen in der Slowakei in den Jahren 1918 – 1929*, München u. Wien 1971.

garn dahin, während die Anzahl der Deutschen sank.[4] Bratislava war also nach dem Ersten Weltkrieg keine rein slowakische Stadt. 1921 lebten hier insgesamt 98 189 Einwohner, davon waren 25 837 Deutsche, 27 481 Slowaken und 20 731 Ungarn (damals in der Statistik als Madjaren bezeichnet). 1930 hatte die Stadt bereits 123 844 Einwohner. Deutlich zu erkennen ist dabei die ‚Slowakisierung' der Stadt, die Anzahl der Deutschen betrug 32 801, die der Slowaken stieg auf 60 013 an.[5] Nach der Bildung der Tschechoslowakischen Republik hatte sich die ethnisch-soziale Einwohnerstruktur durch tschechische Beamte, Lehrer und Professoren erweitert, die in die Slowakei kamen, um bei der Einführung der staatlichen Verwaltung zu helfen. Dazu zählte auch die Gründung der ersten slowakischen Universität, der Comenius-Universität in Bratislava (1919).[6]

Anfang der 1920er-Jahre kam es also zu einer *Slowakisierung* der Stadt und gleichzeitig zu ihrer Modernisierung, auch wenn eine großstädtische Struktur, wie wir sie von anderen europäischen Städten kennen, erst in den 60er-Jahren des 20. Jahrhunderts entstand. Jedoch setzte der entscheidende urbane Wandlungs- und Modernisierungsprozess schon nach dem Ersten Weltkrieg mit der neuen Rolle der Stadt als zweite Hauptstadt innerhalb der Tschechoslowakischen Republik ein. Da die slowakische Bevölkerung bis zu diesem Zeitpunkt noch nie selbst die Regierungsgewalt über ihr Land ausgeübt, sondern stets unter ungarischer bzw. österreichisch-ungarischer Herrschaft gestanden hatte, war die Umwandlung Bratislavas zur Hauptstadt des slowakischen Landesteils eng mit der Identitätsbildung der Slowaken verbunden.

Generell ist der urbane Raum Vorbedingung und Entstehungsort der modernen Industriekultur. Die Urbanisierung und die mit ihr zusammenhängenden Sozialisierungsprozesse wurden gewöhnlich sehr ambivalent erfahren und teils mit Wohlwollen, teils mit Missfallen betrachtet; zweifellos stellten sie einen starken Bruch in den jeweiligen gesellschaftlichen Verhältnissen dar.

In dieser Studie soll der Werdegang Bratislavas von einer Provinzstadt zur Hauptstadt der Slowakei und somit zum zweitwichtigsten Zentrum der Tschechoslowakischen Republik im Spiegel der lokalen deutschsprachigen Presse

---

[4] Ebd.
[5] Ebd., S. 19.
[6] Harma, Josef / Kamenec, Ivan: *Na společné cestě: česká a slovenská kultura mezi dvěma válkami*, Praha 1988, S. 96. Dies war einige, vor allem nationalistisch gesinnten Slowaken ein Dorn im Auge. Nach dem Münchner Abkommen im Jahr 1938 und der Gründung des Slowakischen Staates im Jahr 1939 wurden als erstes die tschechischen Beamten und Lehrer durch Slowaken ersetzt. Vgl. auch: Podrimavský, Milan / Kováč, Dušan u.a. (Hrsg.): *Slovensko na začiatku 20. storočia. Spoločnosť, štát a národ v súradniciach*, Bratislava 1999.

beschrieben werden. Die 1920er-Jahre waren für die Stadt eine Zeit des Aufbruchs, in der sich den Slowaken die Chance bot, ihre eigene Metropole zu gestalten und sich politisch wie kulturell als selbstständige Nation zu positionieren. Die in den untersuchten deutschsprachigen Pressetexten geführten Diskussionen über die künftige Entwicklung der Stadt als slowakische Metropole offenbaren häufig irreale Wunschvorstellungen, die im zeitgenössischen Kontext jedoch keine Ausnahme darstellten. Es handelt sich um Visionen über die eigene Zukunft als Volk und die Rolle, die man in der europäischen Geschichte zu spielen hoffte. Gerade deshalb sind sie, obwohl die meisten dieser Visionen scheiterten, aus heutiger Sicht betrachtet, bedeutsam, da sie die Wünsche der Zeitgenossen dokumentieren.

Die vorliegende Untersuchung konzentriert sich auf das Bild der neuen Hauptstadt Bratislava in zwei deutschsprachigen Zeitungen der Stadt, der *B. Z. am Abend* (*Bratislavaer Zeitung am Abend*) und der *Pressburger Presse*. Im Vordergrund stehen literarische und kulturgeschichtliche Aspekte, die im Feuilleton und in verwandten Textformen beider Zeitungen im Zeitraum zwischen 1920 und 1924 behandelt werden. Das Feuilleton als das populärste Presse-Genre der 20er-Jahre ist besonders geeignet, Alltagsphänomene festzuhalten. Der Stadtraum ist der Entstehungsort und zugleich der Bezugspunkt des Feuilletons. In der neueren Feuilletonforschung wird es nicht mehr als Textform, sondern als „Ort der Vermittlung"[7] verstanden, an dem sich wichtige Alltagsphänomene zu Diskursen bündeln. Das Feuilleton ist ein literarisch-publizistisches Textgenre, das im medialen Kontext der kommunikativen Öffentlichkeit verstanden werden sollte.

„Als Publikationsort zahlreicher Informationen und mit unterschiedlichem Geltungsanspruch vorgetragener Auffassungen über die zeitgenössische Kultur und Gesellschaft ist das Feuilleton ein Forschungsgegenstand sowohl von erheblicher kommunikationssoziologischer, zeithistorischer und kultureller Aussagefähigkeit wie von literarischem und literatursoziologischem Belang."[8]

Im Rahmen dieser Studie wurden als Quellen neben dem eigentlichen Feuilleton auch Festreden und Berichte aus der Rubrik „Vom Tage" untersucht, da die beiden Zeitungen von geringem Umfang waren und keinen gesonderten Unter-

---

[7] Kaufmann, Kai: *Zur derzeitigen Situation der Feuilleton-Forschung.* In: Kaufmann, Kai / Schütz, Erhard (Hrsg.): *Die lange Geschichte der Kleinen Form. Beiträge zur Feuilletonforschung.* Berlin 2000, S. 12.

[8] Todorow, Almut: *Das Feuilleton der „Frankfurter Zeitung" in der Weimarer Republik. Zur Grundlegung einer rhetorischen Medienforschung.* Tübingen 1996, S. 46.

haltungsteil besaßen, der unter dem Titel „Feuilleton" in den 20er-Jahren verschiedene Textsorten enthielt.

Die slowakische Wissenschaft begann erst nach 1989 ihr Augenmerk auf die Presse der Zwischenkriegszeit zu richten, daher ist das Terrain kaum erforscht. Untersuchungen, die das slowakische oder das in der Slowakei erscheinende deutschsprachige Feuilleton aus diesem Zeitraum zum Gegenstand haben, sind mir nicht bekannt.

Die „B. Z. am Abend"

Die *Bratislavaer Zeitung am Abend*[9] ist eine bis jetzt gänzlich unerforschte[10] deutschsprachige Quelle zur Presse- und Kulturgeschichte der Slowakei. Die Zeitung versteht sich als eine unabhängige demokratische Tageszeitung, ihr *pro-tschechoslowakischer* Charakter ist unter anderem anhand der Berichterstattung über Prag zu erkennen. Prag wurde als moderne europäische Metropole geschildert, vergleichbar mit Berlin oder Paris. Die Zeitung erschien von 1920 bis 1924 in Bratislava in unterschiedlichem Seitenumfang, während der Jahre zwischen vier bis 16 Seiten von Dienstag bis Sonntag in einer Auflage von 8 000 Exemplaren.[11] Herausgeben wurde sie anfangs von Siegfried Neubauer, danach von der *Verlagsgesellschaft B. Z. am Abend* und schließlich ab dem 9.10.1920 von der Pallas, Zeitungsverlag A. G. Der verantwortliche Redakteur war Árpád Szakolczai, der zugleich Redakteur der Zeitung *Republik*, dem deutschen Tageblatt der radikal-demokratischen Partei Westungarns (d. h. der späteren Slowakei), war.[12] Die Zeitung *Republik* forderte im Rahmen der Parteipolitik die Deutschen auf, ihre Eigenart und Sprache zu erhalten. Über der nationalen Frage stand aber die Integrität Ungarns. Nach der Neukonstituierung der Partei war die Zeitung von Ende Dezember 1918 bis Januar 1919 das offizielle Organ der deutschen radikal-demokratischen Bürger-Partei, die zur

---

[9]   Die Bezeichnung der Zeitung erinnert an die Berliner Zeitung *B.Z. am Mittag*. Es wäre möglich, dass diese Zeitung als Vorbild bei der Namensgebung der Zeitung diente, da man in Bratislava die deutsche Presse verfolgte. Möglicherweise sollte die Bezeichnung einerseits die Ambition der Stadt, eine moderne Großstadt zu werden, widerspiegeln, andererseits diese bestärken.

[10] Die Zeitung wurde von Blanka Mongu und der Linguistin Katarína Motyková wiederentdeckt und im Rahmen der Germanistischen Institutspartnerschaft zwischen der Humboldt-Universität zu Berlin und der Comenius-Universität in Bratislava erstmals untersucht. Die vorliegende Studie ist als literaturwissenschaftliches Pendant zu Motykovás linguistischer Untersuchung zu sehen und gleichzeitig als ein weiterführender Beitrag zur Erforschung der Modernisierung Bratislavas.

[11] Jahn: *Die Deutschen in der Slowakei in den Jahren 1918 - 1929*, a. a. O., S. 93.

[12] Vgl. Kipsová, Mária u. a.: *Bibliografia slovenských a inorečových časopisov z rokov 1919 - 1938. Slovenská národná bibliografia zv. II,* Martin 1968, S. 570 und S. 752.

tschechoslowakischen Republik stand. Ab Februar 1919 erschien sie als unabhängige deutsche demokratische Tageszeitung.

Die Zeitung hatte ein modernes Layout, in ihren Beiträgen konzentrierte man sich auf aktuelle Themen, verbunden mit der Stadtentwicklung und Stadtkultur. Das Feuilleton stand auf der ersten Seite unter dem Strich, später auch auf der zweiten Seite. Die Texte waren oft anonym, dafür wurde jedes Feuilleton als „Originalplauderei der *B. Z. am Abend*" bezeichnet. Untersucht wurden die Jahrgänge von 1920 bis 1924. Dabei zeigten die Jahrgänge 1920 bis 1922 das höchste Aufkommen an Themen in Zusammenhang mit der Positionierung Bratislavas als zweite Hauptstadt der Republik sowie als moderne Stadt. Im letzten Erscheinungsjahr, 1924, hatte die Zeitung nur vier Seiten und die Anzahl der Feuilletons war gering, auch die Bezeichnung der Rubrik Feuilleton[13] tauchte nur sehr unregelmäßig auf. Nur wenige dieser Feuilletons waren sogenannte „Originalplaudereien"; wenn Feuilletons erschienen, dann wurden sie meist übernommen. Der Feuilletonstil lavierte zwischen Ironie, die sich mitunter zur Parodie zuspitzte, und optimistischem Aufbauwillen, was besonders im Zusammenhang mit den Großstadtambitionen Bratislavas deutlich wird. Der Bratislavaer Flaneur schreibt eher über Orte, die er in seiner Vorstellung erschaffen hat als über reale Stadtlandschaften. Im Gegensatz zum Berliner oder Prager Flaneur „präkonstruiert" er also das zukünftige Bratislava, wie später am Beispiel „Grossbratislavas" zu sehen sein wird.

Die „Pressburger Presse"

In Anbindung an die Ergebnisse der Untersuchung der *B. Z. am Abend* wurden die Jahrgänge 1920 bis 1922 sowie 1924 der *Pressburger Presse* untersucht, um die Entwicklungstendenzen des Großstadtdiskurses zu vergleichen und zu vervollständigen. Die nur vierseitige Zeitung trug den Untertitel *Unabhängiges Organ für die Interessen des Mittelstandes.* Gegründet wurde die Zeitung 1898, und sie erschien bis 1928. Herausgegeben wurde sie von den Eigentümern Alois Langer und Eugen Engyeli.[14] Engyeli publizierte in der Zeitung auch selbst unter Pseudonymen wie Veritas, Brenta, Luder, Kibiz oder Desiderius. Die Zeitung erschien wöchentlich am Montagmorgen. Sie konzentrierte sich auf kommunale Stadtproblematiken und richtete sich an progressives Bürgertum. Das Feuilleton stand auf der ersten Seite unter dem Strich. Auf der zweiten Seiten befand sich die Rubrik *Fragmente der Woche,* die das neueste Geschehen in der Welt und in der Stadt reflektierte, weiterhin informierte die Rubrik *Von Tag zu Tag* über Aktuelles. Die sogenannte *Plauderei* erschien auf der vierten Seite.

---

[13] Z. B. In: *B. Z. am Abend,* 5.7.1924.
[14] Vgl. Kipsová: *Bibliografia slovenských,* a. a. O., S. 740.

Die Rubriken *Berliner, Londoner, Wiener* und *Pariser Brief* vermittelten Nachrichten über das Leben in diesen Metropolen. Eine besonders interessante Rubrik trug den Titel *Auf der Straße*. Darin wurden die Veränderungen des Stadtbildes reflektiert, wobei man sich insbesondere auf den Verkehr und die Bautätigkeit konzentrierte. An den folgenden Beispielen soll nun die urbane Entwicklung Bratislavas dargestellt werden.

Pressburg

Die Berichterstattung der *B. Z. am Abend* widmete sich im Prinzip gänzlich dem *neuen* Bratislava. Zwar schrieb man auch über Pressburg, jedoch nicht verträumt-nostalgisch, sondern in Gegenüberstellung zur neuen slowakischen Hauptstadt, die dabei positiv hervorgehoben wurde. Auch das Feuilleton der *Pressburger Presse* konzentrierte sich in erster Linie auf das *neue* Bratislava, jedoch gab es hier auch die Rubrik *Reminiszenzen,* worin an *Alt-Pressburg* erinnert wurde, das man in Zusammenhang mit Wien sah. Dabei zeugen insbesondere die typischen Stadtfiguren, „der Kraxelhuber" und „der Spiessbürger", von der jahrhundertelangen kulturellen Verflechtung, die den gleichen Menschentypus hervorbrachte. Anders gesagt: „Mit dem Pressburger Kraxelhuber konnte sich der Wiener Spiessbürger stets ganz ungestört unterhalten, und umgekehrt machte jener keine Vorwürfe wegen seines Mangels an Pressburger Bodenständigkeit. Instinkt und Instinkt verstehen sich immer leicht [...]."[15]

Was die Begriffsverwendung von „Pressburg" und „Bratislava" angeht, wird in den Texten deutlich unterschieden: „Pressburg" bezeichnet die Stadt im Zeitraum vor 1918 und „Bratislava" im Zeitraum nach 1918. Bestätigt wird dies durch die Verwendung der Bezugsgröße Wien, was nur für den Zeitraum vor 1918 zutrifft. Nach dem Zerfall der Monarchie wurde das ehemalige Pressburg, die sogenannte *Vorstadt* Wiens, plötzlich zur zweiten Hauptstadt des neuen Nachbarlandes ČSR. Dieser Umstand wurde von manchem beklagt:

> „Da muss man sich einen Pass verschaffen, denn Bratislava ist jetzt Ausland; dieses Bratislava, das seit Jahrhunderten für uns eine Art kleine Schwester war, dieses Pressburg, dessen Bevölkerung aller vier Nationalitäten mit Wienern verschwistert, verschwägert, versippt war, dieses Poszony, das mit Bécs geschäftlich verbandelt und verkittet war; dieses Pressburg, dessen Kultur mit der wienerischen sozusagen in einer Donauluft gewachsen ist, das ist Ausland, wo man ohne Pass nicht hin kann!"[16]

Bratislava war nicht nur eine neue, sondern im Vergleich mit Wien, das an den Folgen des verlorenen Krieges litt, auch eine reiche Hauptstadt. Dies wird

---

[15] N. N.: *Wien – Bratislava.* In: *B. Z. am Abend*, 23.6.1920.
[16] Blei, Fritz: *Reise ins Schlaraffenland.* In: *B. Z. am Abend*, 6.7.1920, S. 1.

ausführlich in den Feuilletons von Fritz Blei geschildert, der Bratislava als
„Fressburg" und „Schlaraffenland"[17] bezeichnete. Blei schilderte die schwierige
Lage in Wien, hohe Preise, Not, Nahrungsmangel. So beschreibt er die Wiener:
„Die Menschen blass und eingefallen, tragen Kleider, deren Stoffe sie aus
uralten Schössen oder sonstigen Plunder bezogen, der einst in besseren Zeiten
auf dem Boden oder zum Trödler wanderte."[18]

Nach dem Zerfall der Monarchie verlor Wien seine Position als Kaiserstadt.
Es war also nicht mehr jene Stadt, die den Ton angab und an der sich die
anderen Städte der Monarchie maßen, sondern es war plötzlich „nur" die Hauptstadt Österreichs, die geschlagen aus dem Krieg hervorging. Dies zu akzeptieren
fiel schwer, passend ausgedrückt: „Die Wiener haben Essen genug, sie zehren
am alten Ruhme."[19] Im Gegensatz zu Wien erfuhr das provinzielle Pressburg
von einst einen Aufstieg, denn es wurde zu Bratislava. Die historischen Umstände, die damit einhergingen, fasst ironisierend das folgende Gedicht treffend
zusammen:

> „Früher machte Budapest
> Poszon zu 'nem kleinen Nest.
> Heute liegt uns Prag am Rücken
> Und sucht uns herauszudrücken!
> [...] Bratislava soll und sei
> Hauptstadt der Slovakei!
> Aber nicht nur pro forma!
> Nein, gerechtlich ganz per Norma! ...
> Preßburg sein ein Herrensitz
> Aber nicht ein Fensterschwitz.
> Preßburg ist in Rang zu setzen.
> Preßburg sein – 'ne Metropole
> Aber nicht 'ne Stiefelsohle.
> Preßburg ist ein Prinzen-Mädl
> Und nicht so ein Aschenbrödl."[20]

Das neue Bratislava stand vor großen Herausforderungen, denn es war nun nicht
mehr die „Vorstadt Wiens", sondern eine eigenständige Hauptstadt in einem
neuen Staatsgebilde. Bratislava musste sich also damit auseinandersetzen, ein
moderner slowakischer Hauptsitz zu werden und den damit verbundenen An-
forderungen gerecht zu werden. Um das zu erreichen, musste sich die Stadt neue

---

[17] Blei, Fritz: *Briefe aus dem Schlaraffenland*. In: *B. Z. am Abend*, 20.7.1920.

[18] W. R.: *Wie es in Wien aussieht*. In: *B. Z. am Abend*, 24.11.1921.

[19] N. N.: *Ahasver in Pressburg*. In: *B. Z. am Abend*, 30.7.1920.

[20] N. N.: *Prag – Bratislava*. In: *Prager Presse*, 21.3.1921.

Vorbilder suchen, an denen sie sich orientieren konnte. Budapest oder Wien waren historisch vorbelastet, das neue und wichtigste Vorbild befand sich in der neuen gemeinsamen Republik – es war Prag.

Prag, die ,Nummer Eins' der Republik
Die Urbanisierung Prags war stark mit der nationalen Emanzipation verbunden. Bereits seit der zweiten Hälfte des 19. Jahrhunderts verstärkte sich die Zuwanderung der tschechischen Landbevölkerung nach Prag. Zu dieser Zeit wuchs allmählich das Selbstbewusstsein der Tschechen, das sich auch darin äußerte, dass zu dieser Zeit viele nationale Bauten, wie z. B. das Tschechische Nationaltheater, erbaut wurden. Nach der Gleichberechtigung des Tschechischen als Amtssprache (1880) begann sich allmählich die tschechische Kultur von der deutschen zu trennen. Diese Entwicklung gab auch der Entfaltung der tschechischen Kultur einen starken Impuls. „Erst in der Zeit um 1900 setzt sich der ,Sprachnationalismus' um in eine differenzierte Kultur, die sich dann auch von deutschen Vorbildern emanzipiert und den Anschluß an die europäische Moderne findet."[21] Um die Jahrhundertwende änderte sich infolge dieser Entwicklung auch die Aufgabe der Kunst, die nicht mehr vorrangig im Dienste der nationalen Aufklärung und Stärkung des nationalen Selbstbewusstseins stand. Es kam zur Internationalisierung der tschechischen Kultur, die sich an ausländischen Vorbildern, vor allem an Frankreich, aber auch an Skandinavien und Russland, zu orientieren begann. Das multikulturelle Prag war das Zentrum der tschechischen Avantgarde und befand sich im regen kulturellen Austausch mit Paris, Berlin oder München. Prag gehörte also eindeutig zum westeuropäischen Kulturkreis. Nach 1918 wurde es als Hauptstadt der Tschechoslowakei Bestandteil moderner mitteleuropäischer Urbanität.

> „Seit dem Ende des Krieges, seit der Errichtung der czechoslovakischen Republik werden wir entdeckt. [...] Die exotischen Blätter bringen heute Berichte aus Prag und wissen genau, dass es die Hauptstadt eines funkelnagelneuen Staates ist, der Czechoslovakei, und dass diese Czechoslovakei just mitten in Europa liegt, das europäische Land der Mitte."[22]

Prags Selbstwahrnehmung ist von euphorischer Aufbruchsstimmung gekennzeichnet, die Stadt „lebt in unerhörtem Ueberschwang, kraftstrotzend, freudigen Tempos, erregt, bebend vor Daseinslust"[23]. Es heißt weiter: „Und nun erst erlebt Prag seine Gegenwart, nachdem es so lange von seiner Vergangenheit gezehrt hatte. Nicht mehr kommen nur Touristen mit den Bahnzügen an, sondern

---

[21] Vgl. Schmitz, Walter / Udolph, Ludger (Hrsg.): *Tripolis Prag*, Dresden 2001.
[22] C. H.: *Die hunderttürmige Stadt*. In: *B. Z. am Abend*, 25. 6. 1920.
[23] Ebd.

Ententemissionen, Diplomaten, Handelsagenten, Finanzleute aus aller Herren Länder." Und alle sind positiv überrascht, da sie gleich erkennen: „Sie sind wahrhaftig nicht in einem Museum, sondern in einer modernen, dröhnenden wimmelnden Grosstadt."[24]

Die Beziehung zwischen Prag und Bratislava war von Anfang an nicht einfach. Einerseits galt Prag unbestritten als Vorbild bei der Modernisierung bzw. Urbanisierung. Von der pro-tschechoslowakischen Orientierung der beiden hier thematisierten Zeitungen zeugt die Beschreibung Prags als moderne Metropole mit großer Zukunft, gar mit Weltgeltung:

> „Prag ist ein Sammelpunkt von riesigen Kräfteansammlungen geworden und muss ein Ausgangspunkt großer Strahlungen sein, soll es seiner geschichtlichen Sendung, die erst und eigentlich mit der Staatsgründung Masaryks ihren wirtschaftlichen Anfang nahm, gerecht werden […]."[25]

Andererseits herrschte zwischen den beiden Hauptstädten Rivalität um Macht und Geltungseinfluss, wie auch am Beispiel der Darstellung der in Bratislava stattfindenden Orientmesse zu sehen sein wird. In der Hierarchie belegte Prag den ersten Platz in der Republik. Diese Situation wird, wenn auch sarkastisch, von dem folgenden Gedicht treffend wiedergegeben:

> „[…] ,Prag' ist jene große Stadt,
> die Nummer Eins am Buckel hat.
> Dann käme die Nummer Zwei
> Für die ganze Slowakei
> Bratislava unbedingt,
> weil es doch viel schöner klingt,
> wenn ein jedes dieser Länder
> (auch der Amtsgang ist behender)
> Seinen Hauptsitz separiert
> Und sich langsam isoliert."[26]

Tatsache bleibt, dass sich Prag in seiner Rolle als Hauptstadt der jungen Republik sowohl im In- wie im Ausland sehr schnell etablierte. Prag selbst orientierte sich an anderen europäischen Metropolen, insbesondere an Berlin, London oder Paris. Trotz des Strebens nach der Erlangung einer gleichgestellten Machtposition in der Republik, was einen Konkurrenzkampf zwischen den Städten

---

[24] Ebd.
[25] Reimer-Ironsid, Edmund: *Tor und Brücke.* In: *B. Z. am Abend*, 29.8.1920.
[26] N. N.: *Prag – Bratislava.* In: *Prager Presse*, 21.3.1921.

auslöste, diente Prag Bratislava als wichtigste Bezugsgröße sowohl in der Stadt- wie in der Kulturentwicklung.

Die Orientmesse

Die Ambition Bratislavas, eine moderne Großstadt zu werden, wird insbe- sondere in der Berichterstattung und Diskussion über die Orientmesse deutlich, die vom Regierungsreferenten und Präsidenten der Handels- und Gewerbe- kammer Kornel Stodola gegründet wurde. Die erste Messe fand vom 6. bis zum 15. August 1921, die zweite von 6. bis zum 15. Juli 1922 und die dritte vom 23. August bis zum 2. September 1923 statt.[27] Präsentiert wurde hier die gesamte Industrieproduktion der Slowakei, aber auch ausländische Aussteller nahmen an der Messe teil; 1921 waren es insgesamt 1 521, davon 287 ausländische. Das Interesse war immens, innerhalb von neun Tagen zog die Messe 145 000 Be- sucher an.[28] Nicht umsonst wurde sie als „Banknoten Presse"[29] bezeichnet.

Es war nicht nur im Interesse der Stadt, sondern auch im Sinne des Staates, die Messe zu fördern, denn einen Zugang zum Meer und somit zum Seehandel hatte die ČSR nur über die Elbe, die in die Nordsee mündet. Der Ausbau des Hafens in Bratislava gab der Republik die Möglichkeit, sich über die Donau Zu- gang zum Schwarzen Meer zu verschaffen und somit unabhängiger von Deut- schland zu werden. Daher war die Donau ein strategisch wertvolle Verkehrsader für die Republik und Bratislava ein wichtiger potenzieller Standort für Waren- transporte, vor allem in östlicher Richtung. Gerade seine geografische und geo- politische Lage bot Bratislava die Chance, sich als wichtiger Handelsknoten zu behaupten. Es war somit im Sinne der Republik, den Hafen auszubauen.

Dieser Ausbau des Donauhafens und die Stärkung des Donauverkehrs sollten aus der Stadt eine Verkehrszentrale machen, die Osten und Westen verbindet, und ihr in Zukunft den Zugang zum Weltmarkt ermöglicht, dessen Zentrum die neue slowakische Hauptstadt werden sollte. Denn unbestritten schien: „Bratis- lava ist von der Regierung und durch den Donaustrom dazu bestimmt, der Mittelpunkt des Orienthandels zu werden."[30] Und auch der Handelspräsident Kornel Stodola äußerte sich diesbezüglich: „In Bratislava als dem zukünftigen grössten Stapelplatz der Donau, als einem Hinterhafen Russlands, laufen alle Fäden der natürlichen, wirtschaftlichen Transportentwicklung zusammen – und

---

[27] 1923 wurde die *Orientmesse* zur *Donaumesse* umbenannt, sie fand bis 1943 statt.

[28] Jančura, Vladimír: *Bratislavu mali zviditeľniť orientálne veľtrhy.* In: *Pravda*, 13.8.2011.

[29] N. N.: *Moderne Poeme. Kubistisch-Dadaistische Ergüsse. (Gedicht mit linkswärts ge- schorenen Haaren).* In: *Pressburger Presse*, 13.6.1920.

[30] Vilis, F. (Vizepräsident): *Bratislava, die werdende Grosstadt.* In: *B. Z. am Abend*, 6.6.1920.

dies bietet die beste Garantie für die große Zukunft Bratislavas."[31] Hierbei wird die Stilisierung Bratislavas zum zukunftsorientierten Wunschbild, *der Großstadt im Werden*, besonders deutlich. Denn es hieß, dass der Donauverkehr die Stadt zum „wirtschaftlichen und Verkehrsmittelpunkt Zentraleuropas" prädestiniere und sogar „die Entwicklung Bratislavas zur Weltstadt"[32] gewährleiste.[33] Die Faszination dieses Gedankens führte soweit, dass begeistert behauptet wurde: „Bratislava-Pressburg entwickelt sich wirklich amerikanisch"[34]. Die Entwicklung verlief so schnell und rasant, dass man sie nur mit der dynamischsten Entwicklungsform, der *amerikanischen,* meinte vergleichen zu können.

Es ist anzunehmen, dass die Ambitionen Bratislavas die Rivalität zwischen den beiden Hauptstädten verstärkte. Denn genau wie im Fall Bratislavas wurde auch bei Prag die geopolitische Position im Herzen Europas thematisiert, die der Stadt eine Vermittlerfunktion zwischen Westen und Osten zuteil werden ließ, was sie zu einer „Weltstadt" prädestinierte. „Prag ist auf dem Weg zur zentraleuropäischen Weltstadt. Als Brückenkopf nördlicher Richtung liegt es auf dem Weg von England nach Indien, als Tor steht es auf der Strasse vom Westen zum Osten, vom Osten zum Westen."[35]

Bratislava, die werdende Großstadt

Wie beschrieben war der Werdegang Bratislavas zu einer Hauptstadt kein einfacher; der Werdegang zur anerkannten und vor allem auch im Ausland bekannten Großstadt war noch weitaus schwieriger (und ist es bis heute). Die Ausgangssituation, mit der die Stadt zu kämpfen hatte, wird von folgendem Zitat präzise zusammengefasst:

> „Außerdem und über die – ich [sic!]
> Ist sehr wichtig das Prestige.
> Schließlich sind da die Slovaken,
> Wenn auch gänzlich neu gebacken,
> Immerhin für sich ein Volk.
> Und wo bleibt der Kriegserfolg?
> War der Krieg denn ganz umsonst?

---

[31] Stodola, Kornel (Handelspräsident): *Donau und Orientmesse.* In: *B. Z. am Abend,* 11.5.1922.

[32] N. N.: *Bratislava der Verkehrsmittelpunkt Europas.* In: *B. Z. am Abend,* 27.6.1920.

[33] Mehr zum Thema *Orientmesse* im Beitrag *Bratislava – Großstadt in Metaphern. Eine Lektüre der Bratislavaer Zeitung am Abend von 1920 bis 1924* von Katarína Motyková in diesem Sammelband.

[34] N. N.: *Orientmesse in Bratislava. Zur Eröffnung in den ersten Julitagen im hiesigen Donauhafen.* In: *B. Z. am Abend,* 25.6.1922.

[35] Reimer-Ironsid, Edmund: *Tor und Brücke.* In: *B. Z. am Abend,* 29.8.1920.

Hat Paris denn einen Dunst,
Weiß denn London, wo sie sei,
Die geliebte Slovakei?
Hat das irgend einen Reiz,
Wenn Italien und die Schweiz
Wenn Amerika Nord und Süd
Von der Slovakei nichts sieht?
Immer sind die Herrn die Böhmen,
Sei es in Hamburg oder Bremen.
Alles ist nur Prag und Prag,
Und kein Mensch kennt den Slovak!"[36]

Bratislava knüpfte an die multikulturelle Tradition Pressburgs an. Hervorgehoben wurden die Offenheit und Toleranz der Stadt, die als „moderne[s] vielsprachige[s] Babel"[37] beschrieben wurde. Das harmonische Miteinander der Stadtbewohner, die aller drei oder mindestens zweier Sprachen mächtig waren, charakterisierte man als „[...] kunterbuntes Durcheinander von Sitten, Kulturen und Lebensanschauungen. Und dennoch scheint die Stadt nichts davon zu wissen. Sie geht ruhig ihrer Wege und erörtert miteinander alle Widersprüche."[38] Dies waren alles in allem gute Voraussetzungen für eine Metropole, die offen sein muss, wenn sie modern sein will. Nach 1918 erfuhr die neue Hauptstadt der Slowakei eine rasante Entwicklung, ablesbar etwa an der erhöhten Bautätigkeit[39], dem Ausbau des Verkehrs und der Modernisierung der Kommunikation[40]. Der Werdegang der Stadt zur Großstadt schien unbestritten. So prophezeite beispielsweise der damalige Bürgermeister „Bratislava, [der] werdende[n] Grosstadt", eine „verheissungsvolle Zukunft"[41].

Ein beispielhafter Ausdruck für den gewünschten Ausgang der Bemühungen lässt sich im Feuilleton nachlesen, in dem das fiktive „Grossbratislava"[42] des Jahres 2020 geschildert wird. Darin wird die Enthüllung der Luftspritze zum Anlass einer großen Feier:

---

[36] N. N.: *Prag – Bratislava*. In: *Pressburger Presse*, 21.3.1921.

[37] N. N.: *Sportplatz Bratislava*. In: *B. Z. am Abend*, 21.7.1920.

[38] N. N.: *Bratislava – Pressburg – Poszony*. In: *B. Z. am Abend*, 12.6.1920.

[39] N. N.: *Es wird gebaut! Erhöhte Bautätigkeit in Bratislava*. In: *B. Z. am Abend*, 9.1.1921. Vgl. auch: N. N.: *Die erstaunliche Entwicklung Bratislavas seit dem Umsturz*. In: *B. Z. am Abend*, 1.1.1922; und: *B.Z. am Abend*, 1.12.1922, in der die Vergrößerung Bratislavas und die Entstehung zwei neuer Stadtviertel geschildert werden.

[40] Viliš, F. (Vizedirektor): *Bratislava, die werdende Grosstadt*. In: *B. Z. am Abend*, 9.6.1920. Beschrieben wird die Entwicklung des Telefon- und Telegrafenwesens.

[41] N. N.: *Bratislava, die werdende Grosstadt. Unterredung mit Bürgermeister Dušek*. In: *B. Z. am Abend*, 8.6.1920.

[42] J. H.: *Wie es im Jahre 2020 geschah*. In: *B. Z. am Abend*, 28.10.1920.

"Der Stefanik-Boulevard war mit Passanten gefüllt, eine Reihe von Polizisten dirigierte die Automobile [...]. Auf einem Palast landete ein Aeroplan mit Gummimöbeln, auf einer Leinwand wurden mit farbigen Films Bilder aus dem Leben vergangener politischer Parteien gezeigt, was aber niemand beachtete, nicht einmal der Operateur; nur zwei Aviatiker betrachteten schweigend die Leinwand. Mehrere Flugzeuge wurden an grossen Magneten, welche an den Rauchfängen der Vorstadt Devinské jazero befestigt waren, aufgefangen. [...] Ein ungeheuerer Marktplatz erstreckte sich unter dem einstigen Ministerium. Unterirdische Bahnen brachten die Frauen von allen Enden Bratislavas herbei, [...]. Von den Flugzeugen flatterten, mit diversen Inseraten versehene, Fahnen; das fein parfümierte Benzin verbreitete einen angenehmen Geruch über die ganze Stadt und fiel wie ein Silberregen auf die entblössten Häupter der Bürger von Gross-Bratislava."[43]

Aus der Schilderung wird deutlich, wie stark technische Utopien der Zeit auf die Entwicklung Bratislavas projiziert und in der Öffentlichkeit diskutiert wurden. Der Umstand, dass es sich dabei meistens um eifrige Reden von zeitgenössischen Politikern und Repräsentanten der Stadt handelte, ändert nichts daran, dass die Stadt tatsächlich einen grundsätzlichen Wandel erlebte und auf dem Weg in eine neue Entwicklungsphase war.

Die Straße als Symbol der modernen Großstadt
Als Prüfstein für Modernität galt im Zusammenhang mit der *Urbanisierung* die Straße, und das sowohl im wörtlichen wie im übertragenen Sinn.[44] Die Straße war somit jenes Phänomen, welches das erreichte Entwicklungsstadium wie auch die Ambitionen diesbezüglich getreu widerspiegelte. In der *Pressburger Presse* erschien die Rubrik *Auf der Straße*, die das alltägliche Geschehen in der Stadt einfing, wobei die vielschichtigen Betrachtungen an ein Flanieren erinnern. Die Stadt wird mit Worten nicht allein be-, sondern regelrecht geschrieben. Somit ist die Straße mehr als ein Verkehrsader. Sie ist das Spiegelbild der Gesellschaft und ihrer Kultur.

„Die Einwirkung der Straße auf die geistige Entwicklung des Menschen ist durchaus kein bloßes Schlagwort oder ein Phantom hypermoderner Sozialpsychologen. Wer nur mit offenen Augen durch die Straßen geht, dem offenbart sie in dem bunten Allerlei und in der Fülle von Eindrücken hinter den Erscheinungen, an denen der Mensch in der Hetzjagd des Tages meist achtlos vorübereilt, ein lebendiges Spiegelbild des Daseins des Zeitgeistes, ein wahres Spiegelbild unserer Kultur."[45]

---

[43] Ebd.
[44] Beispielsweise im Zusammenhang mit der modernen Kultur in Berlin sprach man sogar von „Asphaltkultur".
[45] Rubrik: *Auf der Straße*. In: *Pressburger Presse*, 20.11.1922.

Auch im Falle Bratislavas erfüllte die Straße die Funktion der Skala, auf der Modernität gemessen wurde. Sie diente als Vergleichspunkt zwischen dem alten Pressburg und dem neuen Bratislava. Dabei wurden verschiedene Deutungen erkennbar: einerseits die Begeisterung über die *Urbanisierung*, andererseits ihre Ablehnung als die eines fremden Elements. So wurde im folgenden Beispiel das Neue, das sich auf der Straße abspielt, mit widersprüchlichen Assoziationen verbunden. Gegenübergestellt wurden Lärm, Schmutz und Ungemütlichkeit als Gegensatz zu der früheren Ordnung und Sauberkeit. Der Verfasser sehnt sich nach der ‚guten alten Zeit', die sich von der modernen, unfertigen, lauten, sich mit Gewalt durchsetzenden spürbar unterschied.

> „Pressburg war eine alte gemütliche Stadt. Spießbürgerlich ohne Verständnis für die älteren Schätze seiner Architektonik, in seiner neueren Entwicklung etwas streberhaft, was hier und da in größeren oder geringeren baulichen Geschmacklosigkeiten zum Ausdruck kam, – aber eines konnte man unserer Stadt nicht absprechen: Pressburg war eine reine Stadt. […] Inzwischen hat sich vieles verändert, die Stadt hat nicht nur ein anderes Gesicht – sie hat auch einen anderen Namen bekommen. Sie ist modern geworden, protzig, hastend, ungemütlich, und – schmutzig. Wenn man am Montag in den späten Morgenstunden – so zwischen 9 bis 10 Uhr – eine der elegantesten Straßen betritt, jene durch die die Fremden in unsere Stadt einziehen und von der sie ihre ersten Eindrücke empfangen, so ist der Straßenrand mit Tramwaykarten, Orangenschalen und Papierabfällen gesäumt, die falls sich ein Wind erhebt, zusammen mit Staub und getrocknetem Pferdemist und allerhand anderen Dingen lustig durch die Luft dahinwirbeln. – Das ist Bratislava."[46]

Als ein Maß für die Modernität einer Stadt wird oft die Dichte und Organisation des Verkehrs betrachtet. Ähnlich wie in Berlin oder Prag musste man sich auch in Bratislava damit auseinandersetzen. Die Meinungen diesbezüglich waren unterschiedlich, was jedoch außer Zweifel lässt, dass auch ablehnende Reaktionen ein Zeichen dafür sind, dass sich die Stadt weiterentwickelte. Die einen beklagten sich also über den wachsenden Verkehr und meinten, das insbesondere große Tourenautos nicht in die Stadt gehörten, weil sie „die Straßen mit überfülligem Lärm und Benzingestank [erfüllen]"[47]. Daran, heißt es weiter, dass die Bewohner Bratislavas im Unterschied zu Großstadtbewohnern noch nicht an das geschäftige Straßenleben gewöhnt und zu wenig „diszipliniert" und „geistesgegenwärtig" seien, lasse sich erkennen, dass Bratislava den Anspruch, eine Großstadt zu sein, noch nicht erfüllt habe. Dies sei nicht zuletzt Ursache vieler Verkehrsunfälle.

---

[46] N. N.: *Pressburg-Bratislava.* In: *Pressburger Presse*, 31.3.1924.
[47] Kibiz: *Auf der Straße.* In: *Pressburger Presse*, 15.9.1924.

„Unfälle durch Automobile verursacht, gehören in unserer Stadt zu ständigen Erscheinungen. Zu der Regel stellt es sich bei der Untersuchung solcher Fälle heraus, daß der Chauffeur ‚unschuldig' ist, weil es das Hupensignal rechtzeitig gegeben hat. Automobilunfälle kommen überall vor, ich glaube aber, wenn man die Statistik der Unfälle in Großstädten wie Wien, Paris, London vergleichen würde, es sich herausstellen würde, daß im Verhältnis zu der Anzahl der verkehrenden Kraftwagen in unserer Stadt vielleicht zehnmal so viele Unfälle vorkommen, wie in der Großstadt.[48]

Von Interesse ist hierbei, dass Bratislava als beispielhaft neben Wien, Paris und London genannt wurde, was darauf hindeutet, dass der Autor die Stadt trotz ihrer vergleichsweise geringen Größe und ihres niedrigen Entwicklungsstandes auf dem Weg zu einer Großstadt sah. Ein anderes Beispiel verwendet die Straße zur Verdeutlichung der Modernität Bratislavas. Darin wird die Melodie der Straße geschildert, die scheinbare Kakophonie der unterschiedlichen stadttypischen Geräusche, die beim ersten Eindruck nicht zusammenpassen, sich aber schließlich zu einer *Symphonie der Großstadt*[49] verbinden.

„Musik? Wer vermöchte denn nur diesen grässlichen, unartikulierten, ohrenbetäubenden, nervenzerrüttenden Lärm Musik zu nennen? Wer ist so unmusikalisch, daß seinem Ohr dieses häßliche Spektakel unserer Elektrischen, das Tuten der Automobile liebliche Musik dünkt? […] Und doch – wer nur aufmerksam lauscht, wer hellhörig genug ist, die Töne zu differenzieren und in ihrer Harmonie zusammenzufassen, der wird sehr bald in all dem Lärmen und Brausen eine eigenartige Melodie hören, eine Melodie mit ewig wiederkehrenden Motiven, einen eigenartigen Rhythmus, dessen Takt sich wohl alle Augenblicke ändert, auf welchem sich aber ganz deutlich die Symphonie der Straße aufbaut. Eigentlich wundert es mich, daß die Straße in der modernen Musik noch nicht ihre Vertonung gefunden hat, denn sie ist so unendlich reich an Motiven. […] denn jeder Ton hat seine Bedeutung, jeder Ton, auch wenn er uns als Dissonanz erklingt, fügt sich ein in die gewaltige Symphonie, in welcher sich das moderne Lied der Straße weitet."[50]

Geprägt wurde die moderne Straße von einem weiteren Attribut der Großstadt: der Reklame. Ähnlich wir in anderen Metropolen konnte man auch in Bratislava eine Reizüberflutung in Folge des regen Treibens auf der Straße beobachten; man sprach von „abgestumpften Sinnesorgane[n], die gereizt werden"[51].

„In dem grandiosem Wettlauf, dem Hasten und Drängen und Vorwärtsstürmen um jeden Preis, welches unser ganzes wirtschaftliches und gesellschaftliches Leben kennzeichnet, bedarf es wohl, um sich Geltung zu verschaffen, jener faustdicken Reklame, die uns von

---

[48] Ebd.
[49] Nach dem gleichnamigen deutschen Film über Berlin von 1929.
[50] G. G.: *Symphonie der Straße.* In: *Pressburger Presse*, 13.10.1924.
[51] N. N.: *Straßenreklame.* In: *Pressburger Presse*, 29.9.1924.

allen Ecken und Enden, von jeder Giebelwand, von jeder Planke, von den Aufschlagsäulen und wandelnder Reklamekarren entgegenschreitet. Eines sucht das Andere durch bizarre Formen, durch grelle Farben, durch auffallende Verzierung zu überbieten. Die Einen trachten durch die Wucht der Größenverhältnisse, die Anderen durch überraschende Farbenwirkung, die Dritten durch eigenartige Bilder Aufmerksamkeit auf sich zu lenken, alles aber, wo und wie auch angebracht sei, schreit nur das eine Wort: „Kaufet, kaufet, kaufet!"[52]

Der Wandel von einer konservativen Provinzstadt zur modernen Metropole wurde auch am Nachtleben gemessen; auch in diesem Bereich konnte Bratislava erste Attribute einer „Grosstadt" aufweisen. Denn das Nachtleben hatte sich entwickelt, und es heißt über den modernen Grosstädter: „Um 2 Uhr nachts noch tanzt in der ‚Moderna' der tagsüber arbeitende, moderne Bürger Foxtrott."[53]

Im Zusammenhang mit dem Diskurs über die Modernität einer Stadt zeigte sich, dass es die Frau war, die das Straßenbild prägte und somit auch den Modernitätsgrad nach außen hin repräsentierte; in diesem Fall war es die zukünftige „Grosspressburgerin"[54], die das Zwischenstadium Bratislavas im Werdegang von einer Provinz- zu einer Großstadt personifizierte:

„Bratislava ist gottlob keine Kleinstadt zu nennen, indessen ist es noch immer keine Grosstadt im eigentlichen Sinne. Es hat eben den besten Weg angetreten, in kürzester Zeit eine respekterregende Metropole zu werden. Ein derartiges, vorübergehendes Stadium der Entwicklung muss in der Art und Weise, wie die Damen sich kleiden, zu erkennen sein."[55]

In den untersuchten Zeitungen wurde einerseits der Werdegang Bratislavas von einer Provinzstadt zur Hauptstadt stark thematisiert, andererseits waren es die Ambitionen, eine moderne Großstadt zu werden. In den Reden von offiziellen Vertretern der Stadt und Republik (z. B. des Handelsministers Kornel Stodola) erklingt aufrichtiger Aufbauwille und unerschütterlicher Glaube an das Potenzial der Stadt, eine moderne Großstadt von großer Bedeutung zu werden. Bratislava schien nämlich dank seiner geografischen Lage dafür prädestiniert zu sein, der Republik als „Porta Orientalis"[56] zu dienen. Eben in diesem Zusammenhang

---

[52] Ebd.

[53] Benedek, Ladislaus: *Schattenbilder.* In: *B. Z. am Abend*, 27.7.1921.

[54] Vgl. J. H.: *Wie es im Jahre 2020 geschah.* In: *B. Z. am Abend*, 28.10.1920, S. 3.

[55] N. N.: *Sehnsucht nach Grosstadtmode.* In: *B. Z .am Abend*, 11.6.1920, S. 1. Vgl. auch: Mongu, Blanka: *Obraz modernej ženy v nemeckom a českom fejtóne.* In: Dudeková, Gabriela (Hrsg.) *Na ceste k modernej žene. Kapitoly z dejín rodových vzťahov na Slovensku*, Bratislava 2011, S. 117 - 126.

[56] N. N.: *Bratislava – Porta Orientalis.* In: *B. Z. am Abend*, 24.12.1922.

wurde Bratislava als „werdende Grosstadt"[57], sogar als „Weltstadt"[58] bezeichnet. Was insbesondere im Zusammenhang mit der Diskussion über die Orientmesse deutlich wurde. Im Vergleich dazu hinterfragen die Feuilletontexte weitaus kritischer, meist ironisch bis sarkastisch, die *allzu* großen Ambitionen und Großstadtallüren der ehemaligen Provinzstadt, die unbedingt „Gross-Bratislava"[59] werden wollte.

Während Wien als Bezugsgröße Pressburgs diente, war dies Prag für die ‚Nachfolgerstadt' Bratislava. Als modernste Metropole der ČSR und gleichzeitig wichtiger Knotenpunkt zwischen Osten und Westen, sowohl geografisch wie auch geistig und kulturell, gehörte Prag zum westlichen Kulturkreis und war für Bratislava ein Vorbild der Urbanisierung, der kulturellen Entfaltung und der Hauptstadtwerdung.[60] Von besonderem Interesse ist dabei, dass das umschriebene Bratislava keine reale Stadt war, sondern eine Wunschvorstellung, ein Zukunftsvision, ein Gemützustand, der vom starken Vorwärtsglauben geprägt war. Es handelte sich also um eine gänzlich imaginierte Stadt, was in Anbetracht der politisch-geschichtlichen Verhältnisse durchaus nachvollziehbar erscheint.[61]

---

[57] N. N.: *Bratislava, die werdende Grosstadt. Unterredung mit Bürgermeister Dušek.* In: *B. Z. am Abend*, 8.6.1920.

[58] N. N.: *Bratislava, der Verkehrsmittelpunkt Europas.* In: *B. Z. am Abend*, 27.6.1920.

[59] J. H.: *Wie es im Jahre 2020 geschah.* In: *B. Z. am Abend*, 28.10.1920.

[60] Tschechische Beamte, Lehrer und Hochschullehrer wurden in die Slowakei entsandt, um beim Aufbau der staatlichen Institutionen zu helfen.

[61] Dieses Ergebnis bestätigt auch die linguistische Studie von Katarína Motyková in diesem Sammelband. In den von ihr analysierten konzeptuellen Metaphern der Stadt in der *B. Z. am Abend* wird Bratislava als eine Stadt im Entwicklungsstadium geschildert.

Katarína Motyková

Bratislava – Großstadt in Metaphern.
Eine Lektüre der Bratislavaer Zeitung am Abend von 1920 bis 1924

Die Entstehung der Tschechoslowakei 1918 und die damit verbundene Neu-definition Pressburgs als Bratislava, der Stadt an der Donau, halte ich für ein Er-eignis, das den Stadtdiskurs über Bratislava nachhaltig beeinflusste. Neue Phänomene verlangen nach einer neuen Sprache, denn damit „die Stadt ent-stehen kann, muss sie ihre eigene Sprache erfinden"[1]. Eine neue Sprache kann auch metaphorisch sein, indem das Neue sich durch den Filter des Bekannten erklärt. Metaphern zeigen uns, wie die Außenwelt konzeptualisiert wird:

> Jede konzeptuelle Metapher artikuliert einen Erfahrungsausschnitt einer Kulturgemein-schaft; jede besitzt einen individuellen ideengeschichtlichen Hintergrund, der, wird er auf-gedeckt, die soziokulturelle Abhängigkeit einer jeden einzelnen Metapher zeigt.[2]

Der folgende Artikel befasst sich mit den konzeptuellen Metaphern in der *Bratislavaer Zeitung am Abend*, die zwischen 1920 bis 1924, von Dienstag bis Sonntag, in Bratislava herausgegeben wurde[3]. Es ging um eine pro-tschechoslo-wakische Zeitung, die in ihren Feuilletons, Berichten und Kommentaren die Er-folge und Probleme der neu entstandenen Hauptstadt der Slowakei diskutierte.

In den analysierten Texten konzentrierte ich mich ausschließlich auf kollektiv etablierte Metaphern. Die Stadt Bratislava oder deren Teile gehen in die meta-phorischen Aussagen als das Neue, das Unbekannte, als Zielbereich ein. Der andere Teil der Metaphern ist der Herkunftsbereich, der auf das Konzept Bratis-lava projiziert wird. Metaphern sind damit als Fusionen „mindestens zweier üblicherweise nicht verbundener konzeptueller Bereiche"[4] und Konzepte als „mentale Organisationseinheiten, in denen wir Wissen speichern"[5], zu

---

[1] Ajvaz, Michal: *Padesát pět měst*, Červený Kostelec 2006, S. 27. „Aby město vzniklo, musí najít svou řeč; to znamená: musí najít jazyk, kterým se má samo stát." (Übersetzung ins Deutsche durch mich, K. M.).

[2] Pielenz, Michael: *Argumentation und Metapher*, Tübingen 1993, S. 87.

[3] Herausgeber waren Siegfried Neubauer, die Verlaggesellschaft *B. Z. am Abend* und die Pallas, Zeitungsverlag A. G. Vgl. Kipsová, Mária u. a.: *Bibliografia slovenských a inorečových časopisov z rokov 1919 - 1938. Slovenská národná bibliografia zv. II.*, Martin 1968, S. 570. Mehr zur Charakteristik der Zeitung im Beitrag von Blanka Mongu *Bratislava, die Großstadt im Werden* im gleichen Band.

[4] Pielenz: *Argumentation und Metapher*, a. a. O., S. 72.

[5] Skirl, Helge / Schwarz-Friesel, Monika: *Metapher*, Heidelberg 2007, S. 7.

verstehen. Pielenz' Frage, „*[w]elche* Metaphern in *wessen* Denken?"[6], lässt sich für die Argumentation dieses Beitrags in die Frage umformulieren, „welche Metaphern der Stadt in diesem konkreten Medium, das pro-tschechoslowakisch und pro-modern persuasiv wirken wollte?" In diesem Sinne sind die sprachlichen Instantiierungen über die Stadtmetaphern in den von mir ausgewählten Texten als eine wichtige diskursive Strategie zu untersuchen, die das Stadtbild in der *B. Z. am Abend*[7] sprachlich mitkonstruierte und beeinflusste.

Alle metaphorischen Aussagen lassen sich auf ihre konzeptuellen Metaphern zurückführen, die Prädikation oder Negation innerhalb einer metaphorischen Aussage spielt dabei keine Rolle[8], ebenso wenig wie die Frage, ob es sich um prädikative, attributive, präpositionale, Appositionsmetaphern, Genitiv- oder Kompositionsmetaphern handelt.[9] Um die Metaphern richtig entschlüsseln zu können, ist es nach Black wichtig „im Besitz eines *system of associated commonplaces* oder auch *Implikationssystems* zu sein"[10]. Metaphern dienen also als konzeptuelle Filter, wobei auf den Zielbereich prototypische Merkmale des Herkunftsbereiches projiziert werden.

Die analysierten Texte sind als zu Diskurssträngen verkettete Diskursfragmente zu sehen – mit dem Makrothema Stadt. Unter einem Diskursfragment wird ein Text oder ein Textteil verstanden, „der ein bestimmtes Thema behandelt"[11]. In Bezug auf den neuen Namen der Stadt finden wir den folgenden Slogan in der Presse: „Pozsony. Pressburg. Bratislava. Wilsonove miesto. Wer die Wahl hat, hat die Qual."[12] So wie Morgenstern, Abendstern und Venus den gleichen Referenten haben, verweisen Bratislava und Pressburg auf einen gemeinsamen Nenner – die Stadt an der Donau. Aber genauso wie der Morgenstern derjenige Himmelskörper ist, der als letzter vor dem Sonnenaufgang zu sehen ist, so ist Pressburg die gemütliche „Stadt der Kraxelhuber"[13], die langsam, aber wirklich sehr langsam ins Vergessen gerät. Und wie der Abendstern derjenige unter den Himmelskörpern ist, den man abends als ersten sehen

---

6 Pielenz: *Argumentation und Metapher*, a. a. O., S. 99 (Herv. i. Orig.).

7 *Bratislavaer Zeitung am Abend.*

8 Larsen, Svend Erik.: *Die negativen Metaphern der Stadt*, http://litteraturhistorie.au.dk/, 29.5.2010. S. 8.

9 Pielenz: *Argumentation und Metapher*, a. a. O., S. 72.

10 Ebd., S. 101.

11 Jäger, Margarete / Jäger, Siegfried: *Deutungskämpfe. Theorie und Praxis Kritischer Diskursanalyse*, Wiesbaden 2007, S. 27.

12 Schafranek, Stefan (Hrsg.): *Styx. Farbig illustrierte Blätter für Humor, Kunst und Gesellschaft*, 6.4.1919.

13 *Die Orientmesse. Vom Tage*. In: *B. Z. am Abend*, 20.1.1921.

kann, so ist Bratislava eine neu entstandene Stadt mit einem modernen Gesicht – oder besser gesagt: will als solche wahrgenommen werden. Natürlich bezog sich die Neudefinition der Stadt an der Donau nicht auf den Namen selbst, sondern vor allem auf die Situation innerhalb der Tschechoslowakei und gegenüber den neu entstandenen Nachbarländern. Bratislava erhielt durch seinen neuen Status in der Tschechoslowakischen Republik eine Möglichkeit, sich als modern zu gestalten und das Band mit der ehemaligen Monarchie zu zerreißen. Die *B. Z. am Abend* reflektierte Bratislava als die „neugebackene Hauptstadt der Zukunft"[14] und nahm in ihren Feuilletons Abstand von dem monarchistischen Pressburg, das als die Vorstadt Wiens galt:

> „Ich erinnere mich noch gut an eine Zeit, wo die gemütlichen Wiener, als sie gelegentlich die melodischen Namen ihrer einundzwanzig Bezirke herzählten, keinen Anstand nahmen, Pressburg als den zweiundzwanzigsten anzuführen. Die Brigittenau und die Vorstadt Pressburg waren im Ideenkreis des waschechten Wiener Spiessbürgers in einer und derselben Gedankensphäre aufgelagert."[15]

Eine Großstadt zu werden, dies war das Ziel, das Bratislava erreichen wollte, und dieser Anspruch kommt in den Diskursfragmenten im Zusammenhang mit verschiedenen Themen vor, die als Bestandteile des Großstadt-Konzeptes dieser Zeit bezeichnet werden können. Der Jahrgang 1920 der *B. Z. am Abend* widmet sich in seinen Feuilletons überwiegend dem Nachtleben, der Mode – und somit der Abgrenzung der neuen Hauptstadt gegenüber dem Lande. Die Jahrgänge 1921 bis 1924 thematisieren vor allem die Orient- bzw. Donaumesse. Die Messe fand vom 6. bis zum 15. August 1921 zum ersten Mal im Hafen von Bratislava statt und war seit 1923 in „Donaumesse" umbenannt worden. Die Gründung der Orientmesse halte ich für ein diskursives Ereignis. Als solche sind jedoch nur diejenigen Ereignisse zu fassen, „die (vor allem medial und politisch) besonders herausgestellt werden und als solche Ereignisse die Richtung und die Qualität des Diskursstrangs, zu dem sie gehören und auch andere Diskurse, grundlegend beeinflussen"[16]. Dank der Orient- bzw. Donaumesse erwachte das neue Bratislava, die bisher schlafende Schönheit, zum großstädtischen Leben; und der Großstadttraum wurde für einige Tage des Jahres zur Wirklichkeit. Dieses Thema tauchte zur Zeit der Vorbereitung regelmäßig und später, bei Eröffnung der Orient- und Donaumesse erneut auf, nicht selten mit Bezug auf die Festreden der staatlichen und wirtschaftlichen Repräsentanten der Republik. Diese

---

[14] A. G.: *Sportplatz Bratislava*. In: *B. Z. am Abend*, 21.7.1920.
[15] N. N.: *Wien – Bratislava*. In: *B. Z. am Abend*, 23.6.1920, S. 2.
[16] Jäger / Jäger: *Deutungskämpfe. Theorie und Praxis Kritischer Diskursanalyse*, a. a. O., S. 27.

Katarína Motyková

Reden sind ebenso wie die Feuilletons Gegenstand meiner Analyse. Ich konzentrierte mich auf jene Diskursfragmente, die das Thema der werdenden Großstadt im Kontext der großstädtischen Attribute – Nachtleben, Sport, Mode, Freizeit und Wirtschaft – aufrufen und aufs engste mit der Selbstdefinierung und Selbsterfindung der Stadt zusammenhängen.

Die Stadt im Werden
In den Texten gibt es häufige Beispiele von Metaphern, die im Wortschatz der Sprache so tief eingebettet sind, dass sie vom Leser kaum als Metaphern zu identifizieren sind (z. B. „das erhebende Gefühl", „eine grosszügige Epoche", „ein imposanter Bau"[17]). Ähnliche Metaphern sind häufig in den analysierten Diskursfragmenten vertreten und ergänzen die eigentlichen konzeptuellen Metaphern. Es geht um die sogenannten Orientierungsmetaphern, „bei denen ein Konzept nicht von einem anderen her strukturiert wird, sondern bei dem ein ganzes System von Konzepten in ihrer wechselseitigen Bezogenheit organisiert wird"[18]. In Bezug auf den wirtschaftlichen Aufschwung Bratislavas geht es meistens um Orientierungsmetaphern, z. B. wenn Bratislava ‚oben' situiert wird. Ähnlich verhält es sich mit der Redewendung, dass man „Bratislava in die Höhe bringen"[19] müsse. Diese Metaphern gehört dem Konzept *WICHTIG SEIN ist OBEN* an: Bratislava „wird wachsen", „Grösse eines Handelszentrums" oder auch „das gigantische Werk der Orientmesse"[20]. Dazu gehört auch das Kompositum „Grossbratislava"[21], das eher ironisch (oder auch metaphorisch), aber sicher nicht ikonisch in Bezug auf die Größe Bratislavas verstanden werden kann. Zu diesem kohärenten Muster gehört auch die Metapher *UNWICHTIG SEIN ist UNTEN*, für die wir die folgenden metaphorischen Aussagen finden: „die Kleinstadt-Pressburger", „der Knopf der Kleinlichkeit", „enge Gassen", „die kleinlichen Mücken"[22]. Sie bezeichnen unmissverständlich Pressburg oder die Pressburger. Aus den erwähnten Orientierungsmetaphern ergeben sich die Metaphern *BRATISLAVA ist OBEN* (HOHER STATUS), *PRESSBURG ist UNTEN* (NIEDRIGER STATUS). Die Orientierungsmetapher *UNWICHTIG SEIN ist FERN* und die damit zusammenhängende Metapher *BRATISLAVA als PROVINZ* stehen in Widerspruch zu den Metaphern, die Bratislava entweder im

---

[17] *Ex oriente Lux!* In: *B. Z. am Abend*, 26.7.1921.

[18] Lakoff, George / Johnson, Mark: *Leben in Metaphern. Konstruktion und Gebrauch von Sprachbildern*, Heidelberg 1998, S. 22.

[19] *Vorarbeiten für die Orientmesse*. In: *B. Z. am Abend*, 13.10.1920.

[20] *Das gigantische Werk der Orientmesse. Aus der Rede von C. Stodola*. In: *B. Z. am Abend*, 19.8.1921.

[21] J. H.: *Wie es im Jahre 2020 geschah...* In: *B. Z. am Abend*, 28.10.1920.

[22] N. N.: *Ein Phantom*. In: *B. Z. am Abend*, 28.6.1921.

Zentrum oder als Zentrum schildern. Ein Beispiel dafür ist im Feuilleton zu finden, das die Mode thematisiert: Bratislava, so wird da suggeriert, müsse als eine Provinzstadt wahrgenommen werden, weil sie von der Großstadtmode noch weit entfernt sei"[23]. Andererseits wird es häufig als „der Verkehrsmittelpunkt Mitteleuropas"[24], als „das Zentrum der Slowakei"[25], „das Handelszentrum"[26], das „Zentrum des Weltverkehrs" und als „Welthandelszentrum"[27] konzeptualisiert. Es geht um die Orientierungsmetapher *WICHTIG SEIN ist ZENTRAL*, die zu verstehen gibt, dass *BRATISLAVA als ZENTRUM (WICHTIG)* zu gelten habe. Einerseits finden wir hier Orientierungsmetaphern, andererseits auch ontologische Metaphern, die „[u]nsere Erfahrung, die wir mit konkreten Objekten und Materien haben"[28], implizieren. Zu den ontologischen Metaphern gehört z. B. der *PROZESS als BEHÄLTER*, also eine Metapher, die variationsreich Konnotationen wie „eine Weltstadt im Entstehen"[29] oder „die Orientmesse im Werden"[30] aufruft. Ein anderes Beispiel für eine solche konzeptuelle Metapher ist *FORTSCHRITT als BEWEGUNG*, die der folgende Textausschnitt als einen Metaphernkomplex[31] bietet:

> „Hier wurde etwas Grosses geleistet, denkt man immer wieder, wenn man dieses Instrument zur Hebung der Wirtschaft und der Wohlfahrt sieht. [...] In allen Pavillons ein Leben und Treiben, ein Kommen und Gehen, geschäftig eilt man hin und her, um noch die letzte Hand anzulegen. Jeder will das Beste bieten, das Schönste zeigen. Imposant wirken die grossen Flugzeuge, überraschend die schönen Fabrikate von Lokomotiven und Waggons, die die Eisenbahnverwaltung bestellt hat, sehenswert ist der Pavillon der čs. Schiffahrt, harmonisch wirkt die Zusammenstellung der einzelnen Gruppen. Es ist ein Bild der aufstrebenden Slowakei [...]"[32]

---

[23] Stransky, Viktoria: *Herbstmode*. In: *B. Z. am Abend*, 12.9.1920.

[24] N. N.: *Bratislava der Verkehrsmittelpunkt Mitteleuropas*. In: *B. Z. am Abend*, 27.6.1920.

[25] N. N.: *Bratislava auf dem Wege zur Grosstadt. Die neuen Strassennamen in Bratislava*. In: *B. Z. am Abend*, 30.10.1920.

[26] N. N.: *Ein Phantom*. In: *B. Z. am Abend*, 28.6.1921.

[27] N. N.: *Ein neuer Zentralbahnhof für Bratislava. Bratislava als Zentrum des Weltverkehrs*. In: *B. Z. am Abend*, 12.9.1920.

[28] Lakoff / Johnson: *Leben in Metaphern*, a. a. O., S. 35.

[29] N. N.: *Vorarbeiten für die Orientmesse*. In: *B. Z. am Abend*, 13.10.1920.

[30] *Die Orientmesse im Werden. Präsident Kornél Stodola über ihre Bedeutung*. In: *B. Z. am Abend*, 18.1.1921.

[31] Skirl / Schwarz-Friesel: *Metapher*, a. a. O., S. 64.

[32] *Feierliche Eröffnung der IV. Donaumesse. Ein Spiegel der aufstrebenden Slowakei. Die Begrüssungsreden*. In: *B. Z. am Abend*, 24.8.1924.

Der Fortschritt wird weiterhin, im nächsten Metaphernkomplex durch Konzepte des Verkehrs, des Lichts, des Schreibmaschinenklapperns artikuliert, im Gegensatz zum Konzept der Stagnation, die als klein, eng, still dargestellt wird:

> „Die vornehme Stille wird durch den lebhaften Strassenverkehr aus den schmalen, engen Gassen verscheucht; die Jalousien der kleinen, alten Häuser werden entfernt und machen grossen, lichteinlassenden Fenstern Platz. Aus den Häusern hört man statt der träumerischen Sonaten des adeligen Fräuleins das Geräusch der Schreibmaschinen [...]"[33]

Die Metapher *ENTWICKLUNG als WEG* impliziert metaphorische Aussagen wie die Schlagzeile „Bratislava auf dem Wege zur Grosstadt"[34]. Für das Konzeptualisieren der Zeit als Bewegung sei hier noch das Beispiel einer Ironisierung angeführt: Nur wenn man sich vergegenwärtigt, dass die Zeit vergeht, könnte man auf die Idee kommen, dass sich auch Bratislava / Pressburg bewege – und aus diesem Bild kann die Metapher *STADT als PROZESS* abgeleitet werden: „Und es wäre nicht nur hübsch, sondern auch notwendig, wenn uns ein Muezzin vom Rathausturme die Stunden mitteilen würde. So könnte man vielleicht auch dieser Stadt beweisen, dass die Zeit trotz allem nicht still steht."[35]

Neben den Orientierungs- und ontologischen Metaphern sind in den Feuilletons, Berichten und Begrüßungsreden auch Strukturmetaphern zu finden. Mit den Strukturmetaphern „meinen wir Fälle, in denen ein Konzept von einem anderen Konzept her metaphorisch strukturiert wird"[36]. Für die Argumentation meines Beitrags sind insbesondere die aus den metaphorischen Aussagen extrahierten konzeptuellen Strukturmetaphern von Interesse. Nach der Formel *Konzept X als Konzept Y* ergeben sich mehrere konzeptuelle Strukturmetaphern, aus denen signifikante konzeptuelle Metaphern abzuleiten sind, wie etwa *BRATISLAVA* (bzw. *PRESSBURG*) *als SCHLAFENDES WESEN* (was wiederum die Metapher *BRATISLAVA als DORNRÖSCHEN* impliziert) oder auch *BRATISLAVA als TOR*. In beiden Beispielen geht es um die Positionierung der Stadt, sowohl auf der zeitlichen als auch räumlichen Achse. Beide konzeptuelle Metaphern können zwar höchstwahrscheinlich nicht unter einer gemeinsamen, übergeordneten Kategorie subsumiert werden, aber wenn man die Metaphern näher betrachtet, findet man in ihnen dieselben Seme der Übergangslage, in der Zeit wie auch im Raum.

---

[33] Benedek, Ladislaus: *Schattenbilder*. In: *B. Z. am Abend*, 27.7.1921.
[34] N. N.: *Bratislava auf dem Wege zur Grosstadt. Die neuen Strassennamen in Bratislava*. In: *B. Z. am Abend*, 30.10.1920.
[35] N. N.: *Die Orientmesse. Vom Tage*. In: *B. Z. am Abend*, 20.1.1921.
[36] Lakoff / Johnson: *Leben in Metaphern*, a. a. O., S. 22.

BRATISLAVA als DORNRÖSCHEN
Chronologisch betrachtet ist das Nachtleben das erste Thema, das hier methonymisch für das Großstadtphänomen steht:

> „Es gibt zwei Welten auf Erden, zwei menschenbevölkerte Welten, denen wir je nach Belieben, aber nie gleichzeitig angehören können. Es ist dies die Welt des Tages und die der Nacht. [...] Im Dorf ist sie (die Nacht) eine Naturnotwendigkeit, in der Stadt, vor allem in den Grosstädten, eine Schöpfung der menschlichen Kultur. Eine Stadt fängt an, Grosstadt zu werden, wenn sich die Entwicklung dieser Kultur in ihr bereits vollzogen hat, wenn sich die Welt der Nacht ganz eigentümliche und keiner anderen Welt angehörende Lebewesen geschaffen hat. Bratislava ist noch keine Grosstadt. [...] Die Kette, die den Tag mit der Nacht verknüpft, wurde noch nicht zerrissen, ich könnte aber wetten, dass sie nunmehr nicht lange halten wird. Draussen schlummert die Stadt hinter geschlossenen Gardinen und Toren. Ihr Atemholen ist hier nicht zu hören. Das Nachtleben fängt an, etwas selbständiger zu werden [...]"[37]

Es ist wichtig zu betonen, dass die Stadt als menschliches Kind dargestellt wird und als solches wachsen und sich entwickeln kann. Das Nachtleben Bratislavas, das sowohl als „ein hoffnungsvoller Säugling, der erst vor kurzem geboren wurde"[38], wie auch als „sterbend"[39] dargestellt wird, erscheint in späteren Texten als entwickelt, und der moderne Bürger tanzt die ganze Nacht durch: „Mit der Entwicklung Bratislavas zur Grosstadt hat sich auch das Nachtleben entwickelt. Um 2 Uhr nachts noch tanzt in der ‚Moderna' der tagsüber arbeitende moderne Bürger Foxtrott."[40] In Bezug auf die Orientmesse wird das Bild Bratislavas als werdende Großstadt meist auch durch ihre Personifizierung gestaltet:

> „Mitten in die Sauregurkenzeit hinein dringt jetzt ein Strom pulsierenden Lebens, der der Stagnation den Boden unter den Füssen entzieht und die schlafende Stadt an der Donau nach seine Art träumen lässt. Plötzlich ist die Trägheit gebannt, die Kleinstadt wischt sich den Schlaf aus den Augen. Ringsum geht ein Hämmern und Schaffen los. [...] Schauplatz dieses Ringens wird Bratislava sein, das kleine Pressburg, das, ob es will oder nicht, zehn Tage hindurch sich dem Traum einer Grosstadt ergeben muss."[41]

Im folgenden Textausschnitt ergibt sich aus den einzelnen Metaphern („das schlafende Dornröschen von der Donau", „sich in seiner ganzen Schönheit zeigen") die konzeptuelle Metapher: *BRATISLAVA als DORNRÖSCHEN*. Dorn-

[37] A. G.: *Nachtleben in Bratislava*. In: *B.Z. am Abend*, 15.6.1920.
[38] A. G.: *Gute Nacht. Pressburg. Zur Elfuhrsperre*. In: *B.Z. am Abend*, 11.7.1920.
[39] N. N.: *Sterbendes Nachtleben*. In: *B. Z. am Abend*, 5.3.1921.
[40] Benedek, Ladislaus: *Schattenbilder*. In: *B. Z. am Abend*, 27.7.1921.
[41] N. N.: *Zehn Tage Grosstadttraum*. In: *B. Z. am Abend*, 26.7.1921.

röschen muss und wird erwachen, genau wie Bratislava, denn „Bratislava soll und wird werden"[42]:

> „Das schlafende Dornröschen von der Donau erwacht, und wird sich in seiner ganzen Schönheit zeigen. Die Hexe der Indolenz und Mutlosigkeit ist gebannt. Bratislava wird nun das erhebende Gefühl haben, das es etwas ist und dass es zu noch was grösserem berufen bleibt. Die Stadt wird durch die Orientmesse die feierliche Weihe zu ihrer Bestimmung erhalten, der Anziehungspunkt des Westens für den Orient zu sein. [...] Und nun, nach wahrlich nicht langer Zeit, nach kaum drei Jahren, sehen wir das erste sichtbare Zeichen einer neuen grosszügigen Epoche der Stadt Bratislava. Die Konturen eines imposanten Baues, einer Welthandelsstadt treten hervor, von dem Lichte aus dem Oriente beleuchtet. Ex oriente lux! Das muss ein Zauberberuf sein."[43]

Die Donau als die wichtigste Verkehrsader Bratislavas war auch vorher ein Dornröschen. Die Subkategorisierungen der konzeptuellen Metapher gelten auch für die *DONAU als DORNRÖSCHEN*: „Der Donauteil bei Bratislava war ein schlafendes Dornröschen, das nun durch das Pfeifen der Propeller und das Tuten der Personenschiffe ab und zu in seinen Träumen gestört wurde."[44]

Dornröschen als Symbol für das neue Bratislava wurde in Opposition zum ewigen Schlaf und Tod des alten Pressburgs positioniert. Das „kraxelhuberische" Pressburg, das gegenüber dem modernen Bratislava als negatives Beispiel gilt, kommt oft vor. 1920 wurde diese dunkle Seite der Stadt noch durch metaphorische Aussagen wie „eine schlummernde Schlaraffenstadt" und „der ewige Schlaf der Stadt"[45] hervorgehoben. Wenn sich aber 1921 aus der Orientmesse, die für die Kleinpressburger ein Phantom war, ein großes Etwas entwickelte, musste sogar der Kleinstadt-Pressburger, gezwungenermaßen, erwachen:

> „Die Kleinstadt-Pressburger reiben sich den Schlaf, in den sie die Weinstubenatmosphäre eingelullt hat, aus den Augen. Der Knopf der Kleinlichkeit scheint ihnen endlich aufgehen zu wollen. Noch ist der Rahmen klein, aber er wird wachsen und die Stadt mit ihren verträumten engen, winkeligen Gassen zur Grösse eines Handelszentrums emporzwingen, dessen sich die vorüberfliessende Donau nicht mehr wird schämen müssen."[46]

Für den schlafenden Repräsentanten der Kleinstadt Pressburg war das aber nicht so leicht. Die metaphorischen Aussagen sind zwar auf denselben Metapherntypus zurückzuführen, d. h. auf *BRATISLAVA* bzw. *PRESSBURG als SCHLA-*

---

[42] N. N.: *Der Besuch des Ministerpräsidenten in Bratislava.* In: *B. Z. am Abend,* 17.10.1920.
[43] N. N.: *Ex oriente Lux!* In: *B. Z. am Abend,* 26.7.1921.
[44] N. N.: *Bratislava.* In: *B. Z. am Abend,* 25.3.1922.
[45] A. G.: *Kraxelhubers Sauregurkenfreuden.* In: *B. Z. am Abend,* 18.7.1920.
[46] h. m.: *Ein Phantom.* In: *B. Z. am Abend,* 28.6.1921.

FENDES WESEN, das erste träumt und erwacht, das andere schläft wie tot und scheut sich vor dem lärmenden Leben des Fortschritts:

„Wenn ein alter Pressburger Spiesser aus seinem stillen Grabe auferstehen würde, er hätte keine Freude an seiner Auferstehung. Er hätte Lust, sich gleich wieder zurückzulegen: Ich will nichts sehen, nichts hören, werft dick die Erde über mir auf, dass das lärmende Leben nicht in meine Grabesstille dringe. Der lebende Spiessbürger kann den Fortschritt und den raschen Flug der Zivilisation weder erfassen noch ertragen. Er zieht sich vielmehr in sein kleines Heim zurück, zieht seine dicke, gestrickte Schlafmütze über die Ohren und sinnt der ‚guten alten Zeit' nach."[47]

Als Ergänzung werden hier auch weitere relevante metaphorische Aussagen angeführt, die Bratislava als schlafend metaphorisieren. Das erste Beispiel stammt aus der Rede von Kornel Stodola, dem Handelskammerpräsidenten und Begründer der Orientmesse (später Donaumesse):

„Als vor fünf Jahren die Frage der Donaumesse zum ersten Mal ventiliert wurde, war Slovensko kaum aus seinem tiefen Traume erwacht und machte die ersten scheuen Versuche, seine ungeübten oder schon lange nicht gebrauchten Fittiche zu schwingen, um sich aus eigenen Kräften in die Reihe der freien Nationen emporzuheben. Es erschreckte damals noch vor dem eigenen lauten Worte, fürchtete sich vor der Verantwortung, und es wurde ihm vor dem Gedanken bange, wie es sich gleichstellen wollte, und hegte Bedenken darüber, ob ihm seine Kräfte genügen werden, es dorthin zu führen, wohin seine Träume und Gedanken eilten."[48]

Es wiederholt sich das Thema des Erwachens. Dornröschen war (wie) tot und wurde zum Leben geweckt, es erwachte aus seinem wirtschaftlichen Tod: „Die Metropole der Slowakei feiert mit ihren beiden Institutionen, nämlich der der Produktenbörse und der der Orientmesse, ihre Auferstehung aus dem wirtschaftlichen Tode."[49]

Die konzeptuelle Metapher *STADT als SCHLAFENDES WESEN* lässt sich anhand der oben erwähnten metaphorischen Aussagen in zwei Subkategorien aufteilen, und zwar in *BRATISLAVA als DORNRÖSCHEN* und *PRESSBURG als TOT-SCHLAFEND*. Im Kontext Pressburgs und der Pressburger kommt die Stagnation zum Ausdruck: „[...] die guten Pressburger können wahrlich nichts

[47] Benedek, Ladislaus: *Schattenbilder.* In: *B. Z. am Abend*, 27.7.1921.
[48] *Feierliche Eröffnung der IV. Donaumesse. Ein Spiegel der aufstrebenden Slowakei. Die Begrüssungsrede von Cornel Stodola.* In: *B. Z. am Abend*, 24.8.1924.
[49] Andrýs, Miroslav: *Handelsteil. Die Bedeutung der Orientmesse.* In: *B. Z. am Abend*, 12.7.1922.

dafür, dass die Erde sich doch bewegt und beim besten Willen nicht bewogen werden kann, sich, wenn auch vorübergehend, nicht zu bewegen."[50] Der ersten Kategorie entsprechen die sprachlichen Instatiierungen, die auf ein Erwachen aus dem Schlaf oder Traum verweisen, der anderen Kategorie diejenigen, die den ewigen Schlaf der Stadt hervorheben. Aus dem Herkunftsbereich *DORNRÖSCHEN* wurde das prototypische Merkmal des Erwachens auf den Zielbereich *BRATISLAVA, SLOVENSKO* und die *DONAU* projiziert. Das moderne Dornröschen wird aber von keinem Prinzen mit einem Kuss erweckt werden, sondern vom pulsierenden wirtschaftlichen Leben. Die Erde bewegt Bratislava nach vorne. Die Lexik (das durative Verb „werden", aber vor allem die perfektiven Verben „erwachen", „entstehen" oder Konzeptualisierungen der Stadt als Säugling) bezeichnen und betonen bei der ersten Kategorie einen Übergang, so etwa im Feuilleton *Pressburgerin*[51], in dem die Pressburger Frauen als „Grossmütter einer zukünftigen Rasse" dargestellt werden; hier sind die Seme des Künftigen zu finden. Die Prädikation steht in den analysierten konzeptuellen Metaphern *BRATISLAVA als Y* in Bezug auf das Thema der Großstadt meistens im Futur. Auch auf der Ebene der lexikalischen Auswahl ist Bratislava „die werdende Grosstadt"[52], oder es befindet sich „auf dem Wege zur Grosstadt"[53]. Wenn Bratislava tatsächlich eine Großstadt ist, dann in einem Feuilleton, das eine ferne Zukunft evoziert, oder als eine Vision, die – nicht ohne Ironie – die Großstadt Bratislava von 2020 beschreibt: „Der Bürgermeister der Grosstadt Bratislava erwachte; es war ein ungewöhnlicher Tag, der 17. Juni des Jahres 2020, an dem die Enthüllung der Luftspritze gefeiert werden sollte, also ein Grosstadtfeiertag."[54]

BRATISLAVA als TOR
Kohärent mit der Personifikation Bratislavas als Lebewesen ist die Metapher, in der Bratislava als das größte Organ der neu entstandenen Republik beschrieben bzw. metaphorisiert wird, wie in der Festrede von Kornel Stodola zu lesen ist, die er anlässlich der Eröffnung der ersten Orientmesse 1921 hielt:

---

[50] A. G.: *Kraxelhubers Sauregurkenfreuden*. In: *B. Z. am Abend*, 18.7.1920.
[51] A. G.: *Pressburgerin*. In: *B. Z. am Abend*, 13.1.1921.
[52] N. N.: *Bratislava, die werdende Grosstadt. Unterredung mit Bürgermeister Dusek*. In: *B. Z. am Abend*, 8.6.1920; Vilis, F.: *Bratislava, die werdende Grosstadt. Telegraph und Telephon*. In: *B. Z. am Abend*, 9.6.1920; *Bratislava, die werdende Grosstadt*. In: *B. Z. am Abend*, 27.6.1923.
[53] N. N.: *Bratislava auf dem Wege zur Grosstadt. Die neuen Strassennamen in Bratislava*. In: *B. Z. am Abend*, 30.10.1920.
[54] J. H.: *Wie es im Jahre 2020 geschah...* In: *B. Z. am Abend*, 28.10.1920.

„Es ist gelungen, das erste Kettenglied jener grossen Konzeptionslinie zu verwirklichen, welche die Einfügung unseres wirtschaftlichen Lebens in die Weltwirtschaft bezweckt, die sich vorgenommen hat, aus Bratislava das grösste Organ unserer Republik für den auswärtigen Handel zu schaffen."[55]

Die neu entstandene Tschechoslowakei wird somit als Lebewesen metaphorisiert, das ein Herz hat, aber auch einen Nabel: „Wenn Prag das Herz Europas genannt wird, so ist Bratislava dessen Nabel, nicht nur militärisch, sondern auch wirtschaftlich, worüber wir in der Geschichte genügende Beweise finden."[56]

Wir haben es hier also mit zwei konkurrierenden Bereichen zu tun: Sowohl Herz als auch Nabel stehen für den Mittelpunkt, das Zentrum eines Organismus. Aus dem Kontext, d. h. aus der sprachlichen Umgebung der metaphorischen Aussage sowie aus der Inferenz ergibt sich, wie wir den Nabel verstehen sollen. Es geht hier nicht um eine RAPA-NUI-Metapher, sondern um die Aktualisierung eines Merkmals: der Nabel als Gleichgewichtszentrum. Durch die Kontextualisierung wird gesichert, dass die Metapher richtig verstanden wird und beim Herkunftsbereich diejenigen Eigenschaften gewählt werden, die in der Interaktion mit dem Zielbereich die Bedeutung der Metapher konstruieren. Bratislava wird in anderen Texten im selben Zusammenhang (d. h. in Bezug auf die Orient- und Donaumesse) als Stapelplatz konzeptualisiert, was als Ergänzung der Nabel-Metapher verstanden werden kann. In seiner Festrede sieht Kornel Stodola die Zukunft Bratislavas als „das grosse Nischni Nowgorod Zentraleuropas"[57]; diese Parallele wurde schon früher im Feuilleton *Ein Phantom* aktualisiert:

„Bald werden hier grosse Magazine entstehen. Bratislava wird ein grosser Stapelplatz der von allen Seiten zusammenlaufenden Waren sein, und dann wird man doch endlich daran glauben müssen: eine lebenswahre Parallele Bratislava – Nischni Nowgorod."[58]

Die Donau wird eine „Hauptader des Weltverkehrs"[59] genannt. Als solche trägt sie dazu bei, dass „der wirtschaftliche Pulsschlag"[60] beschleunigt wird. Der Donauhafen wird somit als Organismus metaphorisiert, denn ohne einen größeren Bahnhof in Bratislava bliebe er „ein lebensunfähiger Körper"[61]. Ein

---

[55] N. N.: *Die Eröffnung der Orientmesse.* In: *B. Z. am Abend*, 7.8.1921.
[56] Andrýn, Miroslav: *Bratislava und seine Orientmesse.* In: *B. Z. am Abend*, 6.8.1921.
[57] N. N.: *Die Eröffnung der Orientmesse.* In: *B. Z. am Abend*, 7.8.1921.
[58] N. N.: *Ein Phantom.* In: *B. Z. am Abend*, 28.6.1921.
[59] N. N.: *Die Orientmesse im Werden. Präsident Kornél Stodola über ihre Bedeutung.* In: *B. Z. am Abend*, 18.1.1921.
[60] N. N.: *Bratislava.* In: *B. Z. am Abend*, 25.3.1922.
[61] N. N.: *Bratislava der Verkehrsmittelpunkt Europas.* In: *B. Z. am Abend*, 27.6.1920.

anderes Merkmal, das in der technischen Metapher *BRATISLAVA als VENTIL* aktualisiert wird, ist die Gleichgewichtkontrolle: „Bratislava wird ein Hauptventil für die wirtschaftliche Expansion unserer Republik werden müssen."[62] Es geht dabei keineswegs um ein Ventil der Aggression, sondern um einen Kontrollknopf, der den Handel im Sinne von Ein- und Ausfuhr immer in Balance zu halten hat. Bratislava wird in den Texten als „Porta Orientalis"[63] charakterisiert, also mit einem Begriff belegt, der in Bezug auf den neuen Kontext in diesem Diskursstrang als Metapher wieder rehabilitiert ist; dieses neue Verständnis wird dem Leser durch den Ko-Text nahegebracht. Diskursfragmente, in denen eine solche Metapher vorkommt, beschreiben die Situation Bratislavas in Bezug auf seinen Status als Donauhafen und auf die Orient- bzw. Donaumesse. Diesbezüglich wird Bratislava in dem oben erwähnten Beispiel nicht nur als das Tor des Orients, sondern auch als eine sich entwickelnde Weltstadt dargestellt:

„Unsere Stadt ist dazu berufen, den Vermittler zwischen dem industriellen Westen und dem landwirtschaftlichen Osten zu spielen, insbesondere da der Hauptteil der Industrien der gewesenen Habsburgermonarchie auf unsere Republik entfällt. Eine dauernde Gesundung unseres Wirtschaftslebens kann nur durch eine Orientierung nach dem Osten erfolgen. [...] Der Ausbau eines gigantischen Binnenkanalnetzes würde den Atlantischen Ozean mit dem Schwarzen Meere verbinden, das den Weg nach dem Indischen Ozean eröffnet. [...] Schliesslich muss noch der kleinliche Starsinn aus dem Wege geräumt werden und einem reinen, einem schöpferischen Geiste Platz geben, der allein die Entwicklung Bratislavas zur Weltstadt gewährleistet."[64]

Wir könnten auch mit der schon erwähnten kausalen Rivalität zwischen Prag und Bratislava fortsetzen:

„Gerade so, wie die Reichshauptstadt Prag als ein natürliches Zentrum des mitteleuropäischen Handelsverkehrs und Bindeglied zwischen dem europäischen Westen und Osten der bestsituierte Platz für Veranstaltung von Mustermessen ist, so auch musste Bratislava, unser natürliches Ausgangstor nach dem Balkan und dem nahen Oriente, eine Orientmesse haben, um uns handelspolitisch den Ausländern näherzubringen."[65]

Bratislava schafft als „Ausfallstor nach dem Osten"[66] und als „das Tor des Orients"[67] – so wird nahegelegt – die Verbindung mit den Ländern des Balkans

[62] Stodola, Kornel: *In Erwartung der Orientmesse.* In: *B. Z. am Abend*, 30.7.1921.
[63] N. N.: *Bratislava – Porta Orientalis.* In: *B. Z. am Abend*, 24.12.1922.
[64] N. N.: *Bratislava der Verkehrsmittelpunkt Europas.* In: *B. Z. am Abend*, 27.6.1920.
[65] Andrýn, Miroslav: *Bratislava und seine Orientmesse.* In: *B. Z. am Abend*, 6.8.1921.
[66] N. N.: *Vorarbeiten für die Orientmesse.* In: *B. Z. am Abend*, 13.10.1920.

und des Nahen Ostens. *Als TOR* wurde und wird Bratislava als eine Grenze des Okzidents konzeptualisiert, hervorgehoben wird hier aber gerade das Merkmal des ‚Dazwischens' und der Offenheit. Bratislava ist „der Anziehungspunkt des Westens für den Orient"[68], der Ort „[z]wischen Paris und Bagdad, an der Donau gelegen"[69], es ist eine „Verbindungsstadt zwischen West und Ost"[70], die Stadt, so heißt es hier, bildet „die Pforte unseres Handels mit dem Osten"[71], und in unserem zukünftigen Freihafen „reichen sich Orient und Okzident die Hände"[72]. Bratislava ist „die Pforte zu den Balkanstaaten"[73] und „wir werden zu einem Zentrum des internationalen Verkehrs zwischen dem Suezkanal und dem Atlantischen Ozean emporwachsen"[74]. Auf unserem Gebiet „vereinigte sich bereits Rom mit Byzanz"[75]. Auch in den weiteren Metaphern der Stadt aus der Rede Kornel Stodolas bei der Eröffnungsfeier der II. Orientmesse werden die Merkmale der Vereinigung (und nicht die der Spaltung) aktualisiert. Die Messe ist „das Bindemittel zwischen den einzelnen Nationen, und die Tschechoslowakische Republik entwickelt sich automatisch zu einem Gravitationszentrum der Konsolidierung sämtlicher im Osten Europas neugebildeten Staaten"[76]. Das „Gravitationszentrum" impliziert die konzeptuelle Metapher *BRATISLAVA als STRATEGISCHER PUNKT*, deren Subkategorien die konzeptuellen Metaphern *BRATISLAVA als NABEL* und *BRATISLAVA als VENTIL* sind. Hervorzuheben ist, dass das Öffnen (und Schließen) des Tors (und des Ventils) in den Händen der Tschechoslowakischen Republik lag. Weiterhin wurde die Donaumesse als „Stützpunkt für die wirtschaftlichen Beziehungen zu Ungarn"[77] beschrieben. Interessant ist die Konzeptualisierung der *MESSE als*

---

[67] N. N.: *Handelsminister Novák über die Bedeutung der Donaumesse.* In: *B. Z. am Abend,* 24.8.1924.

[68] N. N.: *Ex oriente Lux!* In: *B. Z. am Abend,* 26.7.1921.

[69] N. N.: *Die Orientmesse im Werden. Präsident Kornél Stodola über ihre Bedeutung.* In: *B. Z. am Abend,* 18.1.1921.

[70] N. N.: *Bratislava.* In: *B. Z. am Abend,* 25.3.1922.

[71] *II. Orientmesse vom 9. bis 16. Juli 1922. Die Eröffnungsfeier. Die Eröffnungsrede des Handelsministers Novak.* In: *B. Z. am Abend,* 11.7.1922.

[72] *Feierliche Eröffnung der IV. Donaumesse. Ein Spiegel der aufstrebenden Slowakei.* In: *B. Z. am Abend,* 24.8.1924.

[73] *Ebd.*

[74] *II. Orientmesse vom 9. bis 16. Juli 1922. Die Eröffnungsfeier.* In: *B. Z. am Abend,* 11. 7. 1922.

[75] *Ebd.*

[76] *Ebd.*

[77] N. N.: *III. Donaumesse Bratislava vom 23. August bis 2. September 1923.* In: *B. Z. am Abend,* 24.8.1923.

SEGEN, denn „sie bringt den alles befruchtenden Goldregen mit sich herein"[78], weil sich „während dieser Tage ein Goldregen über unsere Stadt ergiessen wird"[79]. Die Donaumesse wird einem „Meteor"[80], der sich der ganzen Stadt bemächtigte, oder mit einer „Quelle"[81] gleichgesetzt. Die Rolle der Donaumesse als der einer Vermittlerin lässt sich auch in der folgenden Metapher ablesen, die die Messe als einen Konnektor beschreibt:

> „Denn die Donaumesse ist mehr als andere Einrichtungen ähnlicher Art dazu berufen, die zerrissenen Fäden zu den Nachbarstaaten, namentlich zu Ungarn, das in erster Linie als Absatzgebiet für unsere Industrie in Betracht kommt, wieder anzuknüpfen und Handel und Wandel zu beleben."[82]

Kritischer behandelt die Orientmesse das folgende Feuilleton, worin der Bratislavaer Messe kaum orientale Essenz zuerkannt wird:

> „Die Orientmesse nähert sich unserem Bratislava mit Riesenschritten. Es dürfte nicht mehr als einige Wochen dauern, und wir werden mit einem Male in die blühende Märchenwelt des Orients versetzt werden. [...] Es ist vielleicht ganz unbegründet, unsere Stadt der Kraxelhuber mit dieser traumverlorenen Wunderpracht des Morgenlandes in irgendwelche Beziehung zu bringen, aber wir können nicht dafür, der Name ‚Orientmesse' hat es uns angetan. Wir träumen bereits von kunterbunten persischen Teppichen, von wohlriechenden morgenländischen Salben, von Myrrhe und Moschus, von kostbaren Stoffen und Tüchern, von reichbeladenen Kamelen, ja sogar von braunen Sklaven, jeder Strapaze trotzend. Von alldem werden wir aller Wahrscheinlichkeit nach herzlich wenig zu sehen bekommen, und was aus den Balkanländern nach Bratislava geliefert wird, wird alles eher denn orientalisch sein. Und doch wäre es keine schlechte Idee, die Welt der tausend und einen Nacht auf einige Tage bei uns einzuführen."[83]

Die räumliche Konzeptualisierung der Zeit belegt das folgende Beispiel aus demselben kritischen Feuilleton, das die Orientmesse in die ferne Zukunft verweist: „Auch der Weltverkehrshafen Bratislavas liesse sich ohne weiteres Bosporus taufen, denn er ist uns in der Zeit ebenso ferne wie der andere Bosporus im Raume."[84]

---

[78] Andrýs, Miroslav: *Handelsteil. Die Bedeutung der Orientmesse*. In: *B. Z. am Abend*, 12.7.1922.

[79] N. N.: *Die Orientmesse im Werden. Präsident Kornél Stodola über ihre Bedeutung*. In: *B. Z. am Abend*, 18.1.1921.

[80] N. N.: *Nach der ersten Orientmesse, Bratislava 16.8.1921*. In: *B. Z. am Abend*, 17.8.1921.

[81] Andrýn, Miroslav: *Bratislava und seine Orientmesse*. In: *B. Z. am Abend*, 6.8.1921.

[82] N. N.: *Vor der Eröffnung der Internationalen Donaumesse*. In: *B. Z. am Abend*, 12.8.1923.

[83] N. N.: *Die Orientmesse. Vom Tage*. In: *B. Z. am Abend*, 20.1.1921.

[84] Ebd.

Fazit

Bratislava als Zielbereich kommt unter anderem in folgenden konzeptuellen Strukturmetaphern vor: *BRATISLAVA als DORNRÖSCHEN* und *als TOR*. Die erwähnten konzeptuellen Metaphern verweisen auf Bratislava im Zwischenstadium bzw. Zwischenraum; entweder auf den Wechsel von einem in ein anderes Stadium, vom Schlafen zum Erwachen oder auf die Grenzlage Bratislavas zwischen Okzident und Orient, in denen der Stadt eine Vermittlerfunktion zugeschrieben wird. Der angedeutete Übergang und die damit verbundene Bewegung – Bratislavas versprachlichter Weg zur Großstadt – ist zudem im Wortschatz und in den grammatischen Kategorien der Verben erkennbar. Das Bild Pressburgs, als Gegenbild des modernen Bratislavas, wurde dagegen durch Herkunftsbereiche der Stagnierung und Kleinlichkeit gestaltet. Dieser Unterschied zeigt sich auch bei den Orientierungs- und ontologischen Metaphern, wenn im Zusammenhang mit Bratislava Attribute wie groß und imposant und mit Pressburg klein und provinziell verwendet wurden.

Der Vergleich meiner linguistischen Untersuchung und der literaturhistorischen Analyse von Blanka Mongu *Bratislava, die Großstadt im Werden* belegt, dass beide Forschungsansätze zum gleichen Ergebnis führen. In den analysierten Texten wird immer wieder hervorgehoben, dass Bratislava unbestritten das Potential habe, eine Großstadt zu werden. Gleichzeitig wird aber betont, dass sich diese künftige Großstadt noch im Entwicklungsstadium befinde. Die bildliche Materialisierung Bratislavas und Pressburgs durch Metaphern ermöglicht, Pressburg – gemessen am modern werdenden Bratislava – als eine kleine und tote Stadt auszuweisen. Die Großstadt Bratislava, so wird nahegelegt, habe sich sogar aus dem alten Pressburg neu entwickeln und formen können. „In der bildlichen Ordnung der Dinge wird es normal, dass ein Elephant, dieses kolossale Lebewesen, aus einem Schneckengehäuse hervortreten kann."[85] Auf diese Weise ‚schlüpft' das moderne Bratislava aus dem kleinstädtischen Pressburg mit seinen engen Gassen:

„Es lässt sich eben schwer aus einer enggassigen Kleinstadt eine verkehrsreiche Grosstadt machen, und doch geschieht es; es wird von Tag zu Tag immer deutlicher, ungeachtet des trägen Widerwillens derer, die sich unwillkürlich zu der Grösse emporraffen müssen, die ihnen stetig wachsende Bedeutung der Dinge um sie herum mit gleichsam suggestiver Kraft diktiert."[86]

---

[85] Bachelard, Gaston: *Poetika prostoru*, Prag 2009. S. 120 - 121. „V obrazném řádu se stane něčím normálním, že slon, ten ohromný živočich, vychází z hlemýždí ulity." (Übersetzung ins Deutsche durch mich, K. M.).
[86] N. N.: *Ein Phantom*. In: *B. Z. am Abend*, 28.6.1921.

Die Stadt bewegt sich zwar auf dem metaphorischen Wege zur Großstadt genauso langsam wie eine Schnecke, denn sie richtet sich offensichtlich nach dem tschechischen Sprichwort: „Co se vleče neuteče."[87], was übersetzt soviel bedeutet wie: „Was sich lange hinzieht, läuft nicht davon." Der Elefant windet sich bei der Lektüre der *B. Z. am Abend* dementsprechend langsam aus dem Schneckengehäuse Pressburgs, und die Großstadt Bratislava wartet auf ihre Zeit.

---

[87] J. H.: *Wie es im Jahre 2020 geschah...* In: *B. Z. am Abend*, 28.10.1920.

Margita Gáborová
Aus dem Interieur:
Die literarischen Stadtbilder Elsa Grailichs zwischen Tradition und Moderne.
Die Stadt und ihre prägenden Persönlichkeiten

Mit der Charakteristik einer Stadt als moderne Stadt assoziiert man oft Namen bekannter Persönlichkeiten, die in ihr zu einer bestimmten Zeit wirkten. Schon die Verbindung dieser Namen mit der Metropole wird als Kulturphänomen wahrgenommen. So verknüpft z. B. Andreas Huyssen Paris mit Baudelaire und Manet, Wien mit Freud und den Repräsentanten der Sezession und Berlin mit Döblin, Brecht und den Dadaisten.[1] Die Aufzählung könnte beliebig erweitert werden. Für mich würde zu Berlin z. B. noch die Gestalt Else Lasker-Schülers zählen, und auf der Liste der Städte dürfte Prag mit Franz Kafka und Alfons Mucha nicht fehlen.

Welche Namen könnten aber für das Pressburg der Zwischenkriegszeit, die man oft als genuine Zeit der Modernisierung ansieht, stehen? Das ist nicht so leicht zu sagen. Noch schwieriger ist, Namen aus dem Kreis der Pressburger Deutschen oder der auf Deutsch schaffenden Persönlichkeiten wählen zu sollen. Das kulturelle Antlitz Pressburgs kennzeichnete ja seit je eine starke Multikulturalität, die aus dem Kulturgut der Deutschen, Ungarn, Slowaken und einiger anderer kleineren Ethnien bestand. Trotz einer steigenden Aktivität slowakischer Kulturträger seit der Gründung der sogenannten ersten Tschechoslowakischen Republik im Jahre 1918 war der Beitrag der deutschsprachigen Pressburger zum Kulturbild der Stadt in den Zwanziger- und Dreißigerjahren des 20. Jahrhunderts noch immer maßgeblich. Pressburg als Kulturphänomen repräsentieren könnten neben vielen anderen bekannten Namen aus den Kreisen der deutschen Bevölkerung z. B. der Komponist Alexander Albrecht, eine den regionalen Rahmen überragende Persönlichkeit, der Bildhauer Alois Rigele, der Architekt Fridrich Weinwurm oder der Theoretiker und Gründer des modernen Ausdruckstanzes Rudolf von Laban, der später in Deutschland und den USA eine erfolgreiche Karriere machte. Von den Schriftstellern sollte in diesem Zusammenhang Karl Benyovszky nicht fehlen. Für manche Pressburger verband sich mit dem Bild der Stadt aber auch der Name der Schriftstellerin und Journalistin Elsa Grailich.

---

[1] Fjelkestam, Kristina: *Allegorizing Modernity: The New Woman and the Metropolis as Metonymies in Djuna Barnes's Nightwood.* In: Witt-Brattström, Ebba (Hrsg.): *The New Woman and the Aesthetic Opening. Unlocking Gender in Twentieth-Century Texts*, Södertörn 2004, S. 172.

Elsa Grailich – Schriftstellerin und Journalistin
Im kulturellen Gedächtnis der Stadt ist Elsa Grailich durch ihre schriftstellerische, journalistische und politische Tätigkeit verankert. Eine Studie über ihr Leben und Werk bietet die Germanistin Eva Červenková unter dem Titel *Elsa Grailich – Leben und Werk*[2] aus dem Jahre 1975. In Viera Glosíkovás *Handbuch der deutschsprachigen Schriftsteller aus dem Gebiet der Slowakei*[3] finden wir ein Schriftstellermedaillon über Grailichs Leben und Schaffen mit weiteren interessanten Angaben, vor allem im Bezug auf ihre lyrische Vor- und Nachkriegszeitproduktion und ihre politische Aktivität im Rahmen der Sozialdemokratie. Glosíková schöpft zum Teil aus der Studie Elemír Terrays mit dem Titel *Zum Gedenken an die burgenländische Sozialdemokratin Elsa Grailich*[4]. Öfters beruft sich der Ethnologe Peter Salner in seinem Buch *Taká bola Bratislava*[5] (*So war Pressburg*) auf Grailichs Werk *Preßburger Interieurs*. Zitate, die Salner aus diesem Buch entnommen hat, sind lebendige Ergänzungen seines historisch und ethnologisch konzipierten Werkes. Im Jahrbuch für Germanistik *brücken* aus dem Jahr 2007 wird Grailich von dem deutschen Germanisten Jörg Meier im Aufsatz *Deutschsprachige Literatur des 19. und 20. Jahrhunderts aus Preßburg / Pozsony / Bratislava*[6] kurz erwähnt. Damit allerdings erschöpft sich das Forschungsmaterial zu Elsa Grailich. Eine komplexe Studie des literarischen Werkes Elsa Grailichs oder eine eingehende Monografie ihres Lebens und Schaffens gibt es bisher nicht.

Zwar ist die Person Elsa Grailichs heutzutage kaum noch bekannt, doch gehörte sie untrennbar zum Bild der Stadt Pressburg in der ersten Hälfte des 20. Jahrhunderts. Einige Daten aus ihrem Lebenslauf mögen ein wenig Licht ins Dunkel um ihre Person bringen und vielleicht dazu beitragen, ihr Schaffen besser zu verstehen.

Elsa Grailich (1880 - 1969) stammte aus einer bürgerlichen Familie im Burgenland (heute österreichisches Bundesland), wo sie ihre Kindheit und Jugend in der Gemeinde Albrechtsfeld verbrachte. Schon sehr früh wurde ihr Leben auch mit Pressburg verknüpft, weil sie hier die Ungarische Höhere Töchterschule

---

[2] Červenková, Eva: *Elsa Grailich. Leben und Werk*, Bratislava 1975.

[3] Glosíková, Viera: *Handbuch der deutschsprachigen Schriftsteller aus dem Gebiet der Slowakei (17. - 20. Jahrhundert)*, Wien 1995.

[4] Terray, Elemír: *Zum Gedenken an die burgenländische Sozialdemokratin Elsa Grailich.* In: Seliger-Archiv (Hrsg.): *Beiträge zur Geschichte der sozialdemokratischen Arbeiterbewegung im Sudeten-, Karpaten- und Donauraum. Bd. 3*, Stuttgart 1980.

[5] Salner, Peter u. a.: *Taká bola Bratislava*, Bratislava 1991.

[6] Meier, Jörg: *Deutschsprachige Literatur des 19. und 20. Jahrhunderts aus Preßburg / Pozsony / Bratislava.* In: DAAD (Hrsg.): *brücken. Germanistisches Jahrbuch Tschechien-Slowakei* 2007.

besuchte und später immer wieder in die Stadt zurückkehrte, bis sie sich im Jahre 1903 in ihr auf Dauer niederließ. Von zu Hause, wo das deutsche Kulturerbe intensiv gepflegt wurde, brachte sie das Interesse für die deutsche Literatur mit, vor allem für die Klassik und Romantik. Die eigene literarische Produktion begann sie mit Lyrik. Zu ihren Lebzeiten gelang es ihr aber nur, einige Gedichte zu veröffentlichen. Im Nachlass der Schriftstellerin fand man indes viele Gedichte, die von einer langjährigen, umfassenden lyrischen Produktion zeugen. Thematisch kreisen diese Gedichte um Liebe, Identitätssuche, Kunst, Leben und Humanität. Bis heute haben sie keinen Herausgeber gefunden. Mehr Glück hatte sie bei der Veröffentlichung ihres prosaischen Schaffens. Außer den *Preßburger Interieurs* (1929) und den *Märchen vom ewigen Frieden* (1930) finden wir in den ersten drei Jahrzehnten des 20. Jahrhunderts in den deutschsprachigen Zeitungen und Zeitschriften Pressburgs viele ihrer Erzählungen, Skizzen und Reiseschilderungen. Als Journalistin verfasste sie eine Menge von Feuilletons, Rezensionen, Berichten und Artikeln über Kunst, Literatur, Architektur und Kultur. Als Redakteurin der sozialdemokratischen Presse schrieb sie überdies viele Beiträge zu aktuellen sozialen und politischen Zeitproblemen; intensiv beschäftigten sie auch Fragen der Arbeiterbildung und Frauenemanzipation. Mit Ausbruch des Zweiten Weltkrieges beendete Elsa Grailich ihre journalistische Tätigkeit. Seit 1939 schrieb sie keinen Artikel mehr. Nach dem Krieg lebte sie weiterhin in Bratislava, wo sie noch mit 72 Jahren an der Comenius-Universität ein Diplom in Englisch erlangte.[7]

„Preßburger Interieurs"
Erzählungen und Skizzen, die Elsa Grailich unter dem Titel *Preßburger Interieurs* 1929 beim Pressburger Verlag Siegmund Steiner herausgab, bringen nach ihren einleitenden Worten „einen Ausschnitt aus dem Pressburger Kulturleben"[8].

Der Ausgangspunkt ihres Erzählens ist der Satz: „Immer mehr schwindet das Bild unseres alten Pressburgs dahin."[9] Diese nostalgische Äußerung drückt die Tatsache der scheidenden Welt des alten Pressburgs aus, als die Stadt am Ende der Zwanzigerjahre des 20. Jahrhunderts begann, ihren Charakter langsam zu verlieren. Unter dem schwindenden Bild der Stadt kann man sich Verschiedenes vorstellen. Es kann das sich ändernde architektonische Antlitz der Stadt betreffen, oder ihren deutschen Charakter, es könnten die veränderten Werte des Bürgertums und die mit ihnen verbundene Lebensweise sein, ebenso wie die

---

[7]   Die Daten stammen aus: Glosíková, Viera: *Handbuch der deutschsprachigen Schriftsteller aus dem Gebiet der Slowakei (17. - 20. Jahrhundert)*, Wien 1995, S.60 - 61.
[8]   Grailich, Elsa: *Preßburger Interieurs*, Bratislava-Preßburg 1929, S. 6.
[9]   Ebd., S. 5.

Verschiebungen in der sozialen und ethnischen Struktur der Bevölkerung oder die Veränderungen in der Organisation und Verwaltungsstruktur der Stadt. Und so fort. Immerhin waren diese Jahre eine Zeit, in der die Stadt Pressburg begann, ihren ausgeprägt deutschen Charakter zu verlieren und die Werte, die sich früher mit dem deutschen Bürgertum verknüpften, in Auflösung gerieten. Man kann vermuten, dass es Elsa Grailich auch darum ging, diese Stadt als eine deutsche Stadt, im Sinne ihres früheren geistigen Gepräges, einzufangen und so für die Nachkommen aufzubewahren.

Die politischen Entscheidungen nach dem Ersten Weltkrieg in Saint Germain und Trianon haben die Machtverhältnisse im neuen Tschechoslowakischen Staat bestimmt und am Ende der Zwanzigerjahre war das Schicksal Pressburgs klar: Die Stadt wurde zum unabtrennbaren Bestandteil der neu entstandenen Tschechoslowakischen Republik. Elsa Grailich macht in ihrem Buch den letzten Versuch, etwas – wie Stefan Zweig es ausdrückte – von der „Welt vom Gestern" für spätere Generationen zu retten. Dieses Vorhaben formuliert sie explizit:

„[...] ein Bild tiefster Innenkultur und Eigenkultur der Vergangenheit zu entreißen, einen Ausschnitt aus dem Preßburger Kulturleben zu geben, wie es sich hinter den mehr oder minder glatten Mauern verbirgt, die Bedeutung jener seelischen Werte uns ins Bewußtsein zurückzurufen, die in dem Milieu liegen, in der Atmosphäre, die uns umgibt."[10]

Die Autorin ist aber zugleich auch Rationalistin und weiß, dass unwiderruflich eine neue Ära angebrochen ist, die nicht mehr aufzuhalten ist. Elsa Grailichs Reaktion auf diese Tatsachen nun ist eine Flucht in die Innenwelt – nämlich in die Welt der Pressburger Interieurs, die vom Geist ihrer Bewohner geprägt sind und die so lange unangetastet bleiben können, wie die Menschen sie schützen werden. Die Geschichte belehrt uns, dass dies bei vielen Bewohnern Pressburgs nur bis 1945 so war und sein konnte. Doch ist Elsa Grailich selbst ein Beispiel dafür, dass die deutsche Prägung in manchen Heimen Pressburgs auch später noch weiterlebte. Bis in unsere Tage findet man in einigen Bratislavaer Familien deutschen Ursprungs noch Spuren jener Zeiten. In diesem Zusammenhang ist das Wort ‚Ursprung', im Sinne eines deutschen Ursprungs der Stadt, zu betonen. Die Zahl der Deutschen in Bratislava hat ja seit den Zwanzigerjahren bis heute in einem Maß abgenommen, dass sie bei der letzten Volkszählung nicht einmal 0,28 % ausmachte.[11] Pressburger Deutsche, die deutsche Kultur Pressburgs und das Pressburger Geistesleben überhaupt, waren in der Zeit der Unfreiheit, in den Jahren 1948 bis 1989, also über vierzig Jahre lang ein verschwiegenes, uner-

---

[10] Ebd., S. 6.
[11] Zemko, Milan: *Slovakizácia Bratislavy v 20. storočí.* In: Ferenčuhová, Bohumila u. a.: *Slovensko a svet v 20. storočí*, Bratislava 2006, S. 26.

wünschtes Thema. Bei der Suche nach Literatur über das Geistesleben der Pressburger Deutschen in den Jahren der ersten Republik (1918 - 1938), geschweige
denn in den späteren Jahrzehnten, stieß man allermeist nur auf große Lücken.

Dass Elsa Grailich in ihrem Hauptberuf Journalistin war, merkt man insbesondere der Einleitung der *Preßburger Interieurs*, diesem sonst recht lyrischen
Werk an. Während die ausgesprochen literarische Prägung der meisten Erzählungen und Skizzen, ihre oft meditative Stimmung und Nostalgie, nicht zu ver-
kennen ist, berichtet sie am Anfang des Buches über den Zustand der Stadt
sachlich und nüchtern:

> „Zum Teile ist es die Baufälligkeit der alten Gebäude, zum Teile auch die unaufhaltsame
> moderne Entwicklung der Stadt, die diese tief einschneidende Veränderung unseres Stra-
> ßenbildes mit sich bringen, und unsere vor zwanzig – dreißig Jahren verstorbenen Altvor-
> deren würden sich kaum mehr in den Straßen zurechtfinden."[12]

Die Autorin begreift die historischen und politischen Gründe der Situation und
versteht die Zusammenhänge der Gegenwartsgeschichte sehr gut. Sie weiß, dass
die gesellschaftlichen Veränderungen politischen, wirtschaftlichen und adminis-
trativen Charakters sind, dass sie als Folge der historischen Veränderungen in
der Gesellschaftsordnung zu verstehen sind, und man braucht kein Historiker zu
sein, um zu wissen, dass dies mit dem Zerfall der Monarchie Österreich-Ungarn
und mit der Gründung der Tschechoslowakischen Republik im Jahr 1918 sowie
mit der Ernennung Pressburgs zur Hauptstadt des slowakischen Teils der Republik im Jahre 1919 zusammenhängt. Ebenso verstand sie, dass die urbanen Veränderungen der Stadt, trotz großer Sehnsucht nach Bewahrung des Alten, mit
der raschen Entwicklung Pressburgs zu einer modernen Metropole verbunden
waren.

Elsa Grailich bearbeitet in den *Preßburger Interieurs* zwei grundlegende The-
menbereiche: die Tradition und die Moderne. Beide sind in das Milieu der Stadt
und ihrer Interieurs eingebettet. Demzufolge entwickeln sich die einzelnen Skizzen in zwei Richtungen. Entweder ist es ein Blick nach hinten (zur Tradition)
oder ein Blick nach vorne (zum Modernen). Die Mehrheit der Erzählungen und
Skizzen gehört dabei allerdings zur ersten Gruppe.

Der Blick ‚nach hinten'
Die Flucht vor der gesellschaftlichen und geistigen Realität des Tages und vor
der vorbeirasenden Welt führt die Schriftstellerin in die Welt des traditionell Bewährten, Stabilen, Verlässlichen, die die Interieurs der Pressburger Bürger bie-

---

[12] Grailich: *Preßburger Interieurs*, a. a. O., S. 5.

ten. Sie sind in eine wehmütige Stimmung eingehüllt, weil Grailich weiß, dass sie in eine Sphäre geflüchtet ist, wo immer noch Werte vorhanden sind, die mehrere schwere Zeiten überstanden haben, sich bewährt haben und immer noch fortdauern. Aber, fragt sie sich immer auch, wie lange noch?

Der Weg in die einzelnen Pressburger Interieurs führt durch die Gassen und Plätze der alten und neuen Teile der Stadt, so dass viele Orte aus der Topografie Pressburgs jener Jahre genau aufgefangen werden. Damit wird das Buch *Preßburger Interieurs* auch zum Zeugen von Exterieurs der Stadt. 23 Orte werden beschrieben, wobei manche noch heute in mehr oder weniger veränderter Form nachvollziehbar sind. Der Historiker Štefan Holčík hat am Ende des 20. Jahrhunderts die Spuren von Grailichs Orten verfolgt, viele genau lokalisiert, architektonisch beschrieben und historisch erklärt.[13] Eine Hilfe zur Identifizierung der Häuser und Menschen hat die Schriftstellerin selbst geboten, indem sie im Inhalt ihres Buches, bei jeder Skizze auf die Namen der Persönlichkeiten, über die sie berichtet, verweist. Elsa Grailich brachte mit ihrem Buch ein buntes Bild der Pressburger bürgerlichen Gesellschaft ans Licht. Ihre Galerie zählt namhafte Bürgerfamilien, Persönlichkeiten des Kulturlebens (bekannte Künstler – Bildhauer, Musiker, Opernsänger, Maler), Wissenschaftler, bedeutende Handelsunternehmer, Repräsentanten des Groß- und Kleinbürgertums, aber auch weniger bekannte und weniger bedeutende Menschen, die das Bild des städtischen Lebens abrunden. Der Besuch der Heime mit verschiedenen Glaubensbekenntnissen, wie etwa bei der jüdischen Familie des Buchhändlers Hermann Steiner oder im Hause des evangelischen Pfarrers Wilhelm Rátz, schien im konfessionell toleranten Pressburg eine Selbstverständlichkeit zu sein. Die Schilderungen der einzelnen Interieurs und die mit Stimmung gefüllten Beobachtungen können, literarisch gesehen, als typisch romantische, stark gefühlsbeladene Bilder gedeutet werden. Die Pressburger Interieurs gestalten sich oft zu seelischen Konstruktionen, jedoch mit objektiv nachvollziehbaren Gegenständen. Sie sind also keine modernen Landschaften, wie wir sie aus expressionistischen Werken kennen und die man im Jahre 1921 z. B. auch in der in Pressburg erschienenen literarischen Zeitschrift *Das Riff* finden konnte. Die Interieurs Elsa Grailichs werden durch den inneren Zustand des Beobachters beseelt. Sie bieten eine Doppelprojektion des Seelischen und Gesehenen in harmonischer Symbiose dar. Den scheinbaren Dualismus erzielt die Autorin durch die Umwandlung des Äußeren zum Inneren, wobei sowohl der objektiven Nachvollziehbarkeit der Welt als auch dem Gefühlserleben stattgegeben wird. Durch die Verinnerlichung entstehen Bilder, in denen das Traumbild zum Selbstbild der Dichterin wird.

---

[13] Vgl. http://www.bratislavskenoviny.sk/najnovsie-spravy-z-bratislavy/pamatnici-historie/-domy -stoja-na-mieste-stareho-cintorina.html?page_id=7531.

„Und dann fühle ich die wunderbaren Kräfte, die aus jedem einzelnen Stücke auf mich ein-
strömen und die unzertrennbar sind von dem, was ich als mein ‚Ich' empfinde. Das ist der
Zauber des Heimes, das Mysterium eines jeden Interieurs, dessen Atmosphäre zusammengesetzt ist aus den feinen Schwingungen der Seelen der Dinge und den Menschen, der Lebenden und der Toten [...]"[14]

Dargestellt wird durch Augen und Gefühlswelt einer durch die Exterieurs und
Interieurs spazierenden Beobachterin. Es ist eine Intellektuelle, die nach einem
Asyl sucht und erhofft, dies an bekannten Orten Pressburgs zu finden. Zwar ist
es eine taktile Optik, die über die Objekte und ihre Einwohner referiert, das End-
produkt sind aber „die seelischen Werte, [...] die in dem Milieu liegen, in der
Atmosphäre"[15]. Oft sind sie in eine rauschhafte, träumerische, von Liebe und
Nostalgie überströmte Stimmung eingehüllt.

„Und während am Harmonium die süßen Töne von Schumanns ‚Träumerei' erklingen,
bleibt der Blick unwillkürlich in der Mitte des Raumes haften, wo unter dem Luster, von
allen Seiten frei, auf einer Konsole, Meister R i g e l s wundervolle traumverlorene
Mädchengestalt ‚Abenddämmerung' in weißem Marmor wie von magischen Leuchten umgeben erscheint. Und es ist, als hörte man das leise Rauschen des Meeres, hinter dem am
fernen Horizont die letzten warmen Strahlen der Sonne verloschten, und fröstelnd steigt
die kühle, blaue Nacht empor."[16]

Refugium heißt in dieser Sammlung Grailichs die erste Skizze, die als ein Pars
pro toto verstanden werden kann. Die Autorin spannt mit ihr einen Bogen an,
der nach 21 Anhaltungen in der letzten Skizze mit dem Titel *Dämmerstunde*
endet und die den Leser schließlich symbolisch in die Wohnung von Grailich
selbst führt.

Das Wort ‚Refugium' bedeutet Zufluchtsort, eine Stelle, die Schutz, Sicherheit und Wohlgefühl bieten kann. Man würde erwarten, dass der Erzähler an
einem solchen Ort sofort Ruhe und Geborgenheit finden würde. Die Schriftstellerin eröffnet ihre Skizze aber in einem unerwarteten Ton. Mit deutlich
kritischen Worten spricht sie von der Auflösung des jahrelangen öffentlichen
Wohlstandes und der Rechtsordnung im Land. Dieser Ton deutet, ähnlich wie
die in der Einleitung des Buches erklingenden Sätze, auf die Erfahrungen der
journalistisch-feuilletonistischen Praxis Elsa Grailichs. Den herrschenden Zustand sieht die Erzählerin als Ergebnis der Auflösung bürgerlicher Moralwerte
und der Grundlagen „von Rechtlichkeit und Gewissenhaftigkeit"[17]. Auch wenn

---

[14] Grailich: *Preßburger Interieurs*, a. a. O., S. 86.
[15] Ebd., S. 6.
[16] Ebd., S. 60 - 61.
[17] Ebd., S. 7.

die Kritik relativ allgemein formuliert wird, meint sie doch recht klar die Zustände im Pressburg der Zwanzigerjahre im Speziellen. Um sie richtig zu verstehen, bedarf es deshalb der Vertiefung der bisher nur angedeuteten historischen Zusammenhänge: Trotz der wirtschaftlichen Stärke des deutschen Bürgertums in Pressburg und trotz seiner starken Vertretung in der Gemeinderepräsentation kam es nämlich durch höhere staatliche Eingriffe immer wieder zu erheblichen Einschränkungen seiner Macht in der Stadt. Im neuen tschechoslowakischen Staat verzichten die Deutschen auf ihr Ungarntum, und der Begriff „Deutschungarn"[18] wird historisch. Aus der Mehrheit wurde eine Minderheit – sowohl eine ungarische wie auch eine deutsche Minderheit. Auch wenn die Deutschen in Pressburg immer noch die Träger der ökonomischen Macht und kulturellen Stärke waren, wurden ihre Einflussmöglichkeiten mit fortschreitender Zeit mehr und mehr eingeschränkt. Darüber hinaus war ihre grundsätzliche Neigung zu Kompromissen für einen aktiven politischen Streit im Kampf um den Charakter der neuen Ordnung wenig günstig. Es genügte nicht mehr, sich in dem bunten, multikulturellen Milieu Pressburgs – jetzt schon Bratislava – auf den deutschen Ursprung der Stadt, auf ihre Geschichte und die bewährten moralischen Werte zu berufen. Die einflussreichen Kräfte standen nun auf Seiten der Bürger mit tschechoslowakischer Gesinnung und nicht mehr auf jener der deutschen Bevölkerung.

Trotz der kritischen Worte am Anfang der ersten Skizze Grailichs wird der Ton des Textes schnell gedämpft, und der Erzähler findet den Ort seiner Zuflucht. Es ist ein Patrizierhaus mitten in der Stadt, welches, symbolisch genug, „isoliert zwischen den hohen glatten grauen Mauern"[19] steht, wobei seine „dicken Hausmauern, aus deren Durchmesser man heute fast eine Doppelmauer gewinnen könnte"[20], Sicherheit bieten sollen. Die überlieferten Werte müssen

---

[18] Bei der Identitätsbestimmung der deutschsprachigen Bevölkerung Preßburgs vor 1918 ist die Charakteristik ihrer ethnischen Identität noch um das Attribut „politisch-national" zu erweitern. Die Deutschen Preßburgs fühlten und bezeichneten sich selbst als Deutschungarn (also nicht Ungarndeutsche oder deutsche Ungarns), womit sie ihre Zugehörigkeit zur ungarischen politischen Nation, oft auch auf Kosten der eigenen ethnischen Bestimmung, unterstrichen. Das Nationale ist hier als politische Kategorie zu verstehen, die „die zentralistische Tendenz der dominanten ungarischen Ethnie, welche sich bemüht [hat], verschiedene Ethnien in ein einheitliches nationales Ganzes einzubeziehen", ausdrückt. Im ethnisch heterogenen Ungarn hiess diese Kategorie der Identität „Hungarus" (früher: „natio hungarica"). Vgl. Ondrejovič, Slavomír / Krupa, Viktor: *Identita a jazyk*. In: Kiliánová, Gabriela / Kowalská, Eva / Krekovičová, Eva (Hrsg.): *My a tí druhí v modernej spoločnosti. Konštrukcie a transformácie kolektívnych identít*, Bratislava 2009, S. 133; und: Mannová, Elena: *Hornouhorski Nemci v „dlhom" 19. storočí*. In: Ebd., S. 373.

[19] Grailich: *Preßburger Interieurs*, a. a. O., S. 7.

[20] Ebd.

geschützt werden. Die Zentriertheit auf die Stadtmitte ist nicht zufällig. Hier, im eigentlichen Kern der Stadt, sind die Wurzeln der Bürgerfamilien (auch der deutschen), die das Fundament der Größe und Bedeutung der Stadt begründeten. Die slowakische Geschichtswissenschaftlerin Elena Mannová sagt, dass „die autochthonen deutsch und ungarisch sprechenden Pressburger und Zipser gegen die Modernisierungsbemühungen slowakischer und tschechischer Einwanderer [...] und für die Musealisierung der Vergangenheit und deren Werte kämpften"[21]. Sie erklärt weiter, dass es „aus der Perspektive der sog. ,Urbewohner' um die Aufbewahrung ihrer identitätsbildenden historischen Traditionen ging, die sie in alten Gebäuden, Denkmälern, Tafeln, Namen der Städte, Gemeinden, Straßen und Vereinen verankert sahen"[22]. Das eigentliche Refugium von Elsa Grailichs Skizzen sind eben nicht die Exteriurs, die Mannová erwähnt, sondern die Innenräume, „abseits von dem Wirbel der Welt, von dem Strom des Lebens"[23]. Die geräumigen, mit geschmackvollen Details ausgestatteten Interieurs der ersten Skizze zeugen deutlich von wirtschaftlicher Stärke und erlesenem Geschmack der Eigentümer. Die Raumgestaltung verrät Sinn für Tradition und Familie, „für Gemütstiefe und Innerlichkeit"[24], betont die Autorin. Der „Physiognomie"[25] der Interieurs wird ein geräumiger Teil des Textes gewidmet. Die Beschreibungen sind von Details überflutet, die auf die geistige Hochkultur der Bewohner deuten sollen. Alles wird ins Erhabene, Wertvolle, Auserlesene und Kostbare gehoben, so dass man oft einen übertriebenen Ästhetizismus des Textes verspürt. Das gesamte Milieu wird in eine idealisierende und wehmütige Stimmung eingehüllt. Der Leser trifft die eigentlichen Bewohner aber nicht. Über ihr Leben und ihre Gesinnung wird er nur vermittelt, durch den fiktiven Beobachter, informiert. Diese Distanzierung soll durch die subjektive Wahrnehmung des Erzählers kompensiert werden, oder, wie es Grailich in der Einleitung des Buches formuliert, die Dinge selbst sollen ihre Besitzer ersetzen:

„Was dem Heim sein Merkmal verleiht, das sind die persönlichen Beziehungen zwischen den Dingen und Menschen, die man sofort herausfühlt, wenn man einen solchen Raum betritt. Ja, das Eigentümliche ist, dass man oft die Menschen gar nicht kennt, und während man vielleicht wartend in einem solchen Raume weilt, drängt sich die Frage auf, und man

---

[21] Mannová, Elena: *Hornouhorskí Nemci v „dlhom" 19. storočí*. In: Kiliánová / Kowalská / Krekovičová: *My a tí druhí v modernej spoločnosti*, a. a. O., S 395.
[22] Ebd.
[23] Grailich: *Preßburger Interieurs*, a. a. O., S. 9.
[24] Ebd., S. 8.
[25] Begriff von Walter Benjamin im Zusammenhang mit der Philosophie der Möbel und der Charakteristik Poes als des ersten „Physiognomen" des Interieurs. Benjamin, Walter: *Iluminácie*, Bratislava 1999, S. 188.

wird neugierig: Welcher Art sind wohl die Menschen, die hier zu Hause sind? Ganze Lebensschicksale und Familiengeschichte erzählen oft die stummen Zeugen der Vergangenheit."[26]

Die Gegenstände des Interieurs, die Möbelstücke, Originalgemälde ausländischer und einheimischer Maler an den Wänden, alte Bücher bedeutender Schriftsteller in den Bücherschränken, Porträts der Familienmitglieder etc. haben, der Autorin zufolge, die Aufgabe, Spuren der Familiengeschichte zu bezeugen, harmonische Beziehungen und Familienglück zu deuten – also zu erzählen. Man kann – im Sinne von Walter Benjamins Worten – verstehen, dass ein Interieur auch ein Zufluchtsort der Kunst sei und dass Wohnen bedeutet, Spuren zu hinterlassen.[27]

> „Die Möbel an den Wänden entlang sind altes Familiengut; sie stammen wohl aus der Zeit, da der Großvater die Großmutter nahm, Stücke alter Familientradition, durch Generationen sorgsam gepflegt und geschont, wie diese selbst. Familientradition ist die Atmosphäre, der jedes einzelne dieser Stücke entstammt, die Atmosphäre, die sie noch jetzt umgibt und erfüllt."[28]

Auch eine andere Skizze, die den Titel *Tradition* trägt, führt den Leser in das Milieu einer Pressburger Familie, diesmal einer jüdischen. Hier kommunizieren das Alte und das Neue im Alltagsleben noch intensiver miteinander. Alle wahrgenommenen Gegenstände laden zum Gedankendialog über das jüdische Erbe und die überlieferte jüdische Tradition ein. Im konfessionell toleranten Pressburg wohl keine Besonderheit. Das Haus dominiert das sogenannte Familienzimmer, in dessen Mittelpunkt ein großer alter Tisch als Symbol der Verwobenheit von religiöser und familiärer Tradition steht. Ein Bestandteil dieser Tradition ist der enge Zusammenhalt der Familienmitglieder, die durch Fotos, Bilder und Gemälde der nahen und fernen Verwandten dokumentiert wird. Das Ergebnis des Kulturdialogs in diesem Text ist das Erfassen der Grundpfeiler des jüdischen Heimes und seines Kulturerbes in der Stadt Pressburg.

Deutlich wird, wie für die Autorin das Interieur, über das detailliert Wahrgenommene hinaus, mehr als nur eine Frage des Raumes und der Gegenstände in ihm ist. Erst wenn der Innenraum zum Vermittler des „darin waltenden Geistes [wird], wird er der Ausdruck der Persönlichkeit, ein Stück Kulturgeschichte"[29].

---

[26] Grailich: *Preßburger Interieurs*, a. a. O., S. 6.
[27] Vgl. Benjamin: *Iluminácie*, a. a. O., S.187 - 188.
[28] Grailich: *Preßburger Interieurs*, a. a. O., S. 8.
[29] Ebd., S. 5.

Dem tschechischen Bildkunsttheoretiker Jindřich Chalupecký zufolge „steht in der Dialektik der Daseinsordnung die Wohnung [das Interieur] zwar als letztes Glied der Kette Land – Stadt – Wohnung / Interieur"[30], aber sie wird erst dann mehr als ein bloßer Raum, wenn sie zu einem Heim wird. Der wichtigste Zugang zum Interieur als Heim führt durch das Menschliche. Der Raum mit dem Inhalt eines Heimes muss zum Menschen sprechen und den Menschen ausdrücken. Elsa Grailich formuliert diesen Gedanken im Motto ihres Buches mit folgenden Worten: „Man gewinnt erst dann das richtige Gefühl für einen Menschen, wenn man die Atmosphäre seines Heimes atmet."[31] Diese Atmosphäre bildet den Ausgangspunkt von Elsa Grailichs Wanderungen durch die Heime der Pressburger Einwohner. Von hier aus ist es nicht mehr weit zum eigentlichen Sinn der Schilderungen. Die Autorin will mit ihnen das Genius loci – den Geist des Ortes – das eigentliche geistige Klima auffangen. Sie erreicht es mittels eines unsichtbaren, in die Dinge eingeweihten Erzählers. Es ist ein allwissender, auktorialer Erzähler, dessen Subjekt verborgen ist, um der Objektivität des Informationsangebotes mehr Raum zu schaffen. Er ist aber auch ein aufmerksamer Beobachter, der fähig ist, nicht nur die genaue Topografie der Stadt und des Raumes, wie oben betont, wiederzugeben, sondern auch den dort waltenden Geist zu vermitteln. Es genügt ihm, einen kurzen Blick auf die Gestaltung des Raumes, auf die Gegenstände in ihm, auf die Titel im Bücherschrank zu werfen, um die Seele des Heimes zu verstehen und auszudrücken. Er erlebt den Raum als mögliches Projekt des Lebens seiner Bewohner.

Die Wanderungen Elsa Grailichs durch die Pressburger Heime, könnten aber auch anders gedeutet werden. Hinter den Kulissen, hier gemeint als menschenleere, vielleicht schon tote Interieurs, wird ein Wunschbild der Autorin über den Geist der Stadt konstruiert. Es mag die literarische Selbsterfindung einer Stadt sein, die es so gar nicht mehr gibt. Das literarische Ergebnis von Elsa Grailichs Kulturdialog in ihrem, wie ich es genannt habe „Blick nach hinten", ist ein Text mit fein ziselierter, ästhetischer Wirkung, der im Leser ein starkes künstlerisches Erlebnis hinterlässt.

Auch wenn Elsa Grailich den Worten Richard Sennetts, dass „trotz der Isolation innerhalb der Privatsphäre der tiefe Glaube an das traute Heim als Ort der moralischen Erneuerung unerschüttert [blieb]"[32], sicherlich zustimmen würde, beträfe das nur eine Seite der Mission ihres Buches. Die andere Seite ist nämlich ihre Offenheit gegenüber dem Neuen und „das Verständnis für die seelischen

[30] Chalupecký, Jindřich: *Cestou necestou*, Jinočany 1999, S. 6.
[31] Grailich: *Preßburger Interieurs*, a. a. O., S. 5.
[32] Sennett, Richard: *Civitas. Die Großstadt und die Kultur des Unterschieds*, Berlin 2009, S. 55.

und gesellschaftlichen Probleme der Gegenwart, für die inneren und äußeren Kämpfe, die die Menschheit [...] erschüttern"[33]. Dies lässt sie ihren Blick nach vorne richten.

Der Blick nach vorne

Auch wenn Elsa Grailich mit den *Preßburger Interieurs* in erster Linie beabsichtigte, Vergangenheit und Tradition ein- und aufzufangen, wird sie immer wieder von der modernen Zeit eingeholt. Fast in jede Skizze schlüpft, gewollt oder ungewollt, etwas von dem neuen, schnell vorbeifließenden Leben, oft als Wahrnehmung eines Kontrastes zum Geschilderten, als Negation, die stört, oder als einfache Konstatierung des Zustandes. Einmal ist es „der draußen auf der Straße störende Lärm"[34], „der Wirbel der Welt [...], der Strom des Lebens"[35], „das harte, scharfe Licht strenger, klarer Sachlichkeit"[36], „hohle, helle Fenster, durch die reichlich Licht strömt, [...] der eingebaute Waschtisch mit dem fließenden Wasser"[37], eine "Küche mit modernen Behelfen"[38], „die Zentralheizung, sodass ein Ofen überflüssig wird"[39] oder die „Bilder moderner Preßburger Künstler"[40]. Ein anderes Mal ist es ein zufälliges modernes architektonisches Detail, eine moderne Lösung der Raumgliederung oder gar ein Stereoskopkasten, der plastische Bilder erzeugt.

Auch in der oben behandelten, vorwiegend auf die Tradition gerichteten Skizze *Refugium* war der Gegenpol zum Innenraumerlebnis das Verhältnis des Interieurs zur Außenwelt. Die schützende Macht des Interieurs schloss Turbulenzen der Außenwelt nur scheinbar aus. Sie wurden zwar bautechnisch ausgegrenzt, der Mensch konnte ihnen aber auch in diesem gut isolierten Rückzugsort nicht entgehen. Pressburg war unaufhaltsam auf dem Weg zu einer modernen Stadt.

Die Stadt Pressburg verzeichnete im zweiten Jahrzehnt des 20. Jahrhunderts dank ihrer Funktion als Hauptstadt des slowakischen Teiles des neuen Staates eine ungewöhnliche Entfaltung. Sie wuchs rasch zu einer moderneren Stadt heran. Neben gewaltigen zweckmäßigen Veränderungen brachte das auch viele unbedachte Eingriffe mit sich, die erst nach Jahrzehnten oder gar nicht, in ihre ursprüngliche Form zurückkorrigiert werden konnten:

---

[33] Grailich: *Preßburger Interieurs*, a. a. O., S. 9.
[34] Ebd., S. 7.
[35] Ebd., S. 9.
[36] Ebd., S. 26.
[37] Ebd., S. 34.
[38] Ebd., S. 31.
[39] Ebd.
[40] Ebd., S. 39.

„[...] ein großer Teil der einstmals exklusiven adeligen Palais' [...] wurde zu Mietshäusern mit Geschäftslokalen umgestaltet. Viele Prunksäle und künstlerisch ausgestattete Räume und Kabinette sind heute zu Kanzleien umgewandelt oder dienen anderen Zwecken."[41]

Dem Geist der herandrängenden Zeit entspricht auch die Form, die Grailich für den Ausdruck des Erzählten gewählt hat, nämlich die der Skizze. Die Skizze ist – und das gilt nicht nur für die Architektur oder bildende Kunst – ein Entwurf, ein Konzept, ohne Anspruch auf Komplexität. Es kommt in der Skizze nicht so sehr auf die Genauigkeit der Darstellung an als vielmehr auf die Idee, die sie vermitteln soll. Weil Pressburg um die Mitte der Zwanzigerjahre eine werdende Metropole war, in der die Dinge schnell vor sich gingen, entsprach die Form der Skizze dem Wesen der literarischen Bilder Grailichs über diese Stadt am besten.

Die Autorin widmet dem ausgesprochen Modernen in Pressburg zwar nur verstreute Einblicke, aber diese sind dennoch ein fester Bestandteil ihrer Texte. Elsa Grailich selbst präsentiert sich in ihnen als Kennerin des Urbanismus und der Architektur der Zeit, und man kann ihr Fachkenntnisse auch in spezifischen Bereichen, wie etwa in der Theorie des Funktionalismus oder der Wohnkultur, nicht absprechen. Mehr als in ihren Erzählungen profiliert sich die Autorin in den *Pressburger Interieurs* als Journalistin und Feuilletonistin. Ab und zu scheint, neben den Ansichten über Kunst, Architektur und Raumausstattung, ihre soziale Gesinnung durch. Oft sind es kleine Bemerkungen, die die Verhältnisse – Habgier, Kleinbürgerlichkeit und mangelnder Moral – anprangern.

„Wie in Wien so ist es auch hier das Viertel der Oberen – Zehntausende ist wohl nicht ganz der richtige Ausdruck – also jener Menschen, die durch gesellschaftliche Stellung, Einkommen oder Vermögen, wohl auch durch eine günstige Kombination der einen oder anderen dieser Faktoren, zu den Bevorzugten des Glückes gehören – sofern Besitz auch tatsächlich Glück bedeutet."[42]

Während der „Blick nach hinten" ein Blick nach Innen war, ist der „Blick nach vorne" ein Blick nach Außen. Er wird durch eine realistische Darbietung, genaue Beobachtung, Sachlichkeit, Sinn für Details und Offenheit gegenüber dem Neuen, aber auch durch kritische, oft ironische Stellungnahme zu fehlerhaften oder misslungenen Eingriffen in das Stadtbild unter dem Deckmantel der Modernisierung gekennzeichnet. Eine alte Sehenswürdigkeit kann durch moderne Eingriffe etwa wie folgt aussehen:

---

[41] Ebd., S. 63.
[42] Ebd., S. 43.

„[...] das Stiegenhaus mit seinen runden Nischen, in denen wohl einst Statuen standen. Heute sind sie leer und mit seinen bis zum ersten Stocke betonierten Treppen sieht es eigentlich aus, wie irgend ein beliebiges modernes Stiegenhaus."[43]

Mit der Richtung nach Außen hängen Attribute zusammen, die auf Höhe, Breite, Weite, Licht, Sonne, Luft oder Geräumigkeit verweisen. In den einzelnen Texten finden sie ihren Ausdruck in der modernen, räumlich großzügigen Gestaltung der Interieurs, die mit dem Außengelände architektonisch verbunden sind und das Äußere in die Innenräume strömen lassen. Das Hauptgewicht des „Blickes nach vorne" und nach Außen liegt vorwiegend auf drei Skizzen, deren Titel *Das Haus in der Sonne, Cottage* und *Moderne Wohnkultur* lauten.

In der Skizze *Das Haus in der Sonne* registriert und beschreibt die Autorin die urbanistische Entwicklung Pressburgs in den Zwanzigerjahren. Sie ist nicht nur eine gute Beobachterin der modernen Linien, sondern fast eine „Seherin" des künftigen Urbanismus, mit der Vorahnung, dass die nahe Umgebung der Stadt in Zukunft „das Terrain unbegrenzte[r] Möglichkeiten"[44] sein wird. Und tatsächlich: die in ihrem Text erwähnten Lagen wurden einige Jahre später zu den attraktivsten Stadtteilen Pressburgs. Die Villa, die im Mittelpunkt des Textes steht, wird noch heute als Beispiel des modernen funktionalistischen Baus präsentiert. Am Ende der Zwanziger- und im Laufe der Dreißigerjahre hat sich die Anzahl von Häusern in den puristischen und minimalistischen Linien des Funktionalismus in dieser Gegend vervielfacht. Mehrere Gebäude wurden von dem bekannten Pressburger Architekten Fridrich Weinwurm entworfen. Von seiner Person und seinem Stil führt eine direkte Linie zu Ludwig Mies van der Rohe und anderen Architekten des Bauhauses in Berlin, an dem Weinwurm studierte.

Der in den Zwanzigerjahren neu entstandene Stadtteil Pressburgs, den Grailich in ihrer Skizze mit dem Titel *Cottage* explizit als modern bezeichnet, steht in einer Gegend „wo sich, vor nicht allzu langer Zeit Weingärten erstreckten und niemand die Idee verstand, sich eine Villa in den Bergen zu bauen"[45]. Diese Häuser auf den Hängen der Karpaten gehören noch heute zu den vornehmsten der Stadt. In ihren Interieurs wurden kostbare, mit der Tradition verbundenen Schätze verwahrt, die, nach der Meinung von Elsa Grailich, der Gefahr der Geschmacklosigkeit der neuen Besitzer ausgeliefert werden konnten. Deshalb sieht die Schriftstellerin den Besitz als einen Kulturfaktor, der mit der Pflicht der Kunstpflege verbunden ist:

---

[43] Ebd., S. 13.
[44] Ebd., S. 30.
[45] Ebd., S. 43.

„Nicht nur Adel, auch Wohlstand verpflichtet. Und die Verpflichtungen auf den verschiedenen Gebieten des Lebens sind nicht gering. Eine derselben ist auch die Wahrung und Veredelung des Geschmackes, die Förderung und Unterstützung der Kunst, mit einem Worte, die Schaffung eines Hortes, einer Stätte verfeinerter Kultur. In der Erfüllung dieser vielseitigen Verpflichtungen sozialer, ethischer und kultureller Natur liegt der Adel des Wohlstandes, der ihn über die Sphäre rein materieller Bindungen erhebt.“[46]

Elsa Grailich konzentriert sich in ihrem Buch zwar vorwiegend auf die Einfamilienhäuser, aber Pressburg verzeichnete in jenen Jahren einen unglaublichen Boom auch im Bau von staatlich subventionierten Mietshäusern mit moderner Ausstattung wie Bad, fließendes Wasser, Licht, praktischer Einrichtung etc. Die Schriftstellerin war theoretisch hinreichend gerüstet, um über die Architektur und Wohnkultur auch dieser Häuser zu berichten. In den *Preßburger Interieurs* finden wir es zwar nur als Nebenthema, aber mehrere ihrer Artikel in diesem Sinne erschienen in der dreisprachigen Zeitschrift für Architektur *Forum*.

Während die Schriftstellerin in der Skizze *Das Haus in der Sonne* eingeweiht von Licht, Sonne, Freiheit und Großzügigkeit der Raumdimensionierung, Raumordnung und Raumgestaltung spricht, preist sie in der Skizze *Moderne Wohnkultur* an der Villa des Bierproduzenten Hugo Stein die durchdachte Anwendung moderner Errungenschaften bei der Haustechnik. Sie wird z. B. gefesselt von der Verwendung des Aufzuges zum Transport der Gerichte aus der Küche im Keller in den Speisesaal oder vom Haustelefon, das der Kommunikation der Einwohner nur innerhalb des Hauses dient. Grailich weiß auch die Züge des Funktionalismus in der Architektur dieses Objektes zu erkennen und fachbezogen zu beschreiben. Der Text wimmelt von Termini aus den Bereichen der Architektur, der Innenausstattung, des Designs und macht selbst vor materialtechnischen Fragen keinen Halt:

„Die Grundprinzipien des modernen Wohnhauses drücken sich schon in dem Grundrisse aus. Es ist das proportionierte Viereck, in das dann die Räume, dem Bedarf entsprechend, eingegliedert sind. – ‚Wohnmaschine' nennt es die moderne Architektur und die Bezeichnung stimmt insofern, als den Funktionen der einzelnen Räume vollauf Rechnung getragen wird.“[47]

Die Verfasserin belässt es aber nicht nur bei der Beschreibung. Sie weiß auch das Wesen und den Sinn des Funktionalismus deuten. Ihre Sätze offenbaren fachbezogenes Interesses und gute Kenntnisse. Sie spart nicht mit Superlativen, wenn sie merkt, dass das Neue schön, geschmackvoll und praktisch ist. Sie

---

[46] Ebd, S. 47.
[47] Ebd., S. 53 - 54.

enthält sich aber auch nicht einer kritisch-ironischen Stimme, wenn der Raum, der ein Heim sein sollte, keinen Zauber ausübt und keine Atmosphäre ausstrahlt. Die Atmosphäre des Raumes als Heim, die in den auf Tradition gerichteten Skizzen der *Preßburger Interieurs* so tief wahrgenommen wurde, ist in den Texten über die modernen Interieurs weniger präsent, denn die neuen Räumlichkeiten stehen menschlichen Schicksalen noch offen. Hier hat die Imagination zu warten.

Dagmar Košťálová
Der Stadtgeher von Bratislava.
Štefan Žárys Erinnerungen an Bratislava nach 1918

Die drei älteren Namen der heutigen Stadt Bratislava – Pressburg, Pozsony, Prešporok – zeugen nicht nur von deren mehrere Jahrhunderte gewachsenem, multiethnischem Charakter, sondern verweisen zugleich indirekt auf die die Stadt betreffenden wichtigen gesellschaftspolitischen Umwälzungen in den ersten Jahrzehnten des 20. Jahrhunderts (Ende des Ersten Weltkriegs, Zerfall der Österreichisch-Ungarischen Monarchie, Entstehung der Ersten Tschechoslowakischen Republik). Sie verhalfen der Stadt, ab März 1919 Bratislava genannt, zumindest in offizieller Hinsicht zu ihrer Wahrnehmung als slowakische Stadt und Hauptstadt des slowakischen Teils der Republik.

I.
Über den Zusammenhang mit dem so erfolgreich abgeschlossenen nationalen und kulturellen Unabhängigkeiskampf der Slowaken hinaus führen die drei bzw. vier Namen der Stadt bis heute zusätzlich eine Art auratische Existenz, indem sie in den Köpfen der heutigen Bewohner des Landes die Vorstellung eines geradezu paradiesischen Ortes und Zeitraums evozieren, welche, wie sich immer deutlicher zeigt, seit 1945 unwiderruflich der Vergangenheit angehören. Dabei erinnern sich nur noch die heute weit über 80-jährigen Bewohner der Stadt als letzte Zeitzeugen an Pressburg, Poszony oder Bratislava zwischen den beiden Weltkriegen bzw. bis 1948, als es in der Tschechoslowakei zum kommunistischen Umbruch hin zu einem totalitären Staat kam. Was für diese ethnisch bunt gemischten ältesten Bewohner Bratislavas einen nostalgischen Blick in den Zeitraum der eigenen Jugend vor beinahe 100 Jahren bedeutet, wird von dem welt- und europaoffenen politischen Lager der heutigen Slowaken für die nachfolgenden Generationen zum mythisch verklärten Idealbild einer friedfertigen und sich gegenseitig inspirierenden Multiethnizität und -kulturalität aufgebaut. Fruchtbar wurde diese in erster Linie für die gegenüber den tschechischen, deutschen, ungarischen bzw. jüdischen Bewohnern der Stadt damals noch zurückgebliebenen Slowaken. Immerhin wird durch die veränderte Blickrichtung nach 1989 den nationalistisch geprägten Geschichtsbildern endlich wieder ein entnationalisiertes Gegenbild jenes Teils der ehemaligen Monarchie entgegengestellt, der die heutige Slowakei ausmacht.

Wenn man in einer Familie groß wurde, in der die Eltern den genannten Zeitraum in Bratislava miterlebten und bis zuletzt mit Begeisterung und Wehmut davon sprachen, war es für die Kinder natürlich nicht schwer, das geschilderte Bild mit bewunderndem Staunen zu verinnerlichen, besonders im Vergleich zu dem jahrzehntelangen deprimierenden Anblick der tristen sozialistischen Graufarbigkeit der Stadt. Für die Eltern und ihre Zeitgenossen schien jene Zeit tatsächlich die ‚hohe' Zeit ihres Lebens gewesen zu sein, in deren Erinnerung sie sich aus der späteren politischen Unfreiheit zurückzogen und die sie somit im Nachhinein zu einer Art Jugend- und Stadtparadies stilisierten.

Dass jenes Bratislava der Zwischenkriegszeit im slowakischen Kulturleben der letzten Jahrzehnte ein gern aufgegriffenes Thema repräsentiert, davon zeugt eine verhältnismäßig große Anzahl von Erinnerungsbüchern über diese Zeit, nicht nur von slowakischen Künstlern, sondern auch von anderen bedeutenden Zeitgenossen, u. a. von bekannten Ärzten. Da die Mehrheit dieser Bücher in den späten 1960er-Jahren zu erscheinen begann, handelt es sich wohl kaum um eine zufällige zeitliche Übereinstimmung.

Vergleichbar mit der großen Zahl von Titeln biografischen und autobiografischen Charakters in der deutsprachigen Literatur der 1970er- und -80er-Jahre kommt es nach mehreren Jahrzehnten des durch den Totalitarismus erzwungenen politischen bzw. ideologischen Engagements der Kunst, wie es scheint, zur Wendung auch der slowakischen Künstler zum Persönlichen, zum Ich als einer Art „Versuch der Selbstvergewisserung im Gegenwärtigen, zu dem die Vergewisserung des Gewesenen helfen soll", wie es Peter Wapnewski bezeichnete[1]. Es scheint sich im slowakischen Kontext um etwas wie eine die offizielle Kulturpolitik hinters Licht führende, versteckte Art der „Abwendung von [...] Ideologie und Politik einerseits und Hinwendung zum Künstlerischen", um „Sehnsucht nach Dichtung und auch Bedürfnis nach Unterhaltung andererseits"[2] zu handeln, und im Rahmen der eigenen Künstlergeneration auch um den Versuch der „Selbsterfahrung und Selbstbefreiung durch Gruppentherapie"[3]. Auf der einen Seite sind diese aus der Distanz geschriebenen lebensgeschichtlichen Berichte selbstbezogen-subjektiv[4] ausgerichtet. Erzählt wird nach R. R. Wuthenows Auflistung von der eigenen Freude an Selbstbeobachtung, vom resümierenden Bewusstsein des gelebten Lebens und der unwiederholbar

---

[1] Wapnewski, Peter: *Das Jahr der Biographen*. In: *DZ*, 22.12.1972; zit. nach: Schwab, Sylvia: *Autobiographik und Lebenserfahrung. Versuch einer Typologie deutschsprachiger autobiographischer Schriften zwischen 1965 und 1975*, Königshausen 1981, S. 9.

[2] Reich-Ranicki, Marcel: *Zur Frankfurter Buchmesse 1975*. Zit. nach: Schwab: *Autobiographik und Lebenserfahrung*, a. a. O., S.10.

[3] Kersten, P. (Buch und Regie): *Ich sage Ich. Diskussionssendung mit Schriftstellern in der ARD 1976 – Typoskript*, S. 1, zit. nach: Schwab: *Autobiographik und Lebenserfahrung*, a. a. O., S. 13.

[4] Vgl. Schwab: *Autobiographik und Lebenserfahrung*, a. a. O., S. 23.

eigenen Erfahrung[5]. Andererseits sind auch die slowakischen Berichte um faktenorientierte Objektivität[6] im Sinne des gleichzeitigen „sozialen Handelns" bemüht, als eine „Praxis, in der die individuellen Geschichten", wie Sloterdijk meint, „mit kollektiven Interessen, Werten, Phantasien und Leidenschaften zusammengewoben werden."[7]

II.

Dem Titel entsprechend handelt es sich bei den in diesem Aufsatz untersuchten autobiografisch-biografischen Texten von Štefan Žáry, dem wohl produktivsten der sich erinnernden Autoren, um das umfangreiche Erinnerungsgedicht *Múza oblieha Tróju* (*Die Muse belagert Troja*, 1965) sowie um vier Bücher seiner mehrbändigen Erinnerungen[8], die im Zeitraum von 1979 bis 2004 erschienen sind und in kleinerem oder größerem Umfang auch das Bild der Stadt Bratislava nach 1918 zu vergegenwärtigen suchen. Žáry (1918 - 2007) war slowakischer Dichter, Erzähler, Essayist, Übersetzer und Journalist, bedeutender Repräsentant der surrealistischen Poesie und Autor von Kinder- und Jugendbüchern.

Im ersten der genannten Essaybände nennt er seine Texte selbst Erinnerungsessays[9], in denen, heißt es, er den Weggefährten seines Lebens in den einst gemeinsam erlebten seltenen, kostbaren, beinahe festlichen Momenten unter die Maske zu schauen versuche, um so ihre „inneren Masken" als Gesichter ihrer Seelen zu enthüllen. Anhand mehrerer zusammen verlebter Jahrzehnte in Privatheit und Nähe, an seine Freunde manchmal wörtlich angesaugt, schreibt Žáry, sei er später in der glücklichen Lage gewesen, diese Momente verifizieren und verallgemeinern zu können.[10] Die Stadt Bratislava als einer der wichtigsten integrierenden Momente im Leben der damaligen slowakischen Künstlerbohéme wird dabei oft genannt, explizit bezieht er sich aber darauf erst in seinem letzten, 2004 erschienenen Buch *Bratislavský chodec* (*Der Stadtgeher von Bratislava*).

Bevor Žáry und seine Erinnerungen selbst zu Wort kommen, soll Albert Marenčin[11], einer von seinen Weggefährten, Herausgeber des letzten Buches und Autor des Vorworts, mit eigenen Worten den sehr speziellen Ton angeben,

---

[5] Vgl. Wuthenow, Ralph-Rainer: *Das erinnerte Ich. Europäische Autobiographie und Selbstdarstellung im 18. Jahrhundert*, München 1974, S. 22.

[6] Vgl. Schwab: *Autobiographik und Lebenserfahrung*, a. a. O., S. 23.

[7] Sloterdijk, Peter: *Literatur und Lebenserfahrung*, München 1978, S. 6.

[8] In zeitlicher Abfolge: *Snímanie masiek* [*Abnehmen der Masken*] 1979, *Zlatoústi rozprávači* [*Goldmundige Erzähler*] 1984, *Rande s básnikmi* [*Rendezvous mit den Dichtern*] 1988, *Bratislavský chodec* [*Der Stadtgeher von Bratislava*] 2004.

[9] Žáry, Štefan: *Snímanie masiek*, Bratislava 1979, S. 9.

[10] Vgl. Ebd., S. 9f.

[11] Albert Marenčin (1922), slowakischer Dichter, Erzähler, Essayist und bildender Künstler.

in dem die von Žáry und anderen Autoren verfassten, zahlreichen Erinnerungen an Bratislava der Zwischenkriegszeit im Ganzen gehalten sind. In einem seiner Gedichte schreibt er:

> Als ich sie (die Stadt, Anm. D. K.) zum ersten Mal berührte,
> verlor ich gleich die Sprache –
> nicht, dass sie mich verzaubert hätte,
> sie war hässlich und blickte böse –
> und ich war gerade achtzehn ...[12]

Mit diesen und auch den folgenden Worten registrierte Marenčin seine Ankunft in Bratislava Ende September 1940:

> Allmählich machte ich mich bekannt mit dieser ungemütlichen Stadt,
> die in mir eher Žárys Vergleich mit [...] einer zerdrückten Spinne [...]
> als ‚die kitschige Schönheit an der Donau' evozierte, hinter ihrer
> abstoßenden [...] Fassade suchte ich [...] Trost in jenem
> magischen Bratislava, das ich mir beim Lesen [...] erträumte.[13]

Als entsprechende Lektüre nennt er neben dem sozial engagierten Gedichtband *Nedela* (*Sonntag*, 1932) des bedeutenden linken Avantgardisten Ladislav Novomeský[14] den Roman *Jak vejce vejci* (*Wie ein Ei dem anderen gleich*, 1933) von Vítězslav Nezval[15], dem führenden und von den slowakischen Künstlern leidenschaftlich verehrten tschechischen Surrealisten. Nach seinem ersten Besuch von Bratislava 1932 lokalisierte Nezval die Handlung des Romans in dieser Stadt, was den jungen Marenčin auf die Idee brachte, dessen literarischen Spaziergängen durch Bratislava zu folgen und sich dadurch ein eigenes Fantasiebild von der Stadt zu machen. Freilich war Bratislava acht Jahre nach Nezvals Besuch bereits fest im Griff der klerofaschistischen Politik, was Marenčin zufolge seine erste Begegnung mit der Stadt trübte.[16] Es gibt auch noch einen weiteren Grund für seinen die bestehende Wirklichkeit übersteigenden Umgang mit der Stadt und zwar im Zusammenhang mit Nezval und der von ihm verkörperten neuen Kunstrichtung:

---

[12] Marenčin, Albert: *Neviditeľná Bratislava*. In: Žáry, Štefan: *Bratislavský chodec*, Bratislava 2004, S. 5. (Übers. wie alle nachfolgenden Zitate von D. K.)
[13] Ebd.
[14] Ladislav Novomeský (1904 - 1976), slowakischer Dichter, Journalist, Publizist und kommunistischer Politiker).
[15] Vítězslav Nezval (1900 - 1958), tschechischer Dichter, Erzähler, Übersetzer und führende Gestalt des tschechischen Surrealismus.
[16] Vgl. Marenčin: *Neviditeľná Bratislava*, a. a. O. S. 5.

Bratislava inspirierte mich, und ich erschuf sie auf meine Weise. Für mich gilt die Version aus dem Roman [...] Orte und vergangene Ereignisse überleben eher in der Literatur als auf der Karte und durch Authentizität: das alte Paris bei Hugo und der Feldzug nach Russland bei Tolstoi.

So soll es Nezval ein Vierteljahrhundert später behauptet haben, als er nach bestimmten Orten seines Besuchs in Bratislava gefragt wurde.[17] Seinen Satz, mit dem er den scheinbar inmitten eines Tals liegenden Bratislavaer St. Martins Dom kommentiert: „Solche Gebäude sehe ich nur in den Träumen.", könne man laut Žáry auch im Werk der französischen Surrealisten um Breton finden, er führe direkt zu Lautréamont.[18]

Zu Marenčins ‚magisch' verwandelten Phantasiebildern des einstigen Bratislava lassen sich auch die ein halbes Jahrhundert später aus Erinnerungen geschöpften Bilder der Stadt zählen. Sie alle erwuchsen aus der Sehnsucht, das tatsächlich Bestehende einst und heute (Bratislava am Anfang und am Ende des 20. Jahrhunderts) wie mit einem nicht ganz durchsichtigen Schleier zu überdecken und in die durchschimmernden, vagen Konturen hinein eigene Traumbilder zu projizieren. Dementsprechend ist Marenčins Vorwort zu Žárys Buch mit *Unsichtbares Bratislava* überschrieben.[19]

Auch Žárys Erinnerungen an die Stadt zwischen 1918 und 1948 sind in mehrfacher Hinsicht Bilder des nicht in erster Linie optisch wahrgenommenen Bratislava. Die ihm als peripher, spießbürgerlich und wenig slowakisch erscheinende Stadt[20] war für ihn und andere junge slowakische Künstler, umso mehr für die Surrealisten, weniger als „reale urbanistische Einheit" wichtig, vielmehr wurde sie, um noch einmal Marenčin zu zitieren, für und durch sie zu einem „kultur-atmosphärischen Phänomen", „einem virtuellen Zeitraum", mosaikartig aus Fragmenten der Realität und ihren eigenen künstlerischen Visionen zusammengesetzt.[21] Selbstbezogene Subjektivität paart sich somit mit faktenorientierter Objektivität, auch wenn die letztere sich nicht ausschließlich auf das Äußere der Stadt bezieht. Gerade aus diesem Zusammenspiel der erinnerten „jungen" Bilder und der diese erst nach Jahrzehnten kommentierenden „alten" Blicke nach innen und nach außen von einst erwächst das Faszinosum von Žárys Erinnerungsbüchern. Ohne sich explizit in diesem Sinne zu äußern, sucht er den „Abdruck"

---

[17] Žáry: *Bratislavský chodec*, a. a. O., S. 117.
[18] Ebd., S. 120.
[19] Marenčin: *Neviditeľná Bratislava*, a. a. O., S. 5.
[20] Žáry: *Snímanie masiek*, a. a. O., S. 145.
[21] Vgl. Marenčin: *Neviditeľná Bratislava*, a. a. O., S. 6.

des Phänomens Stadt in den im Nachhinein subtil zurückerinnerten einstigen Verhaltens- und Schaffensweisen seiner Weggenossen.

Wie er selbst stammten sie alle aus ländlichen Gegenden (Liptov, Gemer, Turiec, Ostslowakei) und kamen – oft nach mehrjährigem Studium in Prag – in das multikulturelle Bratislava. Die jahrhundertealte sprachliche und kulturelle Heterogenität, die auch unterschiedliche Lebensstile in enger Nachbarschaft hervorbrachte, bot den Ankömmlingen eine neue und interessante Mischung. Während sie das auf der Höhe der Zeit tickende metropolenhafte Prag als Ort der tschechoslowakischen Gemeinsamkeit und Nähe wahrnahmen (umso intensiver in dem neuen gemeinsamen Staat nach 1918), bot ihnen die Ankunft in dem immer noch stark deutsch- und ungarischsprachigen Bratislava trotz dessen Kleinstadtcharakter paradoxerweise ungewohnte, neue Herausforderungen. Zumal sich die junge Künstlergeneration mit ihrer Ankunft in Bratislava ostentativ von der Stadt Martin, dem Zentrum der immer noch stark national orientierten älteren Literatur, abwandte und die Tür ins internationale Europa, ins „Kosmische" aufriss[22].

Da in Žárys Erinnerungen überraschend oft und in unterschiedlichen Zusammenhängen der Name des eigentümlichsten und für viele faszinierendsten romantischen Dichters Janko Kráľ[23] vorkommt, ergibt sich bei näherer Betrachtung des Aufbruchs dieser Generation eine interessante Vergleichsmöglichkeit. Eingezwängt in seine nationalemanzipatorische „Verpflichtetheit" fühlte sich der „sonderbare Janko", wie er genannt wurde, des von ihm ersehnten freien dichterischen Blicks auf über das rein Nationale hinausweisende, allgemeinere Zusammenhänge der menschlichen Existenz beraubt. Aus den slowakischen Bergen, wo, klagte er, der Himmel nur bruchstückhaft zu sehen war, und wo seine Landsleute ein zurückgebliebenes, anspruchsloses Leben führten, zog es ihn zu den weiten, freieres Denken ermöglichenden und fördernden tiefen Horizonten der ungarischen Puszta, welche tragischerweise zugleich die Heimat seiner Feinde war. Ihm, einem auch nach fremden Himmeln Ausschau haltenden geistigen Abenteurer, ist nicht nur Ivan Krasko[24], der von Weltschmerz geprägte und an ungarischen, deutschen und tschechischen Schulen ausgebildete Initiator der slowakischen Moderne, gefolgt. Gefolgt sind ihm (und Krasko) auch die jungen Avantgardisten, die die Grenzen des engen eigenkulturellen Horizonts mit bahnbrechender Entschlossenheit zu überwinden suchten. Während Žáry auf

---

[22] Vgl. Žáry, Štefan: *Rande s básnikmi*, Bratislava 1988, S. 244.

[23] Janko Kráľ (1822 - 1876), Dichter der slowakischen Romantik, bedeutender Repräsentant der Štúr-Generation, Publizist und Revolutionär.

[24] Ivan Krasko (1876 - 1958), slowakischer Dichter, Erzähler, Übersetzer und führende Gestalt der slowakischen Moderne.

der einen Seite über L'udo Ondrejov[25], den vom Naturismus geprägten Dichter und Autor lyrisierter Prosa, schreibt, er habe sich trotz seiner 24 Bratislavaer Jahre nie dieser Stadt verschrieben und Ondrejov beinahe ärgerlich behaupten lässt: „Die Pressburger Weltzeit. Slowaken, Deutsche, Ungarn, Tschechen. Vier Nationalitäten, vier Zifferblätter – jedes zeigt etwas anderes an."[26], erinnert er sich zugleich an das folgende stichhaltige Wortspiel des Symbolisten und Intellektuellen Emil Boleslav Lukáč[27], nach Žáry eine der wenigen europäisch auftretenden Persönlichkeiten unter den jungen Slowaken: „[A]ngeblich wird man schneller erwachsen in der Stadt an der Seine als zu Hause auf dem Heuhaufen."[28] In diesem Sinne betrachtet Žáry die Atmosphäre in Bratislava der Zwischenkriegszeit als ein Klima des Reifens.[29]

III.

Was machte nun im Einzelnen die von Žáry erinnerungsartig nahegebrachten Orte und Gestalten mit ihren Lebens-, Denk- und künstlerischen Schaffensweisen zu der eingangs als auratisch bezeichneten Stadt- und Kulturlandschaft? Wie vermochte diese (nicht nur) für den damals im Aufbruch befindlichen jungen slowakischen Kulturkontext so inspirierend und fruchtbar zu werden, dass eine ganze Generation im Nachhinein mit dem Bratislava von damals den Ort einer untergegangenen Utopie zu verbinden begann und diesen Blick sogar auf die Nachkommen übertragen konnte?

An dieser Stelle sei auf den Titel des zweiten Sammelbands des slowakischen Surrealismus mit dem kennzeichnenden Titel *Traum und Wirklichkeit* (*Sen a skutočnosť*, 1940) hingewiesen sowie auf Žárys Behauptung, Rudolf Fábry, dem bedeutendsten slowakischen Surrealisten, hätten Wörter die Dinge zugedeckt und in das verwandelt, was er wollte.[30] Primär ist in einem solchen Fall die innere Vorstellung von den Dingen, deren traumwandlerischer Anblick, welcher die ungedeckte, nackte Realität zu einer poetischen Vision erhöht. Diese mag dann sekundär auch in der realen Wirklichkeit das Erleben vielfältiger und nuancierter machen, indem sie über das optisch Wahrnehmbare einer Stadt hinaus das poetisch Zusammengeträumte innerlich mitzufantasieren vermag, sodass der Stadtbewohner (der Poet) dem Ort sozusagen zu dessen eigener künstlerischer

---

[25] L'udo Ondrejov (1901 - 1962), slowakischer Dichter, Erzähler und Übersetzer.

[26] Vgl. Žáry, Štefan: *Zlatoústi rozprávači*, Bratislava 1984, S. 39.

[27] Emil Boleslav Lukáč (1900 - 1979), slowakischer Dichter, Übersetzer und evangelischer Pfarrer.

[28] Im Slowakischen ein Wortspiel: „Vraj sa skôr dospieva v meste na. Seine ako doma na sene." Vgl. Žáry: *Rande s básnikmi*, a. a. O., S. 117.

[29] Vgl. Žáry: *Zlatoústi rozprávači*, a. a. O., S. 32.

[30] Vgl. ebd., S. 44.

Dagmar Košťálová

Vision von sich verhilft. So wurde der slowakischen Stadt von Fábry nach vierjährigem Studium in Prag der Glanz dessen alter Viertel hinzufantasiert. Er spazierte als Prager durch Bratislava, sah und fühlte über dessen Muffigkeit hinaus.[31] In Anlehnung an Rimbaud, meint Žáry, wollte Fábry nicht der nur Schauende, sondern ein Sehender im Sinne des zugleich Herbeisehnenden sein.[32]

Es waren bestimmte, von der Künstlerbohéme in Besitz genommene Orte in der Stadt, aber auch Merkmale des von ihr vorgelebten mondänen Lebensstils, die von der Spezifik des „Bratislava-in-eigenen-Anspruch-Nehmens" zeugten. Dazu nun ein paar Beispiele.

Als Hauptstadt des slowakischen Teils der tschechoslowakischen Republik mag Bratislava – in dem neu entstandenen Staat auch mit einem neuen slowakischen Namen versehen – den jungen Ankömmlingen in erster Linie als ein großes Geschenk vorgekommen sein, da nun in der bisher durch andere Ethnien und Kulturen geprägten Stadt sie selbst als Slowaken zumindest offiziell die führende Rolle übernehmen durften. Durch die Trennung von dem sie Jahrhunderte lang repressiv verwaltenden Ungarn verlor das Aufbegehren dagegen vorerst an Bedeutung und befreite sie, nach Ansicht des Malers Ľubomír Kellenberger[33], dadurch zum Studium an der „kosmischen Universität mit freien Briesen", die ihnen über „die Grenzen der schmalen Staatchen" entgegenflogen.[34] Mit fiebernder Witterung versuchten sich vor allem die Surrealisten über alle Barrikaden des veralteten Traditionalismus hinweg an die Weltströme des Denkens und Handelns anzuschließen.[35] Der neue Ort, herbeigesehnte neue Horizonte verlangten gleichzeitig nach Austausch, nach einer Art kollektiver Sensibilisierung dafür. Dass angesichts des massiven Ansturms auf Bratislava nach 1918 eine Zeitlang große Wohnungsnot herrschte, bedeutete für die gesuchte Gemeinsamkeit paradoxerweise beinahe einen Segen. Als Orte des gruppenhaften ‚Brainstormings' wurden Kaffeehäuser und Weinschenken zugleich zu Begegnungsstätten mit der ungarisch- und deutschsprachigen Einwohnerschaft der Stadt und deren Kulturen. Ein Segen waren diese Orte auch noch aus einem anderen Grund. Im Sinne der faktenorientierten Objektivität wird das damalige Bratislava paradoxerweise immer wieder als eine stickige, kleinbürgerliche Kleinstadt beschrieben. Ganz im Gegensatz zu dem mondänen „Mikrokosmos des Kaffeehauses"[36], der, es heißt, ein dem Elfenbeinturm ähnliches

---

[31] Vgl. ebd.

[32] Vgl. ebd., S. 45.

[33] Ľubomír Kellenberger (1921 - 1971), slowakischer Maler, Grafiker und Mitglied der jungen Künstlerbohème.

[34] Vgl. Žáry: *Snímanie masiek*, a. a. O., S. 24.

[35] Vgl. Žáry: *Rande s básnikmi*, a. a. O., S. 24.

[36] Vgl. Žáry: *Zlatoústi rozprávači*, a. a. O., S. 114.

Vakuum trotz des stärksten öffentlichen Lärms bot, in dem auch etwas so Privates und Delikates wie Poesie nicht nur besprochen, sondern zugleich produziert werden konnte.[37] Im Inneren des Kaffeehauses oder der Weinschenke vergaß man offensichtlich schnell den Unterschied zwischen Bratislava auf der einen Seite und den pulsierenden Metropolen Prag oder Paris auf der anderen. Der von den Surrealisten nach französischem Vorbild häufig getrunkene grüne Absinth musste als Symbol des Aufbruchs, aus der Kleinkariertheit der Bratislavaer Verhältnisse in die große Welt herhalten. „Manche von uns trugen grüne Brillen, schrieben ausschließlich mit grüner Tinte und liebten Frauen mit grünen Augen", erinnert sich Žáry.[38] Zusammengekommen bei Kaffee, Zigaretten und Alkohol in den von der Außenwelt getrennten Innenwelten der Lokale fieberte die Fantasiewelt der jungen Künstler umso intensiver. Die Lokale erlaubten ihnen (umso mehr nach 1939), im Käfig zu fliegen[39], über Horizonte hinauszuschauen[40] und dadurch die Banalität der Wirklichkeit zu überbieten[41]. Der nur von weitem vernommene Lärm der Bratislavaer Straßenbahnen, das Tuten der Schiffe an der Donau und die gurrenden Tauben[42] mögen als typische Klangkulisse der Stadt ihre Fantasieflüge in die erträumte große Welt zusätzlich angespornt haben. Der runde Marmortisch im Café *Metropol* bedeutete ihnen „unbeschränkte Grenzen der Freundschaft und Poesie". Dort träumten sie von großartigen Reisen, von unerhörten Expeditionen in entfernte Großstädte, in die Exotik und traumhafte Agglomerationen und Megalopolen.[43]

Aus ländlichen Gegenden nach Bratislava gekommen – oft auf längerem Umweg über Prag – begannen die jungen Künstler die Natur aus Überzeugung zu „hassen", sie gegen die dunkle Intimität der Kaffeehäuser und das Grün des Billardtisches einzutauschen.[44] Auch gegen die erwähnte äußere Unattraktivität der Stadt. Die urbane Landschaft bot ein ungeahnt neues Existenzgefühl. Žáry erinnert sich an das eigenartige Aroma und das Chaos der überfüllten Bahnhöfe, auch an jenen in Bratislava: „[D]er Bahnhof war es, der mir andeutete, in dieser Stadt werde ich nicht allein sein [...] und doch so oft allein."[45] Gegenüber der überschaubaren dörflichen bzw. kleinstädtischen Gemeinschaft, die den Einzelnen in allen Lebenslagen trägt, Halt bietet und wo das Leben somit entlang der

---

[37] Vgl. Žáry: *Rande s básnikmi*, a. a. O., S. 132.
[38] Ebd., S. 30.
[39] Vgl. ebd., S. 109.
[40] Vgl. ebd., S. 111.
[41] Vgl. Žáry: *Snímanie masiek*, a. a. O., S. 165.
[42] Vgl. Žáry: *Zlatoústi rozprávači*, a. a. O., S. 95.
[43] Vgl. Žáry: *Snímanie masiek*, a. a. O., S. 16.
[44] Vgl. ebd., S. 13.
[45] Žáry: *Bratislavský chodec*, a. a. O., S. 20.

Horizontale hin- und hergelebt scheint, drängt der überfüllte, zugleich anonyme Raum der Stadt eher zur vertikalen Aufbäumung der auf sich selbst zurückgeworfenen vereinsamten Einzelexistenz. Die Menschenmasse ist zwar einerseits der unabweisbare tägliche Begleiter, zugleich aber kämpft sie rücksichtslos um je eigenen Raum und Überlebenschancen. Daher mag es nicht verwundern, dass sich die slowakischen Surrealisten in der zwar nicht sehr großen, doch überfüllten Stadt über deren nackte Realität zu erheben wünschten.

Ähnlich prägend wurden für den in Bratislava verliebten jungen Žáry zwei weitere Begegnungen. Einerseits mit der mächtigen Donau und dem (für das heutige Stadtleben auch wieder interessanten) Hafenviertel, wo ihn, wie er meint, beladene Schiffe, abgearbeitete Matrosen und leichte Frauen mit exotischer Ferne und Apollinaire angehaucht hätten[46], andererseits mit der einzigen Brücke über dem breiten Strom: Die „Donau hat keine Brücken", klagt er,

> wie beneide ich Breton und Nezval um unzählige Brücken,
> die sich panterartig über ihre Flüße wölben. [...] Ich betone,
> dass der Poesie unwürdig ist, wer das faszinierende Objekt
> der Brücke nicht ausfühlt. Ohne Brücke können Menschen
> einander nicht [...] begegnen, [...] sie sehen sich nacheinander
> und kennen einander nicht. Deshalb hat diese Stadt keine Dichter.[47]

Diese Überlegung weist auch auf einen weiteren wichtigen und zu bedenkenden Aspekt der Stadterfahrung hin. Die Stadt selbst (umso mehr eine ohne Brücken) scheint als ihr eigenes Objekt und Ziel „blind" mit sich selbst beschäftigt. Was sie für die Außenwelt ist und bietet, bleibt daher jenem zu entdecken, der Grenzerfahrungen und somit dem „Anderen" zu begegnen wagt und sich unvoreingenommen und abenteuerlustig auf den Weg macht. Indem er das inspirative Potential des vorgefundenen neuen Lebensraums zu ergründen sucht, wird er selbst zur „handreichenden" Brücke zwischen den einander fremden Welten. Ähnlich wurden die aus der Provinz nach Bratislava strömenden jungen slowakischen Künstler nicht nur zu leidenschaftlichen Erkundern und Genießern, sondern auch zu begeisterten Portraitisten der von ihnen neu entdeckten Stadt.

Neben den von dem Phänomen Stadt inspirierten, künstlerisch entworfenen Fantasiewelten suchten sich die Slowaken auch mit ihrem Äußeren dem vorgefundenen bzw. in Prag oder Paris erlebten Straßenbild anzugleichen. Der kultivierte Lebensstil und die Mondänität der gehobenen deutsch- und ungarischsprachigen Einwohnerschaft von Bratislava hinkten dem damaligen Europa kaum nach und färbten schnell auch auf die jungen Künstler ab. Von dem den

---

[46] Vgl. ebd., S. 22.
[47] Ebd.

Surrealisten zwar menschlich, weniger aber deren Kunstrichtung zugetanen proletarischen Schriftsteller Ján Poničan[48] berichtet Žáry, dass aus dem Kind, das einst vom Beruf des Hirten träumte, infolge der Adoption durch seinen gutsituierten Onkel ein gebildeter und eleganter Städter mit kultivierten Umgangsformen wurde. „Auf dem Foto sieht er wie aus einem Modealbum ausgeschnitten aus: kompletter Anzug mit Weste, weißer Kragen und Manschetten, nonchalante Fliege. Auf dem Kopf der Hut.", schreibt er und zitiert Poničan selbst:

> Es geht nicht um Imitierung der Reichen, sondern um Verschmelzung
> mit der Umgebung. Ein Revolutionär soll nicht in Lumpen herumgehen,
> er mag sich sogar wie ein Adliger kleiden, auch wenn ihn am meisten
> die Treue seiner Überzeugung adelt.[49]

Im Vergleich dazu wollten die Surrealisten einerseits mit der Stadt verschmelzen, andererseits suchten sie der Provinzialität Bratislavas zu entfliehen. Die elegante Kleidung der gehobenen Bratislavaer Schicht mag für sie das täglich angetroffene Vorbild gewesen sein, der eigentliche Anlass, diesem zu folgen, waren jedoch eher die poetischen Spaziergänge ihrer Fantasie durch mondäne europäische Metropolen. Wie vielfältig sich die modernen Erscheinungsbilder Bratislavas nach außen gaben, zeigt als Beispiel das überraschend trotzkistisch anmutende Foto des Malers Ladislav Guderna[50] aus den Vierzigerjahren[51].

Ein weiteres Kennzeichen der eingeschworenen Städter wurde ihre Feinschmeckerei, Vorliebe für raffinierte Speisen, exotische Gewürze und neue Rezepte. Žáry erwähnt sie immer wieder, mit offensichtlicher Erzählfreude vor allem in Verbindung mit Rudolf Fábry[52], der, heißt es, öfters von professionellen Köchen um Rat gefragt wurde und selbst ein internationales Kochbuch zu schreiben plante. Wohl war es die Lust, auch der gastronomischen Fantasie freien Lauf zu lassen und die Welt dadurch noch anders riechen und schmecken zu lernen als im Bratislavaer Alltag üblich. Zu diesem ‚Hunger' nach Welt hatte sich der die künstlerische Fantasie anregende, legendäre Alkoholkonsum hinzugesellt. Der wurde mit ebenso starker Kaffeesucht kombiniert, die wiederum den Kopf nüchtern machen sollte. Laco Novomeský soll laut Žáry eines Tages seine

---

[48] Ján Poničan (1902 - 1978), slowakischer Dichter, Erzähler, Dramatiker, Übersetzer und Publizist.
[49] Žáry: *Bratislavský chodec*, a. a. O., S. 147.
[50] Ladislav Guderna (1921 - 1999), slowakischer Maler und Grafiker.
[51] In: Žáry: *Bratislavský chodec*, a. a. O., S. 39.
[52] Rudolf Fábry (1915 - 1985), slowakischer avantgardistischer Dichter, Erzähler, Publizist und surrealistischer Grafiker.

17. Tasse Kaffee mit dem Hinweis verteidigt haben, ein durchschnittlicher Prager pflege am Tag 40, wenn nicht 50 Krüge Bier zu leeren.[53]

Eine wichtige Voraussetzung für das schrittweise ‚Aufgehen' im Bratislavaer Stadtleben war die meist während des Studiums erworbene und dem multikulturellen Charakter der Stadt entgegenkommende Mehrsprachigkeit der meisten Künstler. Darüber hinaus boten die Erfahrungen mit fremden Sprachen, Fantasiewelten und der eigenen Einbildungskraft die ersehnte Fluchtmöglichkeit aus der „Kleinheit" des eigenen Milieus und den Einschränkungen der Zeit und des Klimas, wie sich Žáry im Zusammenhang mit der Poesie Ján Raks[54] und den Jahren nach 1939 erinnert.[55] Die immer kultiviertere Beherrschung fremder Sprachen und Kulturwelten infolge zahlreicher Übersetzungen aus anderen Literaturen mag den Hang zu einem gebildeten Europäertum zusätzlich intensiviert und den inaktuell gewordenen, engbrüstigen slowakischen Nationalismus ersetzt haben. Der viersprachige Schriftsteller und Journalist Emo Bohúň[56], einer der bekanntesten Bohemiens Bratislavas, soll im Kaffeehaus gleich viersprachig in einem Satz angesprochen worden sein: „Emo-úr, kávu se šlehovkou wünschen Sie cezený alebo s kožka?"[57]

IV.

Die meisten von Žárys Erinnerungsessays haben die Form von Portraits, die dem Leser intimere Bilder seiner Weggenossen von einst zu übermitteln suchen, als es die offiziellen Fakten der Literatur- und Kulturgeschichtsschreibung zu tun vermögen. Für die Nachwelt sind es kostbare, mit viel Empathie entworfene historische Medaillons, in denen sich der Erzähler an die Zeit, von der die Rede ist, umso begeisterter erinnert, umso fester er von deren definitivem Untergegangensein überzeugt ist. Mit welchem Reichtum an zusätzlichen Informationen die einzelnen Texte die einstige Atmosphäre in Bratislava anzureichern vermögen, soll nun an dreien der Potraits zumindest stichwortartig angedeutet werden.

Den zuletzt genannten Emo Bohúň nennt Žáry einen viveur, bonvivant und gourmand in Einem, der die Bratislavaer Kipfel[58] genauso mochte wie die berühmten Süßigkeiten des Hotels Sacher in Wien oder der berühmtesten Konditorei Ungarns auf dem Vörösmarty tér in Budapest. Von Bohúň erzählte man,

[53] Vgl. Žáry: *Rande s básnikmi*, a. a. O., S. 174.
[54] Ján Rak (1915 - 1969), slowakischer Dichter und Übersetzer.
[55] Vgl. Žáry: *Snímanie masiek*, a. a. O., S. 17.
[56] Emo Bohúň (1899 - 1959), slowakischer Journalist und Schriftsteller.
[57] „Herr Emo, wünschen Sie den Kaffee mit Schlagobers geseiht oder mit der Haut?" Zit. nach: Žáry: *Zlatoústi rozprávači*, a. a. O., S. 147.
[58] Bratislavské rožky: ein nach der Stadt benanntes, aus Hefeteig bereitetes Gebäck.

den slowakischen Borovička[59] in seinen Adern hätte er sich mittels Transfusion in ungarischen Wein verwandeln lassen. Sein Kavaliertum wurzelte laut Žáry in der Noblesse der ungarischen Oberschicht und stach im Vergleich mit dessen weniger kultivierter slowakischer Ausformung in die Augen. Er hält ihn für eine in der damaligen Zeit seltene Erscheinung, für einen Menschen, um dessen Witz, Unterhaltungskunst und Charme bei Tischgesellschaften stets gekämpft worden sei.[60] Die Sprachbegabung soll Bohúň von seinen Vorfahren aus dem niederen Adel geerbt haben. Aus dem „aufgeweckten Emko", so sein Kosename, wurde infolge der Passion für die „gemütliche alte Welt" eine Art Hobbyarchivar und Chronist von Bratislava und der untergegangenen Monarchie. In Dr. Ovidius Faust, dem ihm beim Stöbern in Lexika und alten Urkunden immer wieder zur Hand gehenden Stadtarchivar, fand er die Verkörperung eines die Lokalsprachen und Latein beherrschenden aufgeklärten Pressburgers, der wie die Penaten in der Glut des einstigen Ruhms der Stadt zu überleben wusste.[61] Obwohl Bohúň laut Žáry kein übermäßig belesener Intellektueller war, vermochte er nicht nur selbst auf großem Fuß zu leben, sondern zugleich als leidenschaftlicher Erzähler vergleichbar ‚großfüßig' das Ambiente seiner Geschichten im Sinne des gepflegten kosmopolitischen Europäertums auszufantasieren. Sein erzählerischer ‚Fuß', meint Žáry, reichte von Baden-Baden bis Monte Carlo, während er in Wirklichkeit kaum die Größe eines „Schusterschemels" aus Ružomberok, Bohúňs Geburtsstadt, erreichte.[62] Wie seine surrealistischen Freunde machten vier Jahrzehnte in Bratislava auch aus ihm einen über die Beengtheit und Hässlichkeit der geliebten Stadt hinaus träumenden Fantasten.

Eine weitere interessante Gestalt des sich nach 1918 durch den Beitrag der Slowaken kultivierenden und zugleich bohemehaft ausschweifenden Bratislavaer Kulturlebens war der bereits erwähnte, aus dem europäischen Symbolismus hervorgegangene Lyriker und Übersetzer Emil Boleslav Lukáč. Im eigentlichen Beruf war er evangelischer Pfarrer und Lehrer, im Ganzen, meint Žáry, eine Art „Berufe-Sammler". Aus einem kleinen Dorf stammend studierte Lukáč später in Paris und Leipzig, übersetzte aus ungarischer, französischer, russischer und englischer Literatur und gehörte zu den europäisch auftretenden Slowaken der Stadt. Inmitten einer Handvoll wenig bekannter Persönlichkeiten, die kaum über die allernächsten südlichen und nördlichen „Zäune" hinausgelangten, hält Žáry ihn für ganz einzigartig.[63] Lukáčs Bibliothek, sein „geistiger

---

[59] Borovička: der Name des bekannten slowakischen Wachholderschnapses.
[60] Vgl. Žáry: *Zlatoústi rozprávači*, a. a. O., S. 119.
[61] Ebd., S. 121.
[62] Vgl. ebd., S. 126.
[63] Vgl. Žáry: *Rande s básnikmi*, a. a. O., S. 129.

Dagmar Košťálová

Bunker", seine „Libido", sei im ganzen Land berühmt gewesen. Von Bekannten in Budapest, Zagreb oder Krakau, aber auch aus protestantischen Kreisen in Leipzig, Halle und Strassbourg bekam er teure Bücher, die er stolz herumzeigte und wie ein Drachen bewachte. Es soll darum gewettet worden sein, wem es gelinge, sich Lukáčs kostbarem Schatz, „der Prinzessin unter den Privatbibliotheken", zu nähern.[64] Im Briefwechsel stand Lukáč u. a. mit dem französischen Dichter Paul Claudel und der Ehefrau Romain Rollands. Große Verdienste soll er sich auch als unermüdlicher und aufmerksamer Leser, Begutachter, Berater und unauffälliger Förderer der jungen Dichtergeneration, als ihr „Tutor" und „Pate"[65], gemacht haben.

Zum wahren Prototyp eines großstädtischen Bohemien wurde der nach seinem Studium in Prag „etwas usurpatorisch, etwas clownesk, doch durchaus aufrichtig"[66] in die Bratislavaer Straßen eingezogene Dichter Rudolf Fábry, Initiator und wichtigster Vertreter der slowakischen Variante des Surrealismus. Fábry scheint in mehrfacher Hinsicht der einzige wahre „Lebenskünstler" gewesen zu sein, ein durch seine plötzlichen Ideen und Einfälle immer von neuem faszinierender Abenteurer. Zwischen Himmel und Hölle, Palästen und Hütten, zwischen Komtessen und Zigeunerinnen oszillierend[67] träumte sich der sorgfältig gekämmte und stets wie ein eleganter Städter zurechtgemachte junge Künstler seine eigene Fantasiewelt zusammen. Er kam, um zu zerstören, statt neu zu bauen. Einer „Schadwildjagd" glich laut Žáry sein boshaftes Auslachen des slowakischen Parnass, all der Nationalisten, Ruralisten sowie der katholischen Moderne, die ihm seine geliebte Heimat vor Weltströmen des Denkens und Handelns verbarrikadiert hätten.[68] Gerüchte über Allotrias der jungen nonkonformen Kunst mit Fábry an der Spitze erreichten bald auch die slowakische Provinz und irritierten spürbar den kleinbürgerlichen Bonton und Geschmack.[69] Fábrys Verse und Bilder hatten etwas von Klees und Chagalls aberwitziger Naivität und deuteten spielerisch innere Horizonte an, die ihm die Möglichkeit boten, (nicht nur) in den späteren Jahren des Kriegs und des faschistischen slowakischen Staats erträumte, unbekannte Welten zu beschnuppern und kennenzulernen. Seine Spuren behutsam verwischend zog er herum, von Zirkusleuten am Rande der Stadt in die Hafenkneipen an der Donau, von Zigeunerinnen zu Prostituierten und deren Zuhältern. Er war ein leidenschaftlicher Koch, Sammler von Rezepten und neuen Gewürzen und pflegte zwölf große Bierkrüge nachein-

---

[64] Vgl. ebd., S. 132ff.
[65] Ebd., S. 138.
[66] Ebd., S. 11.
[67] Vgl. ebd., S. 17.
[68] Vgl. ebd., S. 23.
[69] Vgl. ebd., S. 28.

142

ander zu leeren. Aus Bewunderung des Werks von Albert Schweitzer plante er, ihn in Lambarene zu besuchen. Seine Wandersucht brauchte starke Anregungen, um das beschränkte und streng geordnete konventionelle Gedächtnis loszuwerden und durch „Ermordung" der Erinnerung Raum für unerforschte Tiefen der Seele zu schaffen[70], schreibt Žáry. Neben vielen anderen Ländern bereiste Fábry später China und Japan, machte Ballonfahrten mit, um stets über den Horizont hinaus schauen und die durch Natur und menschliche Bosheit aufgerichteten Barrieren überwinden zu können. Wie weit er in seiner bis ins höhere Alter jugendlich schwungvoll erhaltenen Fantasiewelt herumgekommen sein mag, lassen drei versäumte ‚Gelegenheiten' ahnen, die er später auf dem Krankenbett mit Tränen in den Augen beklagt haben soll: eine Schifffahrt mit Heyerdahl auf Kontiki, Tiefseeforschung mit Cousteau und das Filmen der Geburt des isländischen Vulkans. Selbst das Krankenbett noch, erinnert sich Žáry, sei ihm eine weite Welt, ein unendlicher Ozean gewesen.[71]

Da Fábrys Mutter und Großmutter in überschwänglicher Liebe zu dem Einzelkind das Wort Entfernung in Frage stellten, indem für sie die Länge seiner Abwesenheit keine Rolle zu spielen schien – wie es Žáry während eines Besuchs selbst erlebt haben will –, passt sein folgender Satz auf Fábry wie kein anderer: „Gewiss waren sie überzeugt, dass im Leben nicht so sehr die geographische Entfernung teilt als vielmehr versteinertes Herz und ausgedörrte Seele."[72]

V.

Übertragen auf die geografische Größe der Stadt Bratislava, das Thema dieser Überlegungen war, kann abschließend modifiziert geschlussfolgert werden, dass eine Stadt weniger ihre messbare Größe als vielmehr das ‚Pulsieren' ihres ‚Geistes' ausmacht. Um wieviel höher die Pulsfrequenz Bratislavas nach Ankunft der jungen slowakischen Künstlergeneration geworden war, versuchte diese kurze Umschau zumindest andeutungsweise zu zeigen. In viele Richtungen könnte diese Problematik weiter ‚auseinandergedacht' werden. Gezeigt werden sollte hier einstweilen, dass die reale Stadtlandschaft im Inneren ihrer Bewohner etwas wie einen je nach Bedarf poetisch verklärten Doppelgänger ihrer selbst gebiert, der das ‚siamesisch' pulsierende gemeinsame Herz beider erst so richtig zum Schlagen bringt. Ohne einen solchen Doppelgänger wäre die in der Literatur immer weiter fortgeschriebene Faszinationskraft von Bratislava jener Jahre wohl nicht zu erklären. Es zeugen davon nicht nur Werke der von diesem erträumten inneren Bild der Stadt inspirierten Kunst und Literatur,

---

[70] Vgl. ebd., S. 26ff.
[71] Vgl. ebd., S. 53.
[72] Ebd., S. 18f.

sondern ebenfalls der davon geprägte, die großstädtische Mondänität von Prag und Paris imitierende äußere Lebensstil. Wenn Žáry seine zuletzt erschienenen Erinnerungen in Anlehnung an Nezvals Buch *Der Stadtgeher von Prag* mit *Der Stadtgeher von Bratislava* betitelte, hatte er im Unterschied zu Nezvals poetischen Zeichnungen der äußeren Schönheiten Prags vielmehr das eingangs erwähnte ‚unsichtbare' Bratislava im Visier, dessen poetisches Bild von Erfahrungen mit der großstädtischeren tschechischen Metropole beeinflusst wurde. Ähnlich kann auch sein erster lyrischer Erinnerungsband *Die Muse belagert Troja* zweifach ausgelegt werden: als Erinnerung an den nach 1918 erfolgten kämpferischen Ansturm der jungen slowakischen Kultur auf die mehrsprachige Stadt und zugleich als der Anspruch der Kunst, dem zum Feind erklärten kleinbürgerlichen Muff Bratislavas eine poetische Maske anzulegen, um der Stadt dadurch ein paar von den abgeschauten weltstädtischen Lebens- und Umgangsformen aufzuzwingen.

Wie diffizil und für die gegenwärtige slowakische Kultur fruchtbar sich dieser mehrgesichtige Prozess im Ganzen gestaltete, ist in dessen Breite und Tiefe noch lange nicht zu Ende erforscht.

III. Metropole sein? – Wien und Berlin

Robert Schwarz
Die Stadt, umarmt von ihren Möglichkeiten.
Musils ‚Kakanien' (1913) und Neuraths Wien (1925)[1]

0. Zur Orientierung
In diesem Aufsatz beschäftige ich mich mit der Rolle des Visionären für die
Entwicklung der Stadt. Konkretes Fallbeispiel ist die *Siedlerbewegung* in Wien.
Der „szientifische Utopist" Otto Neurath knüpfte daran Erwartungen einer Ge-
sellschaftstransformation, während Robert Musil wie eine Negativpause dazu
eine verzweifelte Innerlichkeit dokumentiert, die auf ihre Weise um eine Verbindung von Wirklichkeit und Möglichkeit ringt. Die hier vorgeschlagene, in
weitestem Sinn politische Lesart von „Selbsterfindung" stützt sich weniger auf
Bilder der Stadt – die Stadt als Medienphänomen, als Symbol und Zeichen –
sondern auf *Erwartungen*, Haltungen, Verhalten und alltägliche Praxis.

I. Kulturelle Auseinandersetzungen im Wien um 1900
Die Wohnungssituation im Wien des frühen 20. Jahrhunderts war drastisch. Man
muss sich vorstellen, dass die Bevölkerung der Stadt Wien von 1850 bis nach
der Jahrhundertwende explosionsartig angewachsen war, von 430 000 auf über 2
Millionen Einwohner, viele davon Arbeitsmigranten aus allen Teilen der Monarchie.[2] Dass die Intelligenzia sich mit Vorliebe im Kaffeehaus gesellte, ist u. a.
Ausdruck der deprimierenden Wohnsituation, denn diese öffentlichen Räume

---

[1] Die beiden Jahreszahlen markieren zwei kalendarische Anhaltspunkte in einem dichten
Netz der Zusammenhänge: Im Jahr 1913 der Romanfiktion beginnt die Spielhandlung des
Mann[es] ohne Eigenschaften von Musil. Im Jahr 1925 der Realzeit wird Neurath erster
Direktor des von ihm gegründeten Gesellschafts- und Wirtschaftsmuseums.

[2] Vgl. z. B. Hofmann-Grüneberg, S. 48. Bedeutsame und umfassende städtebauliche Eingriffe, denen die Stadt ihr heutiges Gepräge verdankt, fanden unter der Regentschaft Franz
Josephs II. statt. Zwischen 1858 und 1888 erneuerte er das Stadtbild, „um die Erinnerung
an 1848 und alles, was damit zusammenhing, auszulöschen" (Janik / Toulmin, S. 53). Er
schliff den alten Befestigungsring und ließ die Ringstraße errichten, einen prächtigen, 20
Meter breiten Boulevard, wo das neureiche Bürgertum sein Selbstbewusstsein im Stil beeindruckender historistischer Fassaden ausdrückte. Die Hofburg wurde um einen Trakt erweitert, ein neues Rathaus errichtet, die Staatsoper, das Volkstheater sowie ein monumen-
tales, spiegelbildliches Museumsduo am Maria-Theresien-Platz. Alle diese Einrichtungen
sind heute Attraktionen des touristischen Wien und definieren immer noch das *Image* der
Stadt. Zweimal wurden zudem die Stadtgrenzen erweitert, 1890 bis über den „Gürtel" hinaus. Von zu weitgehender Modernisierung hielt der Kaiser allerdings nichts, und so wurde
die Hofburg bis zum Ende seiner Regentschaft mittels Petroleumlampen beleuchtet.

gesellschaftlichen Verkehrs waren immerhin geräumig und beheizt und boten leistbares Asyl. Als Zentrum eines Vielvölkerreiches spielte Wien die Rolle eines Schmelztiegels und „kulturellen Treibhauses" (Janik / Toulmin), während der Staat, der immer noch großes imperiales Spektakel machte, längst als hohl und unsicher galt. Der österreichische Liberalismus eines moderat, aufgeklärten Bürgertums war aus inneren und äußeren Gründen gescheitert, das alte Österreich wird bekanntlich an seiner Reformunwillig- und -unfähigkeit kollabieren.

Sehr auffällig ist die Rolle der Kultur im offiziellen und alltäglichen Leben der Wiener Bevölkerung. Sie scheint eine Art verkehrsfähiger Ersatz für alles Mögliche – also für alles *nicht* Mögliche – zu sein. Janik und Toulmin bemerken dazu: „Es gab in Wien eine Art Demokratisierung der Kultur. So wusste der gewöhnliche Mann von der Straße einen wohlformulierten Ausdruck nicht weniger zu schätzen als seine Mitbürger aus der Haute Bourgeoisie." (Janik / Toulmin, S. 43) Die Wiener Bürger und Bürgerinnen konnten auf diesem kulturellen Pflaster einesteils als kulturell aufgeklärt gelten, andernteils blieben sie weitgehend immun gegenüber weiteren Aufklärungsversuchen.[3] Nicht selten wurde der schöne Ausdruck mehr geschätzt als das, was an realen Sachverhalten dahinterstehen mochte. Als Kritiker und Agitator hat sich Karl Kraus lebenslang der Aufklärung und Bekämpfung dieses Zusammenhangs verschrieben. Angesichts ihrer Sonderstellung ist es kein Wunder, dass die bedeutendsten und zum Teil folgenreichen Ausbruchsversuche in diesem großstädtischen Treibhaus am Feld der Kultur stattfanden, verbunden mit einem Impetus und moralischen Absolutismus, als wäre die Kultur das Ganze oder der Bereich der Wirklichkeit, in dem die Weichen gestellt werden für alles Zukünftige. Die *Wiener Moderne*, die auf die beiden Jahrzehnte um 1900 datiert, ist das Ereignis einer kreativen Explo-

---

[3] Janik und Toulmin verorten eine Wurzel dieser eigenartigen Struktur von politisch folgenloser, ja tendenziell reaktionärer ästhetischer Aufgeklärtheit im Erfolg der habsburgischen Gegenreformation: „Überlegen Sie einen Moment, in welchem Geisteszustand sich ein rekatholisierter Protestant befunden haben mag. Ihm war erst vor kurzem gesagt worden, dass sein Gewissen die einzige legitime Instanz in moralischen Angelegenheiten wäre und alle religiösen Symbole und Kulthandlungen Götzendienst. Nun wurde er gezwungen, gerade diesen Götzendienst auszuüben, d. h. genau entgegen seiner eigenen Überzeugung zu handeln. Es ist nicht schwer einzusehen, dass unter derartigen Umständen der Zynismus gegenüber dem öffentlichen Leben sehr leicht Wurzeln schlagen konnte. Es sollte uns deshalb nicht überraschen, wenn wir entdecken, dass für den Wiener nichts typischer ist als seine zynische Einstellung allem Öffentlichem gegenüber. […] Natürlich konnte man kapitulieren und das Spektakel genießen oder sogar zu dessen Orchestrierung beitragen. […] Die habsburgische Zwangsrekatholisierungspolitik schuf in der Tat die Voraussetzungen, auf denen ein guter Teil der nachfolgenden österreichischen Kultur und Gegenkultur ruhen sollte." (Janik / Toulmin, S. 41f.).

sion, wobei argumentiert werden konnte, dass sich diese Kreativität von Künstlern, Wissenschaftlern, Intellektuellen „hauptsächlich als eine oppositionelle Reaktion auf die sozialen, politischen und kulturellen Missstände" (Hofmann-Grüneberg, S. 48) entfaltete. Der ästhetische Radikalismus und Rigorismus ihrer bekanntesten Repräsentanten Freud, Kraus, Loos und Schönberg bringt jedenfalls den Abstand von formal kühnem Geist und Materie der Verhältnisse auf den Punkt.

In den Debatten um eine moderne Architektur stand an vorderster Stelle Adolf Loos, der das in Wien so beliebte *Ornament* schlichtweg zum *Verbrechen* erklärte. Den Drang, alles zu verzieren und zu versüßen, keine nackte Oberfläche zuzulassen, jeden Gebrauchsgegenstand in ein verschnörkeltes Requisit zu verwandeln, stellte er in die Nähe geistiger Zurückgebliebenheit und moralischer Verderbtheit und verglich solchen Schmückzwang mit der desavouierten Sitte des Ganovenmilieus und der sogenannten Primitiven, den Körper mit Tätowierungen zu bedecken. Tatsächlich hatte der bürgerliche Geschmack groteske Formen angenommen, wie Egon Friedell in seiner *Kulturgeschichte der Neuzeit* anschaulich beschreibt:

„Das sind keine Wohnräume, sondern Leihhäuser und Antiquitätenläden. […] Je gewundener, verschnörkelter, arabesker die Formen, […] desto beliebter sind sie. Hiermit in Zusammenhang steht ein auffallender Mangel an Sinn für Sachlichkeit, für Zweck; alles ist nur zur Parade da. Wir sehen mit Erstaunen, dass der bestgelegene, wohnlichste und luftigste Raum des Hauses, welcher ‚gute Stube' genannt wird, überhaupt keinen Wohnzweck hat […]". Im Grunde herrscht hier auf der Ebene der Dinge ein System gefälliger Lüge. „Jeder verwendete Stoff will mehr vorstellen, als er ist. Es ist die Ära des allgemeinen und prinzipiellen Materialschwindels. Getünchtes Blech maskiert sich als Marmor, Papiermaché als Rosenholz, Gips als schimmernder Alabaster, Glas als köstlicher Onyx […] Das Buttermesser ist ein türkischer Dolch, der Aschenbecher ein preußischer Helm, der Schirmständer eine Ritterrüstung, das Thermometer eine Pistole." (Friedell, S. 1301f.)

Dasselbe System reifizierter Lüge unternimmt Karl Kraus auf der Ebene der Sprache zu identifizieren, die Worthülse, die leere Formel, die Phrase, die sich effektheischend und ‚kunstvoll' zwischen den zu beschreibenden Sachverhalt und die Interessenten stellt, das *System Feuilleton*, wie er es nennt, den Journalismus, der durch die Sprache nicht denkt, sondern Ausdrucksklischees und Meinungsmasken verschiebt: „Keinen Gedanken haben und ihn ausdrücken können: Das macht den Journalisten." (Kraus 1, S. 29)

Eine Zuspitzung fand die öffentliche Auseinandersetzung um die Architekturauffassung Adolf Loos' im Streit um das Haus am Michaelerplatz vis á vis der kaiserlichen Hofburg, auch „Haus ohne Augenbrauen" genannt, mit dem sich nach großem öffentlichem Aufruhr und publizistischem Hin und Her am Ende auch noch der Gemeinderat herumschlagen musste. Die *Gebrauchsform* soll nach Loos über die Formgebung bestimmen und unseren Alltagsartefakten ihren schlichten Ausdruck geben. Verziehrungen wie Fensterumrandungen, die beim Haus am Michaelerplatz fehlen, verunklaren nur die Form. Als entscheidend für die gelungene Komposition soll dagegen der harmonische Gesamteindruck gelten, die innere Staffelung der Räume, eine Analyse des verschachtelten Raumes, die Loos innovativ umsetzte. Selbst der schön gezeichnete Marmor des eine Bank beherbergenden Baus wurde vom Architekten selbst, im Zuge einer längeren Reise, ausgewählt. Nichtsdestotrotz wurde das nackte Haus von vielen als Affront aufgefasst, man nahm es sozusagen als Schlag ins Gesicht, der empörte Reaktion fordert.

Nicht nur in Wien war Loos als Lehrer und Spiritus Rector außerordentlich einflussreich. Le Corbusier schrieb 1930 über die Wirkung der Streitschrift *Ornament und Verbrechen* (1908): „Loos fegte unter unseren Füßen, es war eine homerische Säuberung – genau, philosophisch und logisch." (zit. n. Janik / Toulmin, S. 117) Im Zusammenhang mit dem Thema dieser Arbeit ist von Bedeutung, dass es Loos um die Befreiung eines Lebensgefühls, um eine Lebensweise ging, eine Befreiung, die nach seiner Argumentation in *Ornament und Verbrechen* ein evolutionär notwendiger Schritt der menschlichen Kulturentwicklung wäre. Ethik und Ästhetik gehen bei Loos in eins, indem die Ästhetik – zum Beispiel des Gebrauchsgegenstands Haus –eine grundlegende Haltung zum Ausdruck zu bringen hat, nämlich die *richtige* Haltung, die klar, direkt, einfach, modern ist.[4] Kultur soll demnach Ausdruck eines selbstbestimmenden Willens sein: „Ich behaupte, dass der Gebrauch die Form der Kultur ist. [...] Wir sitzen nicht auf diese oder jene Weise, weil ein Tischler einen Stuhl auf diese oder jene Weise gemacht hat, eher macht ein Tischler einen Stuhl, wie er ihn macht, weil jemand auf diese Weise sitzen möchte." (Janik / Toulmin, S. 117)

Auch Loos' Freund und Mitstreiter Karl Kraus, der ihn in seiner *Fackel* verteidigte und unterstützte, war viel daran gelegen, jene Melange polemisch zur Disposition zu stellen, die den Wienern seit alters her ihre ‚Gemütlichkeit' ist: „Ich verlange von einer Stadt, in der ich leben soll, Asphalt, Straßenspülung, Haustorschlüssel, Luftheizung und Warmwasserleitung. Gemütlich bin ich selbst." (Wagenknecht / Kraus, S. 209) Eine moderne Großstadt braucht aus dieser zugespitzten Perspektive nicht gemütlich zu sein, sondern hat zu funktionieren. Man muss in ihr arbeiten und atmen können. Kraus weist auch den An-

---

[4] Auch hier findet sich die Parallele zur Kraus'schen ethischen Diagnose eines Menschen aufgrund seiner Sprachverwendung gemäß seines Grundsatzes „Le style, c'est l'homme". Für Kraus zeigt sich das Falsche eines Lebens vor allem in der Sprache, von daher rührt die von ihm vertretene Notwendigkeit eines äußerst kritischen Sprachbewusstseins.

spruch zurück, eine Stadt hätte möglichst originell zu sein und solle Individualität zeigen, beides sicher Attribute, die in den bürgerlichen Milieus Wiens hoch im Kurs standen. Erst in einer modernen Großstadt, so Kraus triumphierend, hat jeder die Freiheit, eine Individualität zu sein: „Alles geht nach der Uhr, darum kann jeder nach seiner eigenen gehen. Ordnung macht das Leben abenteuerlich." (Wagenknecht / Kraus, S. 157) Ein bisschen Erschütterung kann aber auch nicht schaden. Den in lokalen Zeitungen beklagten Vorfall, dass die in Gebrauch gekommenen Busse die Fundamente derart in Erschütterung brächten, dass ein vorbeifahrender Bus unlängst in einem Kaffeehaus ein Bild von der Wand fallen ließ, nimmt Kraus als Anlass für ein kleines böses, anarchistisches Szenario: Mögen doch in Zukunft die Busse gleich direkt durch die Cafés geleitet werden, damit einigen Herrschaften dort die falschen Bärte von den Backen fallen. (Vgl. Kraus 2)

II. Seinesgleichen geschieht. Musils „Mann ohne Eigenschaften" als Zeitzeuge
Ein literarischer Text, begonnen in den frühen 1920er-Jahren, situiert in der von grollenden Erschütterungen beunruhigten Reichsmetropole des Jahres 1913, diene uns als Begleiter ins großstädtische Geschehen des noch jungen 20. Jahrhunderts, der uferlose *Mann ohne Eigenschaften* Robert Musils[5]. Musils Zeitbild hebt an mit einem Tief:

> „Über dem Atlantik befand sich ein barometrisches Minimum; es wanderte ostwärts, einem über Russland lagernden Maximum zu, und verriet noch nicht die Neigung, diesem nördlich auszuweichen. Die Isothermen und Isotheren taten ihre Schuldigkeit. Die Lufttemperatur stand in einem ordnungsgemäßen Verhältnis zur mittleren Jahrestemperatur, zur Temperatur des kältesten wie des wärmsten Monats und zur aperiodischen mittleren Temperaturschwankung. [...] Der Wasserdampf in der Luft hatte seine höchste Spannkraft, und die Feuchtigkeit der Luft war gering. [...] Autos schossen aus schmalen, tiefen Straßen in die Seichtigkeit heller Plätze. Fußgängerdunkelheit bildete wolkige Schnüre. Wo kräftiger Striche der Geschwindigkeit quer durch ihre lockere Eile fuhren, verdickten sie sich, rieselten nachher rascher und hatten nach wenigen Schwingungen wieder ihren gleichmäßigen Puls." Ein Unfall hat sich ereignet. „[...] etwas hatte sich gedreht, war seitwärts gerutscht, [...] ein [...] Lastwagen." (Musil, S. 9f.)

Musils Parodie eines Romananfangs präsentiert in beeindruckender Lakonie die Signatur eines szientifischen Zeitalters. Im scheinbar Konkreten herrscht die Abstraktion. Die Abstraktion bildet etwas so selbstverständlich Vorhandenes wie das Wetter ab. Abgetastet und ausgemessen präsentiert sich das Atmosphärische in einem Vergleichsfeld, das schon seine zukünftige Entwicklung extrapoliert

---

[5]   Im Folgenden abgekürzt *MoE.*

und in dem es erst seine Aussagekraft gewinnt, unabhängig davon, wie es sich für den einzelnen ausmachen mag, ob der es für schön, schlecht, angenehm oder unangenehm hält. Der anonyme Beobachter findet sich irritierend körperlos in ein ästhetisches Tableau geworfen, in dem sich Einzelheiten zu abstrakten Strömen vermengen und Ereignisse in Bewegungsgesten auflösen.

Nach Zurkenntnisnahme dieser und anderer Nebensächlichkeiten – *die Welt ist alles, was der Fall ist* – ist der Leser endlich dort angelangt, wo er sich ausruhen und besinnen kann: „Haus und Wohnung des Mannes ohne Eigenschaften"[6]. In seinem Gehäuse sinnt Ulrich über das Treiben auf der Straße nach und kommt zu dem Ergebnis, dass schon das Nichtstun in der modernen Großstadt schwerster Arbeit gleichkommt: „Könnte man die Sprünge der Aufmerksamkeit messen, die Leistungen der Augenmuskeln, die Pendelbewegungen der Seele und alle die Anstrengungen, die ein Mensch vollbringen muss, um sich im Fluss einer Straße aufrecht zu halten, es käme vermutlich [...] eine Größe heraus, mit der verglichen die Kraft, die Atlas braucht, um die Welt zu stemmen, gering ist, und man könnte ermessen, welche ungeheure Leistung heute schon der Mensch vollbringt, der gar nichts tut." (Musil, S. 12) Wir finden hier das Motiv einer systematischen Überforderung und unfreiwilligen Auslastung. Der junge Mann hat sich auch ein Jahr „Urlaub" vom Beruf verschrieben, paradoxes Ergebnis eines immens strebsamen Geistes, wie sich zeigen wird. Ihn beunruhigt der Verdacht, dass der Wunsch nach einer besonderen, individuellen, heldenhaften Rolle unzeitgemäß geworden und der Lächerlichkeit preisgegeben ist. Und dass er inmitten der rundum brandenden Wirklichkeit *gar keinen Boden* mehr unter den Füßen hat.

Ort des Geschehens ist „Kakanien" im Jahr 1913, kurz vor dem endgültigen Zusammenbruch der Monarchie[7]. Die Sicht Musils auf dieses Land (die beiden K sind der offiziellen Staatsbezeichnung der „königlich-kaiserlichen Monarchie" entnommen) ist dem Gegenstand entsprechend ironisch. Musil vertritt hier wie sonst auch oft eine „konstruktive Ironie"[8], das heißt, der Gegenstand der Ironie wird nicht einfach nur lächerlich oder schlecht gemacht, und der ironischen Kritik wäre nicht einfach dadurch Genüge getan, dass man ihren Gegenstand schlechthin abschaffte. Die konstruktive Ironie interessiert sich für den Spannungsraum zwischen dem Ironisierten und seinem Gegenteil, sie öffnet die Wirklichkeit also für Potentialitäten, die im ausstehenden Anschluss an das

---

[6] So die Überschrift des zweiten Romankapitels.

[7] Schon Franz I. hatte sein Reich mit einem morschen Haus verglichen: „[...] sollte ein Teil abgebrochen werden, so war nicht abzusehen, wie viel einstürzen würde". (Janik / Toulmin, S. 49).

[8] Vgl. dazu das erhellende Thesenpapier von Hönig: *Robert Musil. Ein Mann ohne Eigenschaften?*

gerade noch Vorhandene noch gar kein Gesicht zeigen. Solche konstruktive Ironie ist freundlich nach vielen Seiten. „Kakanien", so heißt es im Text, war ein „Staat, der sich selbst irgendwie nur noch mitmachte, man war negativ frei darin, ständig im Gefühl der unzureichenden Gründe der eigenen Existenz" (Musil, S. 35). Das Moment einer solchen historisch geschenkten „negativen Freiheit" ist für das gesamte Musil'sche Schreib- und Denkprojekt von enormer Wichtigkeit, eine objektive Struktur, in der Musil seine innerste Erfahrung von der drohenden oder lockenden Bodenlosigkeit seines persönlichen Existierens[9] wiederfindet. Und wegen dieser unfreiwilligen negativen Freiheit war „Kakanien", so Ulrich, „der fortgeschrittenste Staat" der damaligen Welt. Weil in ihm die Auflösung der Wirklichkeit am weitesten fortgeschritten ist, gibt dieser Staat strukturell und ästhetisch Raum für einen schöpferischen „Möglichkeitssinn", der die Wirklichkeit „als Aufgabe und Erfindung behandelt".

Dies ist ein triftiger Grund für eine Vorzugsstellung des im Roman nicht mit Namen genannten Wien, das freilich in anderer Hinsicht eine beliebige andere Großstadt sein könnte. Wie sehr ist dem Bild der titanischen Anstrengung des Lebens dort zu trauen? Ist es nicht seinerseits ironisch zu lesen, als wohlfeiles Alibi für den gebildeten Müßiggänger? In Simmels Vortrag *Die Großstadt und das Geistesleben* (1903) findet es sowohl Bestätigung als auch Relativierung. Das „Bewusstseinsquantum", das die Existenz im hektischen Unübersichtlichkeitsraum der Großstadt uns abverlangt, so Simmels interessante Wortprägung, ist gewachsen, die Stadt besetzt also den Raum des Bewusstseins und erzeugt eine hypertrophe Verstandesblüte auf Kosten der weniger flexiblen Gemütskräfte, und überhaupt sieht Simmel das moderne Individuum „gegen die Übermächte" von Gesellschaft, äußerlicher Kultur und Technik gestellt – so dass es dazu *gezwungen* ist, seine Eigenart zu verteidigen. Und doch hat dieser Kampf, auch im Hinblick auf Ulrich können wir das feststellen, etwas irritierend Virtuelles. „Das Leben", so Simmel, „wird [der zum Staubkorn herabgedrückten Individualität] unendlich leicht gemacht, indem Anregungen, Interessen, Ausfüllungen von Zeit und Bewusstsein sich ihr von allen Seiten anbieten und sie wie in einem Strome tragen, in dem es kaum noch eigener Schwimmbewegungen bedarf." (Simmel) In seiner Unpersönlichkeit droht es „die eigentlich persönlichen Färbungen und Unvergleichlichkeiten" zu verdrängen. Der radikal unversöhnte Schriftsteller Musil führt mit seinem nicht abgeschlossenen Roman die titanische Anstrengung vor, die Identifikation mit partiellen Rollen zu verweigern und jedes Stück Wirklichkeit mit potentiellem Anderssein zu unterfüttern, um der Welt dieses Quantum an utopischer Realsubstanz abzugewinnen, in dem

---

[9] Vgl. Anmerkung 20.

sich der Einsatz eines Individuums kreativ ausdrückt, das in der schon gezeugten und veräußerten Welt nie ganz aufgeht.

1919 fordert indes Otto Neurath in einer Rede vor den Münchner Arbeiterräten deren entschiedenen Einsatz für das Neue: „Wir leben heute in einer Zeit *bewusster Lebensgestaltung.* Breite Kreise der Bevölkerung fühlen sich gedrängt, ihrem Willen für oder gegen bestimmte Bestrebungen Ausdruck zu geben. Immer deutlicher wird es, dass die Schaffung einer neuen Lebensordnung gilt." (Neurath 2, S. 235)

III. (Selbst-)Erfindung der Großstadt?
Die „Selbsterfindung der Großstadt" – eine solche Wortfügung gibt einiges zu denken auf. Was kann damit deskriptiv oder theoretisch gemeint sein? Von was für einem „Selbst" ist die Rede? Woher das Neue, das in der Stadt auf den Plan tritt? Wie und wo erfindet „sich" die Stadt neu?

A. Die Stadt, das ist ein klassischer Topos der Moderne, wird in den Augen ihrer Bürger bzw. der kulturellen Beobachter in der Zeit ihrer schnellsten technischen und soziographischen Verdichtung zu einer herausfordernden Entität, zu einem Moloch, der in unbarmherziger Eigenmacht den in ihr Lebenden gegenübertritt. Der zum „Staubkorn" (Simmel) komprimierte Einzelne zählt nicht viel, er muss sich in ihrer Zivilisationswildnis erst einmal bewähren. „Selbsterfindung" könnte in diesem Fall negativ zum Ausdruck bringen, dass sich die Stadt in ihren Formen und Milieus den Erwartungen, dem Zugriff, den ortsgebundenen Gestaltungsinteressen der in sie geworfenen Individuen entzieht. Der Ausdruck würde verweisen auf das Erleben der Passivität und des Ausgeliefertseins auf Seiten der Städter oder auch auf die Herrschaft des deterministischen Zufalls – die zitierte Passage aus dem *MoE* gab dafür ein anschauliches Beispiel. Der Einzelne kommt nach einer solchen Lesart oder Erfahrungsweise gegen die anonyme Mächtigkeit des zivilisatorischen Getriebes, das sich in der Stadt exemplarisch verdichtet, nicht mehr auf. So stellt sich in der zugespitzten Unheilserfahrung die Frage, ob noch irgendeine innere oder transzendente ‚Ordnung' die äußere ‚Unordnung' bändigen bzw. ihr etwas Ebenmächtiges entgegensetzen kann. Zivilisationskritische Gegenentwürfe wie die Alfred Brusts treten auf den Plan.[10] Ins Geistige verallgemeinert hat Georg Lukács von einer „transzendentalen Obdachlosigkeit" des Menschen (1916) gesprochen.

---

[10] Vgl. den Aufsatz von Andreas Degen in diesem Band. Alfred Brust visionierte so etwas wie einen Endkampf in und/oder eine Flucht aus der Stadt. Interessant ist, dass er „das Haus" selbst – nämlich das ländliche, alte, organische Haus – mit geistiger Bedeutung auflädt und wie nach ihm Wilhelm Reich seine Orgonpyramide als eine Art Transformator für irdische und kosmische Energien fungieren lässt.

B. Nach einer anderen Richtung könnte „Selbsterfindung" aber auch positiv zum Ausdruck bringen, dass die Stadt nun noch einmal gesteigert als Ort und Lebensraum einer irreduziblen Pluralität erscheint. Das in sich vielfach gebrochene, gespiegelte und auch antagonistische „Selbst" der Stadt, wodurch sie sich von Tag zu Tag neu erfindet und fortschreibt, besteht in dieser Perspektive aus einer kaum überblickbaren Menge unabhängiger Instanzen, die fallweise aufeinander bezogen und miteinander harmonisiert sein mögen, in der Regel aber nichts voneinander wissen. Die Großstadt ist demnach ein Ort so großer Unübersichtlichkeit und damit auch Spontaneität und Innovation, dass ihre Entwicklung im Ganzen nicht mehr oder nur mehr sekundär als Ausdruck zentraler Steuerung oder gar Planung gelesen werden kann. Die Großstadt erscheint somit als Lebensraum *beyond control*, als Raum der Emergenz und der Überraschung, der Kriminalität, des Chaos' und des Wucherns, als Raum von Massenströmungen und -bewegungen, als offen anarchisches Milieu. Auch Elemente davon fanden wir in Musils Tableau. Eine solche Erfahrung oder Beschreibung der Stadt und ihrer permanenten „Selbsterfindung" kann natürlich negativ oder positiv (Chaos / Freiheit) getönt sein.

Die Aufforderung des Adolf Loos an seine Zeitgenossen, ihre eigenen Gebrauchsformen durchzusetzen, steht in einem gewissen psychologischen Widerspruch zur ersten Stadtbeschreibung (A). Postuliert er doch die Möglichkeit eines reinigenden und Ordnung machenden eigenmächtigen Eingriffs in Alltagsleben und Stadtbild. Auch die Überzeugung Neuraths, die Schaffung einer „neuen Lebensordnung" stünde „nun" (1919) an der Tagesordnung, passt auf den ersten Blick nicht so recht zum Topos der städtischen / zivilisatorischen Unübersichtlichkeit. Als Sozialreformer versuchte Neurath so wie Musil als Literat eine auf die Gesamtorganisation der Wirklichkeit gehende Antwort auf die Situation von Zeit und Gesellschaft zu geben. Der Städtebau ist dabei nur ein Aktionsfeld neben vielen, auf das er sich in den Jahren 1921 bis 1925 mit demselben Reformeifer stürzt, wie etwa als Mitglied des Wiener Kreises auf eine Grundlegung der Wissenschaftssprache, sind doch seine Engagements alle dem Gebot der Stunde verpflichtet, der Auflösung und Unübersichtlichkeit eine klare, sozial verallgemeinerbare Antwort entgegenzusetzen, ähnlich übrigens, wie es beinahe zeitgleich – mit anderer Ideologie, Zielrichtung und Methodik – der europäische Faschismus betrieben hat.

C. Die „Selbsterfindung der Großstadt" nimmt in dem zu beschreibenden Neurath'schen Beispiel eine dritte Gestalt an[11], indem ein kollektives, poli-

---

[11] Es gibt noch andere Lesarten, vgl. dafür den Aufsatz von Erhard Schütz in diesem Band. Abgesehen von einer strikt systemtheoretischen Lesart (nach Luhmann; ein „System Stadt" wäre zwar beschreibbar, entzöge sich aber jeder direkten Intention) kann damit gemeint

Robert Schwarz

tischen oder soziales (oder sogar, in Neuraths späteren Projekten, globales) „Selbst" sich aufschwingt, die Gestaltung der Stadt (später die Gestaltung der kommunikativen Infrastruktur der globalen Polis) auf die eigenen Fahnen zu schreiben. Die Bescheidenheit und Selbstbeschränkung, die noch in Simmels Portrait anklang, wird dabei in Gesten der Selbstermächtigung zurückgelassen. Der weitblickende Simmel war ja davon ausgegangen, dass „die Großstadt einen ganz neuen Wert in der Weltgeschichte des Geistes" gewonnen habe (1903), indem sie durch ihre schiere Ballung an Quantitäten das Individuum sowohl freisetzt als auch zu Reaktionen („Ausbildung persönlicher Sonderart") animiert. „Indem solche Mächte in die Wurzel wie in die Krone des ganzen geschichtlichen Lebens eingewachsen sind, dem wir in dem flüchtigen Dasein einer Zelle angehören", so schloss er seinen Großstadtaufsatz ab, bliebe für uns Bürger dieser Welt, platziert in unseren jeweiligen flüchtigen Zellen, nur das Verstehen dieser Situation – wir müssen die Lage akzeptieren! (Vgl. Simmel, S.?) Dagegen nun die Idee kollektiver Bewegungen, die, sich aus dem allgemeinen Grund formierend, die Gestalt der Stadt „selbst" neu erfinden oder neue Inhalte und Formen in sie hineinsetzen wollen. Diese Lesart von „Selbsterfindung" ist sehr ergiebig, denn sie erlaubt, den Ansatzpunkt des Politischen (in einem sehr modernen, nicht-repräsentativen Sinn) zu rekonstruieren. Als Fortsetzung der Lesart irreduzibler Unübersichtlichkeit (B) verweist sie auf Anspruch und Dynamik sozialer Bewegungen in und um die Stadt, von der Wiener *Siedlerbewegung*, an deren Spitze Neurath sich setzte, bis hin zu so zeitgenössischen Brennpunkten wie *Stuttgart 21* oder zu weitgreifenden und von vielen unabhängigen Gruppen geteilten Visionen wie derjenigen, dass es gelte, in unserer aktuellen Gegenwart, die mit kommenden globalen Energieknappheiten zu rechnen hat, den Garten in die Stadt zurückzubringen (beispielhaft sei hier auf die Entwicklung der Stadt Detroit hingewiesen, in der nach ihrer industriellen Entkernung verschiedene Netzwerke der Selbsthilfe begonnen haben, den Raum mit agrarischen und künstlerischen Überlebensprojekten neu zu besetzen).

Ich werde en passant ein Beispiel für eine Intervention im Raum der Stadt (konkret: Wien) im Sinne einer selbstermächtigenden (C) „Selbsterfindung der Großstadt" in Erinnerung rufen. Der historisch greifbare Anlass für unsere Betrachtung ist die städtebauliche Intervention Otto Neuraths in Wien nach dem

---

sein, dass die Städtebilder selbst in Konkurrenz stehen, also ein Medienphänomen interdependenter Profilierung und Wahrnehmung, oder die Idee einer „Eigenlogik" der Städte, welche aber nicht originär wäre, sondern auf konkret in der jeweiligen Stadt etablierte oder neu hinzukommende Faktoren verwiese, also so etwas wie eine „Pfadabhängigkeit" dingbar macht. Es fragt sich dann allerdings, inwiefern dann überhaupt noch von „Erfindung" die Rede sein kann. Tatsächlich ergänzen sich die Lesarten und machen jeweils unterschiedliche Wirkgefüge sichtbar.

Ersten Weltkrieg inklusive der volksbildnerischen Initiativen in der Stadt, die daraus hervorgingen. Interessant ist auch der Denkzusammenhang, aus dem diese Engagements hervorgingen. Man wird sehen, dass die Kommunalverwaltung der Stadt Wien andere politische Prioritäten setzte, dass aber die Intention Neuraths für ihn nicht absehbare Ergebnisse gezeitigt hat. In Neurath trifft der Geist eines technischen Zeitalters (optimistische Variante) mit einem utopischen Denken (sozialistische Variante) zusammen, das eine umfassend neue „Lebensordnung" anstrebte. Mich interessiert dieses utopische Moment, sein Anspruch auf die Wirklichkeit, seine Rechtfertigung, sein Erfolg und sein Scheitern, sein Nachwirken. Vieles wird wegen der gebotenen Kürze hier nur angerissen.

Überraschend ist, dass Neurath in Musil (und vice versa) einen Kommentator oder gar ein verlorengegangenes Zwillingsgeschwisterlein findet. In der Persönlichkeit und Form des geistigen Wirkens unterscheiden sich die beiden Alt- / Neuösterreicher[12] ja enorm. Dennoch scheinen sie sich in einer paradoxen Weise zu ergänzen: je einer scheint zu besitzen, was dem anderen fehlt. Das seltsame Ergänzungsverhältnis wäre als Rechtfertigung zu gering, in dieser Betrachtung über die Selbsterfindung der Großstadt auch dem Musil'schen Denken – und nicht nur seinen genauen Eindrücken zur Stadtwahrnehmung – Raum zu geben. Zwei Aspekte kommen hinzu: Dem einen Ansatz erwächst aus dem anderen notwendige Kritik auf der Höhe derselben Zeit. Und beide Ansätze der Wirklichkeitsveränderung stimmen in der prinzipiellen Hochschätzung des „Möglichen" überein. Die „Selbsterfindung" (der Stadt, der neuen Gesellschaft, des seine inneren und transzendenten Potenzen ins Spiel bringenden Individuums) nimmt auf jeden Fall den Weg über das Mögliche, das beiden noch weitgehend unerforscht scheint[13].

IV. Otto Neurath – Der Strom des Wissens

Otto Neurath wurde 1882 in Wien geboren und starb 1945 im britischen Exil. Dazwischen liegt ein enorm produktives Leben, in dem Neurath als Mann vielseitig aufgefächerter Interessen sich enzyklopädische Kenntnisse zulegte[14] und mit nicht geringerem Eifer für die fundamentallogische Grundlegung, Organisierung, Vernetzung, Verbreitung, Sozialisierung und technische Umsetzung des

---

[12] Musil ist nur knappe zwei Jahre älter, und beide standen in der Mitte ihres Lebens, als das alte, kaiserliche Österreich endgültig zerbrach.

[13] So wie übrigens der um eine Generation ältere und um 1900 seinen Durchbruch machende Sigmund Freud (geb. 1856) den Raum des Unbewussten, metaphorisch beschrieben als „dieses wahre innere Afrika", entdecken und in den Raum der Gesellschaft hinein sichtbar machen möchte.

[14] Er studierte unter anderem Mathematik, Logik, Physik, Philosophie, Wissenschaftstheorie, Geschichte und Wirtschaftswissenschaft und publizierte auch auf allen diesen Gebieten.

„positiven Wissens" ins Zeug legte. Die Breite der Spur, die er durchs Dasein ziehen wollte, hängt mit einer anscheinend unerschütterlichen Verankerung in der ‚Wirklichkeit' zusammen, die im Begriff steht, theologischen und philosophischen Ballast abzuwerfen: „Gerade das Proletariat wird zum Träger der Wissenschaft ohne Metaphysik." Dabei treffen bei diesem unersättlichen Synthetiker durchaus ältere Traditionslinien zusammen: das Unifizierungsdenken der Scholastik; ein Interesse universeller Kommunikation wie im Barock des Leibniz; das kühne Entwurfsdenken der neuzeitlichen Utopisten; der Wissensoptimismus und das Fortschrittsdenken der Aufklärer; das abstrakte Denken der Mathematiker und das konkrete Begreifen der Historiker; die Bereitschaft zur die Daten neu interpretierenden Hypothese der zeitgenössischen Physik; das Plandenken und Herrschaftsinteresse des Positivismus. Dazu kommt das Naturell dieses physisch unverwüstlichen Mannes, der sich dadurch auszeichnete, nach Stunden nächtlicher Diskussion ungebrochen frisch zu sein. Sein Stempelbild war der Elefant.

Am bekanntesten ist Neurath heute als einer der führenden Köpfe und wichtigster Organisator des *Wiener Kreises*, der akademischen Diskussionsgruppe um den Physiker Moritz Schlick ab 1922, die sich um eine Vereinheitlichung und programmatische Neuausrichtung der Wissenschaften bemühte. Es ging den Teilnehmern des Kreises um die logische Fundierung der Wissenschaftssprache, um eine Reinigung von allem „Unklaren" oder „Metaphysischen", eine strenge Verordnung der Empirie – also der Erfahrung, aber einer ausschließlich physikalistisch gedachten Erfahrung, also einer Erfahrung, die sich auf „feststellbare Tatsachen" in Raum und Zeit stützt. Man berief sich auf Wittgenstein: „Alles, was sich sagen lässt, lässt sich klar sagen." Und: „Worüber man nicht sprechen kann, darüber soll man schweigen."

Neben der „wissenschaftlichen Weltanschauung" wirkt bei Neurath als starkes Motiv die Überzeugung, dass alles Wissen dem Menschen dienen soll. Man bezeichnet die Vertreter des Wiener Kreises als Neo-Positivisten, und der Positivismus geht zurück auf den „Erfinder der Soziologie" Auguste Comte als – wie Comte formuliert – „Königin" aller Wissenschaften. Die Soziologie als streng rationale Sozialwissenschaft würde nämlich den Menschen erlauben, ihre Zukunft zu planen und so das Menschenwesen optimal zu organisieren. In der Wirklichkeitsbestimmung Neuraths fügen sich die Traditionen dem Geist des „wissenschaftlichen Weltbildes" und treiben, mit der Wahrscheinlichkeit der großen Zahl der nach Teilhabe drängenden Massen im Rücken, einem Zeitalter allgemeiner Erfüllung entgegen.

1911 bis 1913 hatte Neurath Reisen auf den Balkan unternommen, um dort aus der Perspektive des Ökonomen Kriegsursachen und -folgen zu untersuchen. Ihn erstaunte der Befund, dass zeitgleich mit Kriegen das allgemeine Lebensniveau der Bevölkerung steigen kann, was er auf die Effizienz der zentralisierten Verwaltungswirtschaft, also einer Planwirtschaft zurückführte. Diese Erkenntnis[15] bestimmte die weitere Orientierung seines Handelns und Planens. In die Zeit des Ersten Weltkriegs, in der er zunächst als Kommandant für eine kleine besetzte Stadt zuständig war, fällt sein Übertritt zum Sozialismus. Neurath war kein Mann des Zweifels: dem Pfad, den er einmal eingeschlagen hatte, folgte er auch.[16] Es gelang ihm, das österreichische Kriegsministerium von der Einrichtung einer Abteilung für Kriegswirtschaftslehre zu überzeugen – zu deren Leiter er bestellt wurde. Außerdem wurde er zum Direktor eines kriegswirtschaftlichen Museums in Leipzig berufen. Neurath war davon überzeugt, dass die Wirtschaftsordnung der Vorkriegszeit bald der Vergangenheit angehören würde. Er meinte, es wäre für das verflossene Zeitalter charakteristisch gewesen, dass es die Fülle der Erfindungen, die ihm zu Gebote stand, kaum auszunutzen verstand, und mit dem Zusammenbruch der Vorkriegsordnung, die schließlich in die Katastrophe des Weltkriegs geführt hatte, schien die Stunde gekommen für das Experiment des Neuen.

V. Ulrich richtet sich ein

Technik oder exakte, messende Wissenschaft mit ‚Seele' zu vermitteln, ist bekanntlich ein zentrales Thema, um das die Überlegungen und Lebensversuche Ulrichs, des Mannes ohne Eigenschaften, kreisen. Ulrich, der in seinen auf die Wirklichkeit bezogenen Ambitionen feststeckt, kommt in Bezug auf die Rolle des Einzelnen zu der ernüchternden Feststellung: „Man kann tun, was man will, es kommt in diesem Gefilz von Kräften nicht im geringsten darauf an!" (Musil, S. 13) Dies betrifft offenbar auch die Einrichtung seines Hauses. Zum Entsetzen seines Vaters, eines Rechtsgelehrten aus bürgerlichen Verhältnissen, der sich im Kontakt mit hohen und höchsten Kreisen hinaufgearbeitet hat, hat sich Ulrich in ein verwahrlostes Adelspalais eingemietet. Dieses muss renoviert und eingerichtet werden, was Ulrichs Einbildungskraft und Erfindungsgabe auf den Plan ruft. Zum Glück hat Ulrichs Schlosshäuschen bereits drei Stile übereinander

---

[15] Sie scheint aus heutiger Sicht nach all den Erfahrungen mit staatssozialistischen Experimenten und der Ineffizienz der Planwirtschaften naiv, es sollte aber nicht vergessen werden, dass Neurath nicht mit einer in ihren Rechten dermaßen geknebelten und polizeilich kontrollierten Gesellschaft rechnete, in der so viele menschliche Vermögen brachlagen oder vernichtet wurden. Man kann darin eine prinzipielle Schwäche seines Denkens sehen, dass er mit so einer Möglichkeit nicht rechnete.

[16] In der früheren Arbeit *Die Verirrten des Cartesius und das Auxiliarmotiv* von 1913 wird – bei vorausgesetztem unvollständigem Wissen – gerade dieses konsequente Einschlagen eines Weges von Neurath als die erfolgversprechendste und damit rationalste Handlungsmöglichkeit argumentiert.

vorzuweisen, „so dass man nicht wirklich alles damit vornehmen konnte, was verlangt wurde" (Musil, S. 20). Die Fülle der Möglichkeiten lässt Ulrichs Ideen „zusammenhanglos" kreisen, immer fantastischer und „inhaltsloser" werden sie. So findet er es schließlich am besten, „die Einrichtung seines Hauses einfach dem Genie seiner Lieferanten [zu überlassen]" (Musil, S. 21), und beschränkt sich darauf, ein paar alte Linien aufzufrischen und da und dort etwas hinzuzufügen, „was ihm zweckhaft und bequem vorkam". Das Resultat ist „entzückend". Doch wozu der ganze Geschmacksaufwand? Ulrich „war vom Mond zurückgekehrt und hatte sich sofort wieder wie am Mond eingerichtet" (Musil, S. 21).

So bezieht Musils Ulrich seinen Beobachtungsraum, ein nobles und trotz fehlender spektakulärer Eingriffe nicht unbescheidenes Refugium. Ist dieser Ulrich ein Modernist? Die Unfähigkeit einer kühnen, die bestehenden – hier ästhetischen – Einrichtungen überspringenden Innovation, hat die ungewünschte Fortsetzung einer Tradition zur Folge, die entzückt, aber im Kern nicht mehr passt. Statt der Möglichkeit einer Selbstneuerfindung, für die freilich ein heruntergekommenes Adelspalais wenig Ansatzpunkte bieten mag, zeichnet sich ein Selbstverlust ab.[17]

VI. Nachdenken über das Wirkliche und das Mögliche

Im berühmten 4. Kapitel des *MoE*[18] – die neue Wohnung ist nunmehr bezogen – denkt Ulrich über Verteilung und Zusammenhang zweier „Sinne" nach, die über unser Wirklichkeitsverhältnis entscheiden. Der „Wirklichkeitssinn" drückt das scheinbar Selbstverständliche aus: „Wenn man durch geöffnete Türen kommen will, muss man die Tatsache achten, dass sie einen festen Rahmen haben [...]." (Musil, S. 16) Ulrichs Vater ist mit diesem praktischen Leitsatz weit gekommen. Schon dieser Anfang enthält Sprengstoff für den naiven Realismus: In Wirklichkeit enthält die Wirklichkeit neben den offenen Türen den normativen Rahmen, woran man vielleicht besser nicht anrennt. Die geteilte Wirklichkeit ist sozial und symbolisch konstituiert, keine voraussetzungslose Faktizität. Die Selbsterfindung der Stadt wird sich dementsprechend nicht auf den Ausbau der offenen Bahnen beschränken, sondern vielmehr die Rahmensetzungen bearbeiten.

„[...] es könnte wahrscheinlich auch anders sein" – so hebt der zweite, der Möglichkeitssinn an. Selbstverständlich gibt es die Beispiele schwacher Menschen, die vor den offenen Türen der Wirklichkeit und ihren Rahmen fliehen. Doch in der Möglichkeit zu leben, ist nicht dasselbe wie Wirklichkeitsflucht,

---

[17] Das Palais verfügt allerdings auch über einen abgeschlossenen Garten, der dem Zwillingspaar Ulrich und Agathe im zweiten Band des *MoE* als Fluchtraum in ihr Liebesparadies dienen wird.

[18] „Wo es Wirklichkeitssinn gibt, muss es auch Möglichkeitssinn geben."

sondern zielt im Gegenteil auf eine andere Dimension der Realität. In Musils „Schwärmer[n]" treten „vulkanische" Individuen auf, die das „Stückchen vom noch flüssigen Feuerkern der Schöpfung" suchen (zit. n. Aspetsberger, S. 46). Es mag ja sein, gibt Ulrich zu, dass Möglichkeitsmenschen „in einem Gespinst von Dunst, Einbildung, Träumerei und Konjunktiven" leben, aber das Mögliche des Möglichkeitssinns ist doch auch das Medium der „noch nicht erwachten Absichten Gottes". Der starke Sinn von Möglichkeit weist auf ihre konstruktive Bedeutung im Weltganzen, und so enthält „ein mögliches Erlebnis oder eine mögliche Wahrheit" – Ulrich bleibt vorsichtig und ironiebereit: „wenigstens nach Ansicht ihrer Anhänger" – „etwas sehr Göttliches in sich, ein Feuer, einen Flug, einen Bauwillen und bewussten Utopismus, der die Wirklichkeit nicht scheut, wohl aber als Aufgabe und Erfindung behandelt. Schließlich ist die Erde gar nicht so alt und war scheinbar noch nie so recht in gesegneten Umständen". Solches Bemühen um die unerfundene Wirklichkeit ist bei Musil durchgehend, „das Empfinden der Negativität der vorhandenen Lebenswelt ist generell" (Aspetsberger, S. 47). Wie kann die transzendierende Lebendigkeit des Möglichen erfahren und ins Leben integriert werden?

Ulrich ergeht es so, als zöge seine prinzipielle Offenheit gegenüber dem „Es könnte auch anders sein"[19] ihn selbst in den Zwischenraum des Noch-nicht-Geschaffenen. Er bringt „auch sich selbst gegenüber" keinen Wirklichkeitssinn mehr auf, so wird uns berichtet, weil der Besitz von Eigenschaften Freude gegenüber ihrer Wirklichkeit voraussetzt. „Welt" und „Mann" passen nach seiner Erfahrung nicht mehr zusammen, und so hängt der eine in der anderen quasi in der Luft. Ihr Format scheint, viel drastischer als im Fall des Palais', das sich nicht so recht modernisieren ließ, nicht kompatibel, denn in der Welt, wie sie „jetzt" wissenschaftlich erfasst ist[20], sind die althergebrachten Ambitionen

---

[19] Diese „Formel" entspricht einer eigentümlichen Erfahrung, die Musil bereits als Kind oft gemacht hat, nämlich das plötzliche Kippen der Wirklichkeit wie das Öffnen einer Falltür, die das Leben in den Bannkreis einer anderen Erfahrung geraten lässt, für Momente oder auch in Phasen längerer Versunkenheit. In diesen Zuständen macht er die Erfahrung, dass „sich gebannte Gedankenlosigkeit nicht von aufmerksamer Beobachtung unterscheiden lässt" (Berghahn, S. 17), zugleich in sich eingeschlossen und ganz nach außen gewandt zu sein. Diese widersprüchliche „Zweiseitigkeit des Gefühls", schreibt Wilfried Berghahn, „beunruhigt ihn sein Leben lang. Um eine Erklärung für sie zu suchen und sie endgültig in den Kategorien dessen, was wir über uns selbst wissen, zu verankern, nimmt er das Abenteuer seines Romans auf sich." (Berghahn, 18f.) Berghahn meint, dass sich jenes „Grunderlebnis Musils" ihm in den zeitlebens nicht mehr zu beruhigenden Gedanken verdichtet, dass nichts wirklich identisch mit sich selbst ist.

[20] „In der Wissenschaft gibt es keine ‚Tiefen'; überall ist Oberfläche", dekretiert Neurath, „alles Erlebte bildet ein kompliziertes, nicht immer überschaubares, oft nur im einzelnen fassbares Netz." (Neurath 4, S. 87).

Robert Schwarz

einer bedeutenden Rolle für den einzelnen im Grunde lächerlich geworden, auch wenn andere noch daran festhalten. Ulrich, „ein Mann *mit* allen Eigenschaften, aber sie sind ihm gleichgültig"[21], sistiert sie lieber. An einer Stelle berichtet der Erzähler über Ulrich, dass er „hinter seiner Person wartete, und seine ruhige, dahinter abgedämmte Verzweiflung stieg mit jedem Tag höher" (Musil, S. 264). Jedenfalls findet die moderne Erfahrung der Machtlosigkeit bei gleichzeitiger Aufsummierung der technisch-anonymen Zugriffsmächte, wie sie auch Simmel beschrieben hatte, im Roman prägnanten Ausdruck.

Die Musil'sche Dialektik findet keinen rechten Abschluss, und der Riss in der Welt ist nicht mehr zu stopfen. Denn es schwankt nicht nur der Boden der Wirklichkeit, sondern auch die Möglichkeit oszilliert zwischen Nichtigkeit und Omnipotenz. Musils berühmte Mystik zielt bekanntlich auf die Utopie eines „anderen Zustands", in dem sich das Begründete (die Wirklichkeit) und das Unbegründete (das Andere, Gott, die reine Potenz, das Nichts...) berühren.[22] Die Berührung findet im Individuum statt, aber wer könnte ausschließen, dass sie nicht auch im Sein stattfindet? Dies ist die radikale Realisation des Möglichkeitssinns in ontologischer Hinsicht. Spannend ist dann die Frage, wie ein solcher Einbruch „des Anderen" das Dasein befruchtet und welchen Platz die Erfahrung absoluter Negativität / Positivität in der Gesellschaft der Menschen beanspruchen kann.

Ulrichs Reflexion weist aber schließlich wieder in eine praktische Richtung: Wenn die Wirklichkeit „Aufgabe und Erfindung" ist, wenn ferner das, was da ist, nicht wirklich befriedigt, dann bedarf es einer Verständigung darüber, in welche Richtung die individuelle und gesellschaftliche Entwicklung gehen soll. Für Ulrich / Musil bekommt dadurch die Wirklichkeit nun eine nicht unbedeutende Rolle: „Es ist die Wirklichkeit, welche die Möglichkeiten weckt, und nichts wäre so verkehrt, wie das zu leugnen." (Musil, S. 17)

VII. „Gesellschaftstechnik"

Im Frühjahr 1919 nützte Neurath die Gelegenheit: eine revolutionäre Situation in Teilen Deutschlands, die für politische Experimente einer sozialistischen Neuorganisation der Gesellschaft günstig schien. Gegen den Rat seiner Frau und mit einer gewissen politischen Blauäugigkeit trat er das Amt eines Präsidenten des *Zentralwirtschaftsamtes der Bayrischen Räterepublik* an. Bereits im Januar hatte er in einer Rede vor dem Münchener Arbeiterrat seine Position als „sozialtechnisches Gutachten" präsentiert. Nicht politische Leidenschaft, sondern das

---

[21] Siehe *MoE*, Kap. 40.

[22] Das scheint jener mystische Moment zu sein, der Musil so wichtig war. Vgl. dafür auch Willemsen.

Kalkül eines Rationalisten, der nach allen Richtungen hin Verbindungen aufrechterhalten oder schaffen will, bestimmen seine Haltung[23]. „So wie man die
Volkswirtschaft durch ein Hindenburgprogramm dem Kriege dienstbar machen
konnte, müsste man sie auch dem Glück aller[24] dienstbar machen können." (zit.
n. Hegselmann, S. 25) Das Experiment scheiterte nach kurzer Zeit, nicht zuletzt
an politischen Bruchstellen innerhalb der Linken. Nur durch die Hilfe des
prominenten österreichischen Sozialdemokraten Otto Bauer, der sich ausdrücklich auf die unpolitische (und damit sozusagen wissenschaftlich-neutrale)
Haltung Neuraths berief, wurde ihm im Zuge eines Gefangenenaustausches das
Schicksal der Kerkerhaft erspart, die Habilitation von 1917 aber wurde annul-
liert. Eine Karriere in der wissenschaftlichen Lehre war damit verspielt.

Doch blieb Neurath überzeugt, dass die von der Wirklichkeit geweckten Möglichkeiten gesammelt, geordnet und wissenschaftlich sondiert werden sollten, da
sich in ihnen gewaltige Potentiale für die Gestaltung der Zukunft verbergen. Wir
stehen, so Neurath 1919 in dem Aufsatz *Die Utopie als gesellschaftstechnische
Konstruktion*, „am Beginn einer Utopistik als Wissenschaft". Eine solche Wissenschaft hätte nicht eine bestimmte, einzelne Utopie auszuarbeiten, „es müssten
vielmehr ganze Gespanne von Utopien nebeneinander entworfen und untersucht
werden". „Bisher fehlte eine derartige wissenschaftliche Behandlung der Frage-
stellung. Man erdachte gemeinhin nicht ganze *Gruppen von Utopien*, sondern
schuf meist eine einzelne Utopie aus einer grundsätzlich unwissenschaftlichen
Seelenstimmung heraus." (Neurath 2, S. 32f.) Was ist technisch an der utopischen Materie? Das Durchrechnen, die Planung am Reißbrett, der unsenti-
mentale Funktionalismus, der kühne Zugriff auf große Aufgaben, das, was auch
den Mann ohne Eigenschaften bewogen hatte, in seinem zweiten Anlauf, in der
Welt etwas zu werden, eine technische Laufbahn einzuschlagen. Neurath sah
sich am Beginn einer neuartigen Entwicklung: „Einst mag ein Geschlecht kom-

---

[23] Der politisch undoktrinäre Neurath stand der kommunistischen Partei distanziert gegenüber. „An ihren Führern kritisierte er „eine gewisse Strenge und unerbittliche Rücksichts-
losigkeit gegen alles, was nicht auf ihrer Seite war. [...] man habe ihn unter dieser zweiten
Räterepublik nur deshalb nicht entlassen, weil die Arbeiter hinter ihm gestanden hätten und
er sich auf die Organisation der Sozialisierung beschränkt habe." (zit. n. Hegselmann, S.
30) In einem internen Papier der Münchner KPD aus der Zeit nach der Räterepublik-Epi-
sode wird seine Bereitschaft, Schritt für Schritt vorzugehen und auch mit den Bürgerlichen
zu kooperieren, kritisiert; in Summe schien Neurath den Parteistrategen aber doch brauch-
bar, denn: „Er besaß Energie, Organisationstalent und die Fähigkeit, sich auch einem fremden Willen unterzuordnen, er klebte nicht an seinem Patent." (zit. n. Hegselmann, S. 30).

[24] Die wissenschaftliche Erfassung menschlichen Glücks als externe, quantifizierbare und
statistische Größe hatte er in dem Aufsatz *Das Problem des Lustmaximums* aus dem Jahr
1912 gefordert.

men, welches in der bewussten Gestaltung unseres Lebens, in der bewussten Gestaltung unseres Glücks erst das wahre Menschentum sieht [...], wir können jedenfalls das große Werk beginnen, von jetzt an *bewusst die Zukunft und das Mögliche zu pflegen*." (Neurath 2, S. 32) In der Neurath'schen Gesellschaftstechnik – so wie übrigens in vielen Ideenströmungen der Zwischenkriegszeit – geht es um nicht weniger als den Zugriff auf die *Lebensform*, die gesellschaftlich ausgefochten und dann kollektiv realisiert werden soll. Aufbruchsenergien mobilisierten gegen das Gefühl der Desorientierung.[25] An alle ergeht der Appell, *jetzt* eine neue Lebensordnung zu entwerfen.

VIII. „Lebensreform"

Das Zusammentreffen der Neurath'schen Gesellschaftstechnik mit der Wiener *Siedlerbewegung* findet statt im Kontext der *sozialistischen Lebensreform*, einer breiten Reformbewegung, die in den Jahren nach dem Ersten Weltkrieg ihren Höhepunkt erreichte. Unter diesem Namen waren Bestrebungen zusammengefasst, das Leben der Arbeiter und Arbeiterinnen sozial und kulturell anzureichern, ohne dabei bloß bürgerliche Muster zu kopieren. Konkret und praktisch ging es darum, der Arbeiterklasse alles das bereitzustellen, wovon sie bisher meistens ausgeschlossen war: Musik, Sport, Bildung, Kultur, Freiheit, eine seelische Form... Ein *neuer Mensch* sollte jetzt schon Gestalt annehmen, nicht erst nach einem zukünftigen politischen Triumph der Arbeiterklasse. Der belgische Sozialdemokrat Hendrik de Man, ein einflussreicher Fürsprecher der sozialistischen Lebensreform, brachte die ihr inhärente Problematik so auf den Punkt: „Der Weg zum Sozialismus führt für die Massen von der proletarischen Besitzlosigkeit über das kleinbürgerliche Spießertum" – also: ohne ein Vorgefühl von Glück keine Massenbewegung. Die Partei der Kommunisten lehnte eine solche Strategie der diesseitigen Beglückung ab. Sie zweige zu viele Kräfte vom Ziel des politischen Kampfes ab. „Der geographische Schwerpunkt der sozialistischen Lebensreform lag im deutschsprachigen Raum und hier wiederum in Österreich mit dem Zentrum in Wien." (N. N. / Junius-Verlag, S. 12)[26] Die

---

[25] Über beide Zustandsvarianten gibt Musils *MoE* Auskunft. Einzelne Figuren um Ulrich repräsentieren verschiedene Handlungsoptionen und die dazugehörigen geistigen Dispositionen. „Sie verkörpern in verzerrten Spiegelungen die Versuche Ulrichs, eine sinnvolle Verwendung für seine Eigenschaften, d. h. „das Gesetz des rechten Lebens" zu finden." (Hönig, S. 3) Der ganze Roman mitsamt den vielen tausend Seiten von Entwürfen und Varianten ist in diesem Sinne eine experimentelle Versuchsanordnung gebündelter und in Gruppen geordneter Utopien.

[26] Ein wesentlicher Grund dafür dürfte in der harten gesellschaftlichen Segmentierung liegen, die sich schon in der Kaiserzeit „zwischen dem bürgerlich-monarchistischen und dem

Wiener Sozialdemokratie war nach dem Ende des Ersten Weltkriegs in einer starken politischen und gesellschaftlichen Position und wollte ihren Einfluss wirksam machen.

IX. Neurath und die Wiener Siedlerbewegung

Im Kriegsjahr 1917 waren fast drei Viertel aller Wiener Wohnungen Ein- und Zweizimmerwohnungen, und diese waren überbelegt. Eigentümer wurden gezwungen, „Bettgeher" aufzunehmen, die außer dem Schlafrecht keine Anrechte in der Wohnung hatten. Andere füllten die Kanalrohre oder gruben Erdlöcher in Bahndämme. In dieser Situation der akuten Not wurden zahlreiche Selbsthilfebewegungen gegründet, darunter, am prominentesten, die teilweise aus Vorkriegsorganisationen der Klein- und Schrebergärtenvereine hervorgegangene *Siedlerbewegung*. Die zunächst ‚wilden' Siedler errichteten, zumeist am Rande des Wienerwalds, illegale Behausungen, eine Art großstädtischer *Selbsterfindung*, wie sie in vielen globalen Megalopolen stattfindet. Im September 1920 besetzen obdachlose Kriegsbeschädigte das Gelände des Lainzer Tiergartens, das nach Kriegsende in das Vermögen des Kriegsbeschädigtenfonds überschrieben worden war, um von der Gemeinde Baubewilligungen zu erhalten. Diese Art der sekundären Landnahme[27] wurde von der sozialdemokratisch regierten Gemeinde Wien teilweise gebilligt, und vor allem fanden die Siedler solidarische Unterstützung, u. a. durch einige der besten Wiener Architekten, die für sie planten. Die in Pioniergeist und gemeinsamer Anstrengung aus dem Boden gestampften Siedlungen – meist kleine Reihenhäuser, gemeinsam gebaut, oft per Los verteilt – verfügten über gemeinschaftliche Infrastruktur und genossenschaftliche Selbstverwaltung.

Otto Neurath stellte sich an die Spitze dieser Bewegung, indem er 1921 den *Hauptverband für Siedlungs- und Kleingartenwesen* ins Leben rief, den er bis 1925 leitete. Dies war nun ein politisch weniger exponierter Ansatzpunkt, die „planmäßige Verwaltung zugunsten der Gesellschaft durch die Gesellschaft" (zit. n. Hegselmann, S. 25) hatte einen aus der Not geborenen, praktischen Ansatzpunkt, aus dem möglicherweise vieles folgen konnte. Welche Impulse konnte Neurath von der *Siedlerbewegung* erwarten? Die Angehörigen der herrschenden Klassen, so Neurath, insbesondere deren Kinder, seien von der Vereinsamung der Großstadt betroffen, „und nicht wenige von ihnen würgt der

---

sozialistischen Lager bis in den letzten Sportverein hinein" (N. N. / Junius-Verlag, S. 12) herausgebildet hatte.

[27] „Primäre Akkumulation" ist in der Terminologie des Marxismus die weder rechtmäßige noch illegale Inbesitznahme ehemals allgemein zugänglicher Güter (z. B. ein Territorium) durch einzelne Akteure, die sich selbst dazu ermächtigen.

Ekel" (Neurath 3, S. 112). Sie fänden sich zwar zu Gruppen zusammen, Anthroposophen, Freidenker, Spiritisten, Anhänger Spenglers, Verfechter dieser oder jener Idee, aber diesen fehle „die Notwendigkeit", das gemeinsame Schicksal, das die Proletarier zwangsweise kennen. „Nur wenn die Gesamtlebensstimmung von Menschen die gleiche ist, kann echte Gemeinschaft entstehen." Dafür brauche es die Erfahrung der kollektiven Anstrengung, den gemeinsamen Aufbruch und das Mitgestalten am gemeinsamen Werk. Nur so könne „ein neuer gemeinsamer Lebensstil" entstehen, Neurath formuliert emphatisch: die Zuwendung zu einer „großformatigen Lebensauffassung"[28]. (Neurath 3, S. 114) Am Zweifel an der objektiven Möglichkeit einer solchen hatte sich ja gerade die Verunsicherung oder Verzweiflung von Musils Ulrich begründet. Die Typisierung ganzer Häuser, von Baubestandteilen und Wohnungseinrichtungen wird von Neurath ausdrücklich gelobt, denn sie „drängt zu einem einheitlichen, einigermaßen beharrenden Lebensstil". Großformatigkeit liegt für Neurath im kollektiven Wagnis des gesellschaftlichen Projekts, also sogar in der abstrakten Normierung. „Auch von dieser Seite dringt der Geist der Technik in das Leben ein und wirkt umgestaltend auf den ganzen Menschen, dem bald gewisse ,Ornamente' und ,Dekorationen' als oberflächlich erscheinen mögen." (Neurath 3, S. 115) Wer bestimmt aber tatsächlich die lebendige Gebrauchsform?

Der „sozialistische Mensch" würde laut Neurath durch Erfahrungen und Neugestaltungen dieser Art erst nach und nach geschaffen werden, denn „die sozialistischen Menschen werden durch die sozialistische Ordnung geschaffen, nicht umgekehrt" (Neurath 3, S. 288). Neurath gebraucht das Bild eines Schiffes auf hoher See, um den abenteuerlichen Umbau des lebendigen Gesellschaftskörpers zu beschreiben:

> „Stellen wir uns Seefahrer vor, die auf hoher See die Form ihres Schiffes von einer mehr runden zu einer mehr fischähnlichen verändern wollen. Neben dem Holz des alten Baus verwenden sie Treibholz, um Skelett und Rumpf ihres Schiffes umzugestalten. Aber sie können das Schiff nicht ins Dock bringen, um ganz von vorne zu beginnen. Während sie arbeiten, bleiben sie auf dem alten Bau und trotzen schweren Stürmen und donnernden Wogen. Beim Umbau des Schiffes tragen sie Sorge, dass kein gefährliches Leck auftritt. Ein neues Schiff erwächst aus dem alten, Schritt für Schritt, – und während sie noch bauen, mögen die Seefahrer bereits an einen neuen Bau denken, und sie werden nicht immer einer Meinung sein. Die ganze Sache wird in einer Weise vorangehen, die wir heutzutage nicht einmal erahnen können. Das ist unser Schicksal." (zit. n. Hofmann-Grüneberg, S. 67)

---

[28] Der Zweifel an der objektiven Möglichkeit einer solchen war eben die Quelle der Musil'schen Verunsicherung, wenn nicht Verzweiflung.

War die Wiener *Siedlerbewegung* erfolgreich? Hatte Neurath diesmal auf das richtige Pferd gesetzt? Aus der Sicht der Gegenwart wird man diese Frage verneinen und bejahen. Die Bewegung war insofern erfolgreich, als es den Siedlern gelangt, etwa 50 Siedlungsanlagen mit rund 15 000 Wohneinheiten zu errichten; insofern ein Misserfolg, als sich ihr Genossenschaftsmodell nicht generell durchsetzte, obwohl sogar der legendäre Adolf Loos das Siedlungsamt der Gemeinde Wien und die Parole „große Architektur für kleine Häuser" ausgegeben hatte. Die Konzepte der Architekten, von denen viele die Gartenstadtidee bevorzugten, der Siedler und der städtischen Verwaltungsbeamten waren nicht vereinbar. Auch die *Wiener Werkbundsiedlung*, die einen moralisch fundierten Qualitätsbegriff von Architektur vertrat, blieb ein singuläres Ereignis. Deren modernschlichte Qualitätshäuser waren für eine durchschnittliche Klientel zu teuer. Stattdessen feierte das ‚Rote Wien' große Erfolge mit seiner Sozialwohnungsoffensive, die auf sehr große Wohneinheiten, sogenannte „Superblocks" setzte[29]. Möglich geworden war eine solche Politik durch Enteignungen spekulativer Grundflächen und durch die Breitnersche „Luxussteuer", die zum einen Luxusgüter, zum anderen – stark progressiv – Immobilien besteuerte. So konnte die Gemeinde Wien, 1924 bereits größter Grundbesitzer, innerhalb weniger Jahre 65 000 sehr günstige Sozialwohnungen aus dem Boden stampfen. Sie waren zwar sehr klein – 30 bis 50 m² – aber für eine durchschnittliche Gemeindebauwohnung reichte 1926 bedeutend weniger als die Hälfte eines Arbeiterlohnes. Aufgrund dieser Wohnbauoffensive in den 1920er-Jahren, durch den hohen politischen Stellenwert des sozialen Wohnbaus mit seinen billigen Mieten sowie die Bevorzugung sozial schwacher Gruppen in der immer noch sozialdemokratisch regierten Stadt ist die Gemeinde Wien heute die mit Abstand größte Hausverwaltung Europas. Jeder vierte Wiener lebt in einer Gemeindebauwohnung, wovon es in Wien etwa 220 000 gibt. Dies war das eigentliche politische Erfolgsmodell.

X. Richtung einer „globalen Polis"?

Die Hoffnung, die Neurath in die Bewegung der Siedler gesetzt hatte, ging also insofern nicht auf, als sich längerfristig keine neue sozialistische Ordnung abzeichnete, sondern die kapitalistische (in Wien unter sozialdemokratischen Vorzeichen) festigte. Dennoch kann sein sozialpolitisches Engagement als erfolgreich betrachtet werden, nämlich wenn in Rechnung gestellt wird, welche

---

[29] Der Karl-Marx-Hof in Wien-Heiligenstadt beispielsweise gilt als der – gemessen an der Blocklänge – größte Sozialwohnbau der Welt. Im kurzen Österreichischen Bürgerkrieg im Jahr 1934 verschanzten sich in dem festungsartigen Gebäude die Kampftrupps der bewaffneten Arbeiter.

weiteren großformatigen Projekte für Neurath – man möchte sagen: mit strenger Konsequenz – aus diesem ersten folgten, dem seinerseits das gescheiterte Münchner Abenteuer vorausgegangen war. Der Kampf für das Interesse der Proletarier, also für die Einführung einer gerechteren, rationaleren, glücksgesättigteren Lebensordnung, verlangte nämlich nicht bloß Propaganda, auch nicht eigentlich Rhetorik, sondern Kommunikation oder noch treffender: Darstellung. Diese Kommunikation / Darstellung im Interesse eines utopischen Umbaus der Gesellschaft, davon war Neurath überzeugt, musste einen universellen und umfassenden Charakter annehmen. Sie musste über alles Gesellschaftstechnisch-Relevante reden, und sie musste alle erreichen und einbeziehen.

Aus Neuraths organisatorischem Wirken für die *Siedlerbewegung* gingen das Wiener Gesellschafts- und Wirtschaftsmuseum hervor und die Wiener Bildstatistik, das International System of Typographic Picture Education, kurz ISO-TYPE. 1923 organisierte Neurath auf dem Wiener Rathausplatz eine Freiluftausstellung, die das Werk und die Ideen der Siedler der Wiener Bevölkerung vorstellen sollte. Das Konzept dieser Ausstellung übernahm er als Grundlage eines dauerhaften Museums für Siedlungs- und Städtebau im Rathaus, das er sodann zu einem Gesellschafts- und Wirtschaftsmuseum erweiterte, welches er ab 1925 leitete[30]. Die Idee für einen solchen neuen Typus von Museen fand europaweit Nachahmer. Ihre Aufgabe bestand in einer die weniger gebildeten Schichten der Bevölkerung erreichenden Aufklärung über die Funktionszusammenhänge der Gesellschaft und ihre Massenbewegungen. „Keine", so Neurath optimistisch, „der großen Arbeiterorganisationen [...] wird es sich nehmen lassen, für ihre Sonderzwecke soziale Bildertafeln und Modelle anfertigen zu lassen" (Neurath 4, S. 301). Grundlage für eine solche Aufklärung der Gesellschaft über sich selbst ist die Statistik, „entscheidendes Instrument für den Kampf", „schwerste Anklagen gegen die kapitalistische Ordnung" und „Freude für die Erfolgreichen" (zit. n. Hegselmann, S. 47). Dieses Instrument muss unter anderem über diese neue Art von Museen aber erst einmal gesellschaftlich angeeignet werden, denn: „Eine Art heiliger Scheu erfüllt die Menschen vor diesen Symbolen, die man gewissermaßen als Sondereigentum einer kleinen Gruppe Wissender behandelt! Tabu für die übrigen! Dieser Bann muss gebrochen werden, vor allem in einer Zeit, die ununterbrochen mit Fragen zu tun hat, die sich auf das Schicksal der Massen beziehen." (zit. n. Hegselmann, S. 47)

Doch wie abstrakte Zahlenkolonnen vermitteln? Für diesen Zweck musste die „Bildstatistik", eine international verständliche Bildsprache erfunden werden, die gesellschaftliche Tatbestände durch einfache, sofort lesbare Bildsymbole

---

[30] Es musste zwar 1934 seine Pforten schließen, wurde aber nach dem Krieg neu gegründet und existiert noch heute.

darstellt, welche angehäuft, verschieden gefärbt, einander gegenübergestellt etc. werden können. Die Folgen dieser von Neurath und dem holländischen Designer Gerd Arntz entwickelten Bildstatistik sind aus heutigen Stadtoberflächen nicht mehr wegzudenken: kleine laufende Männchen, die den Weg zur nächsten Toilette weisen oder durchgestrichene Zigaretten in Bussen und Bars. Einfache Bildsymbole sind heute selbstverständlicher Teil der städtischen Infrastrukturen und finden sich auf jedem Ikea-Bauplan. Neurath, der auch Initiator, Planer und Mitherausgeber eines neuen, gigantischen und schon vom Konzept her unabschließbaren Enzyklopädieprojekts war[31] – es sollten sämtliche relevanten Wissenschaften mit ihrem aktuellen Wissensstand zu Wort kommen – plante dafür auch ein 10-bändiges Supplement in diesem einfachem Bildercode der ISO-TYPE. Allerdings entwickelte sich die Wirklichkeit einmal mehr anders als geplant: Zwar ist die optische Intelligenz durch die Vervielfältigung medialer Umwelten gewachsen, damit zugleich aber auch die optische Dummheit, und die mit antibabylonischer Hoffnung aufgeladenen „Werkzeug[e] fürs Denken" sind heute eher Bestandteile unserer Sensomotorik. Und so liegt gewiss eine feine objektive Ironie darin, wenn aktuelle Ausstellungen über das Wirken Neuraths nicht nur Titel wie *Gypsy Urbanism*[32] tragen, sondern auch, zu gleicher Zeit seinen universellen Ansprüchen wie den weltweit vorhandenen Folgen seiner praktischen Erfindung Ausdruck gebend: *After Neurath – The Global Polis*[33].

Der von Neurath ersehnte globale Kommunikationscode ist zu einem nicht mehr wegzudenkenden Bestandteil menschlicher Wirklichkeit geworden, allerdings eben tatsächlich in der Form eines bloß mathematisch-technischen Codes[34], von Programmiersprachen und Protokollsatzregeln – eine weitere Ironie der Geschichte. Technisch beruht das Internet auf dem Logismus des Binären und der mathematischen Algorithmen, deren Brauchbarkeit damit einmal mehr bewiesen ist. Die Möglichkeit universeller Kommunikation scheint in diesem Netz vieler Netze eine Wirklichkeit mit sich gerade erst entfaltenden Po-

---

[31] „Der ganze Plan ist so umrissen, dass die *Enzyklopädie* ‚wie eine Zwiebel aus vielen Schalen' bestehen mag. Man kann die zuerst erschienenen Hefte schon in mehrfach verbesserten Auflagen vorliegen haben, ehe man die letzte Schale von Heften herauszugeben angefangen hat." Jeder Band (aus zehn Einzelabhandlungen) sollte dabei in sich ein gerundetes Ganzes bilden, so würde „*niemals ein Torso vorliegen*" (Neurath 1, S. 316).

[32] Im Wiener MAK vom 10.3. bis zum 5.9.2010.

[33] Ausstellung, die sich 2008 in Den Haag – hier hat Neurath ab 1934 in seinem ersten Exil gelebt – den Auswirkungen der Neurathschen Ideen und Innovationen auf Architektur, Städtebau und globale Kommunikation widmete.

[34] Der auf den unter den Bedingungen Europas nach dem großen Konfessionskrieg und wie Neurath auf allseitige Kommunikation hoffenden Philosophen, Mathematiker und Diplomaten Leibniz zurückgeht!

tentialitäten geworden zu sein. Doch hat dieses Kommunikations-, Informations- und Lebensmedium nicht zu einer Zentralisierung der Intelligenz, Gleichverteilung der Information oder gemeinsamer bewusster Steuerung globaler Prozesse geführt, sondern eine Vielzahl disparater Netze organisiert, die alles Mögliche in sich einfangen, abbilden oder anstoßen, ohne dass eine dominante Idee des Gebrauchs aller dieser Daten bzw. eine „Lebensform" zwangsläufig damit verbunden ist. Was höchstwahrscheinlich sehr gut so ist: Es gibt keine zentrale Planungsstelle, die die durch das Internet möglich gewordenen Selbsterfindungen auf dem Feld des Virtuellen und der kommunikativen Vernetzungen koordiniert.

XI. Schluss 1: Neurath und Musil

Wäre die Neurath'sche Gesellschaftstechnik eine Antwort auf die Nöte Ulrichs bzw. die Musil'schen Nöte, als Triumph eines Möglichkeitssinns, der den langen Weg durch die Wirklichkeit nicht scheut? Auch Musil spricht ja in naturwissenschaftlich-technischer Metaphorik von „Versuchsstätte" und von „Labor"[35], wenn es darum geht, die besten Arten, am Leben teilzuhaben, zu eruieren: „So wie eine große Versuchsstätte, wo die besten Arten, Mensch zu

---

[35] Es ist interessant zu sehen, dass diese beiden so unterschiedlichen „Geister" – Musil und Neurath – anfangs sehr ähnliche Ausbildungsgänge eingeschlagen haben. Auch Musil studierte – nach der abgebrochenen Offizierslaufbahn, einer Ausbildung zum Maschinenbauingenieur und kurzfristiger Arbeit als Forschungsassistent – in Berlin Philosophie, Logik und Physik und promovierte über die Erkenntnistheorie Ernst Machs, der mit seiner Antimetaphysik und seinem Empirismus ein Heros des Wiener Kreises sein sollte. Allerdings studierte Neurath zusätzlich Nationalökonomie und Geschichte im Portefeuille, Musil Psychologie und Psychophysik. Man vergleiche nun die drei Versuche Ulrichs, ein bedeutender Mensch zu werden, mit der Karriere Otto Neuraths, und da zeigt sich Folgendes: Ulrich ging ja durch drei Stufen der Enttäuschung. Zunächst hatte er sich Ruhm und Glanz aus dem Herrentum des Soldaten gegenüber dem Zivilisten erhofft, das Vorrecht des Kriegsmannes auch, erhabener in den Stoff der Geschichte eingewoben zu sein; dann sah er den eigentlichen Pionier der Gegenwart in der Gestalt des Technikers, der den Dingen analytisch zu Leibe rückt und konstruktiv in die Welt eingreift; als auch der Techniker in seiner sozialen Realität eine traurige Figur abgibt, verschreibt er sich mit neuem Eifer der Mathematik, Feld einer denkerischen Kühnheit ohnegleichen und innere Organisatorin der Naturwissenschaften... – alle diese Momente finden sich im Werdegang Neuraths, in gleicher Reihenfolge. Nur das Bild des Soldaten – des Kämpfers für den Sozialismus – nimmt naturgemäß eine andere Färbung an, der Aufruf, Soldat zu werden, richtet sich an alle: „Jeder Mann an der Drehbank muss den Marschallstab unter seinem Werkzeug haben." (Aus der Rede vor dem Münchner Arbeiterrat, zit. nach Hegselmann, S. 18) Neuraths Kämpfer nimmt als selbstbewusster Planer und Organisator teil an einer gewaltlosen proletarischen Revolution, er zeichnet sich dadurch aus, dass er zur richtigen Zeit am richtigen Ort ist und sein Können und Wissen einbringt.

sein, durchgeprobt und neue entdeckt werden müssten, hatte er sich früher oft das Leben gedacht, wenn es ihm gefallen sollte. Dass das Gesamtlaboratorium etwas planlos arbeitete und dass die Leiter und Theoretiker des Ganzen fehlten, gehörte auf ein anderes Blatt." (Musil, S. 156)

Nur verdampft bei Neurath die Musil'sche Frage nach Mensch bzw. Seele und Technik in der Bereitschaft, diese einerseits maximal zu nutzen und sich ihr andererseits ganz zu fügen. Der zukünftige Mensch bleibt als Produkt der (Gesellschafts-)Technik eine Variable, zu der kein inneres Verhältnis aufgenommen werden kann, eine abstrakte Größe genau der Art, deren Herrschaft Ulrich / Musil beunruhigt. Nach einer anderen Richtung hin stellte Musil die Frage nach dem Verhältnis von Mensch und Abgründigkeit, welche für Musil im Inneren des Menschen liegen kann, in einer völlig überraschenden Wendung der äußeren Geschichte, in einer mystischen Ekstase oder sogar in der Technik selbst. Und darauf hat der Neurath'sche Entwurf nun gar keine Antwort, denn bei ihm bleibt diese Erfahrungsdimension ausgeschlossen.

Ist der fundamentale Unterschied in Welterfahrung und Weltzugang darin begründet, wie Musil und Neurath die Welt überhaupt *lesen*? Im *MoE* heißt es: „Gott meint diese Welt keineswegs wörtlich; sie ist ein Bild, eine Analogie, eine Redewendung, deren er sich aus irgendwelchen Gründen bedienen muss, und natürlich immer unzureichend; wir dürfen ihn nicht beim Wort nehmen, wir selbst müssen die Lösung herausbekommen, die er uns aufgibt." (Musil, S. 366) So eine Stelle darf freilich auch mit Ironie gelesen werden. In der von Neurath vertretenen Sicht der *Wissenschaftlichen Weltanschauung* lautet die Anweisung so: „Sauberkeit und Klarheit werden angestrebt, dunkle Fernen und unergründliche Tiefen abgelehnt. In der Wissenschaft gibt es keine ‚Tiefen'; überall ist Oberfläche: alles Erlebte bildet ein kompliziertes, nicht immer überschaubares, oft nur im Einzelnen fassbares Netz." (Neurath 4, S. 86) Das Vorhaben, die Welt nach ihren funktionalen Zusammenhängen zu befragen, sie mit kühlen, desillusionierten Augen zu betrachten, deckt sich durchaus mit der Haltung Ulrichs / Musils. Dann aber wird im Programm der *Wissenschaftlichen Weltanschauung* das Rätselhafte überhaupt liquidiert[36], der Mensch für umfassend kompetent erklärt[37], und es werden ästhetische, religiöse, transzendente Erfahrungsbereiche als „nichts besagen[d]" aus dem Vorhaben der Weltauffassung verbannt: „Die Analyse zeigt [...], dass diese Sätze nichts besagen, sondern nur Ausdruck etwa eines Lebensgefühls sind. [...] das adäquate Ausdrucksmittel hierfür ist die Kunst, zum Beispiel Lyrik oder Musik." (Neurath 4, S. 88) Das

---

[36] „Die wissenschaftliche Weltauffassung kennt *keine unlösbaren Rätsel*." (Neurath 4, S. 87).

[37] „Alles ist dem Menschen zugänglich; und der Mensch das Maß aller Dinge." (Neurath 4, S. 87).

Büro, das für die Erforschung und Bündelung utopischer Glückskonstruktionen zuständig ist, würde mit den erlaubten Zutaten eine zwar reichlich und – bei optimiertem Zeitaufwand – für alle erhältliche, aber wie zu befürchten ist, für alle Ewigkeit dünne Suppe kochen können. Die optimistische Ungebrochenheit, die Neurath auch als Typus kennzeichnet, scheint mit einer *Halbierung der Welt* erkauft zu sein, mit einem Bruchstück von Welt.

Neuraths Sinn für das Mögliche ist aus der so reichlich ausdifferenzierten, aus der auch dem Gefühl, der Stimmung, den Sinnesreizen, dem Taumel Denkraum gebenden Perspektive des *MoE* ein äußerst eingeschränkter. Dennoch hätte Neuraths pragmatischer Mut und Unternehmergeist Ulrich nicht unbeeindruckt gelassen. Ulrich ist nämlich mit seinem Möglichkeitsmenschen noch keineswegs zufrieden. Nicht nur ist er „heute von Folgerichtigkeit noch weit entfernt" (Musil, S. 17) und kommt sein „Sinn für die mögliche Wirklichkeit" viel langsamer voran als der Marsch durch die offenen Türen. (Und Neurath führt sozusagen vor, wie es möglich sein kann, Türbögen dorthin zu setzen, wohin man marschieren möchte; und Musil tut dies übrigens als dichtender Denker auch.) Es ist die seltsame Unbegreifbarkeit des Waldes („Wald, das ist etwas schwer Ausdrückbares") gegenüber der viel größeren Unbekümmertheit derjenigen, die im Wald die Bäume sehen („soundsoviel Festmeter") und frisch und frei damit umgehen, die den Mann ohne Eigenschaften hemmt. Oder, ein anderes Bild, dieser legt zwar Angelschnüre aus, weiß aber nicht, ob ein Köder daran ist. Seine „außerordentliche Gleichgültigkeit für das auf den Köder beißende Leben" zeigt auch ihn als einen Menschen der *Halbwelt*.

XII. Schluss 2: Selbsterfindung der Großstadt

In der Ausstellung *(re)designing nature*[38] kommt in einem Videointerview ein Mann zu Wort, der aus dem postindustriellen Detroit berichtet. Mit 14 war er in die Stadt gekommen und musste zunächst einmal das hier gesprochene Amerikanisch erlernen, das für ihn wie eine Fremdsprache war. Bis dahin hatte er sich nie mehr als wenige Kilometer von der Wohnstätte seiner Familie tief im US-amerikanischen Süden, inmitten von Baumwollfeldern und ein paar Landwirtschaften, entfernt. Seine Familie hatte schließlich den Entschluss gefasst, dass der Junge eine Schulbildung erhalten sollte, und wählte dafür die damals florierende Industriemetropole aus, in welche ein Teil des Familienclans ihn begleitete. Wenn jemand etwas von der Kunst versteht, Köder in der Stadt auszulegen, dann dieser verschmitzte Alte. Der gut vernetzte Ingenieur im Ruhestand sieht es als seine Aufgabe an, verlorengegangenes Wissen in der Stadt neu zu

---

[38] Im Wiener Künstlerhaus vom 25.11.2010 bis zum 23.01.2011. Das Video stammt vom Künstlerpaar Annette Weiser und Ingo Vetter.

implementieren. Brennpunkte des lebendigen Wissens liegen im Bewusstsein des Werts des Lebens, in der Erfahrung gegenseitiger Unterstützung in einer verwahrlosten städtischen Nachbarschaft und in der anschaulichen Erfahrung von Dauer. Wie können wir ein Interesse an der Erhaltung des Planeten an den Tag legen, wenn wir nicht einschätzen können, was ein Zeitraum von drei Jahren, einem halben Menschenleben oder 120 Jahren bedeutet? Die besten Lehrmeister sind für ihn die Pflanzen. Du musst einen Baum pflanzen, der in drei Jahren Früchte trägt, falls du ihn schützt und dich um ihn kümmerst. Es gibt aber auch welche, die brauchen 50 Jahre dafür, oder die erreichen erst lange nach deinem Tod ihre volle Reife. Wenn er ein Kind aus einer der Neighbourhoods dabei erwischt, wie es ihm eine prächtige Wassermelone klauen will, dann lobt er ihren Geschmack und sagt ihm, es solle doch gleich noch eine für seine Geschwister mitnehmen. Und wenn es wiederkommen wolle, dann zeige er ihm beim nächsten Mal, „wie du selbst solche Melonen auf einem Bodenstück von einem halben Quadratmeter anpflanzen kannst". Im souveränen Pioniergeist des lachenden Alten drückt sich aus, dass wir die Wirklichkeit, die wir haben wollen, allemal ködern müssen.

Literaturverzeichnis
Aspetsberger, Friedbert: *Anderer Zustand, Für – In. Musil und einige Zeitgenossen.* In: Baur, Uwe / Castex, Elisabeth (Hrsg.): *Robert Musil*, Königstein 1980.
Berghahn, Wilfried: *Robert Musil*, Reinbeck 1963.
Friedell, Egon: *Kulturgeschichte der Neuzeit*, München 1979.
Hegselmann, Rainer (Hrsg.) / Neurath, Otto: *Wissenschaftliche Weltauffassung, Sozialismus und Logischer Empirismus*, Frankfurt a. M. 1979.
Hofmann-Grüneberg, Frank: *Radikal-empiristische Wahrheitstheorie. Eine Studie über Otto Neurath, den Wiener Kreis und das Wahrheitsproblem*, Wien 1988.
Heftrich, Echhard: *Musil*, München u. Zürich 1986.
Hönig, Christoph: *Robert Musil. Ein Mann ohne Eigenschaften?*, http://www.humboldt-gesellschaft.de/inhalt.php?name=musil (2010).
Janik, Allan / Toulmin, Stephen: *Wittgensteins Wien*, Wien 1998.
Kraus, Karl: *Die Fackel*, Nr. 281, Wien 1909; (= Kraus 1).
Kraus, Karl: *Der Löwenkopf oder die Gefahren der Technik.* In: *Die Fackel*, Nr. 384/385, Wien 1913; (= Kraus 2).
Musil, Robert: *Der Mann ohne Eigenschaften*, Hamburg 1952.
Neurath, Otto: *Die neue Enzyklopädie des wissenschaftlichen Empirismus*, Scientia Dez. 1937; (= Neurath 1).
Neurath, Otto: *Die Utopie als gesellschaftstechnische Konstruktion.* In: Hegselmann, Rainer (Hrsg.) / Neurath, Otto: *Wissenschaftliche Weltauffassung, Sozialismus und Logischer Empirismus*, Frankfurt a. M. 1979, S. 235 – 241; (= Neurath 2).
Neurath, Otto: *Gesammelte philosophische und methodologische Schriften. Bd. 1*, Wien 1981; (= Neurath 3).

Neurath, Otto: *Wissenschaftliche Weltauffassung – Der Wiener Kreis*. In: Hegselmann, Rainer (Hrsg.) / Neurath, Otto: *Wissenschaftliche Weltauffassung, Sozialismus und Logischer Empirismus*, Frankfurt a. M. 1979, S. 81 - 101; (= Neurath 4).

N. N. / Junius-Verlag (Hrsg.): „*Sozialismus und persönliche Lebensgestaltung. Texte aus der Zwischenkriegszeit*, Wien 1988.

Requard, Manfred: *Robert Musil und das Dichten „More Geometrico"*. In: *Text und Kritik*, Bd. 21/22, München 1993 (3. Auflage: Neufassung).

Simmel, Georg: *Die Großstädte und das Geistesleben*. In: Petermann, Theodor (Hrsg.): *Die Großstadt. Vorträge und Aufsätze zur Städteausstellung. Jahrbuch der Gehe-Stiftung Dresden. Bd. 9*, Dresden 1903, S. 185 - 206; hier zit. nach: http://socio.ch/sim/sta3.htm (2010).

Thurnhofer, Hubert: *Philosophie als Dichtung*, http://www.turnhofer.cc/communication/ essenz/musil (2010).

Willemsen, Roger: *Robert Musil. Vom intellektuellen Eros*, München 1985.

Wagenknecht, Christian (Hrsg.) / Kraus, Karl: *Schriften. Bd. 8*, Frankfurt a. M. 1986.

Sabine Eickenrodt
Die humoristische Signatur des Takts.
Kulturphilosophische Aspekte eines poetischen Verfahrens:
Robert Walsers Berliner Sittengemälde

In seinen Berliner Jahren (1905 - 1912) hat der Schweizer Autor Robert Walser
– neben drei erfolglosen Romanen – im Feuilleton kleine Prosaskizzen über die
rasant wachsende Metropole vorgelegt, von der er sich geradezu ein biogra-
fisches Erweckungserlebnis für seine schriftstellerische Laufbahn erhoffte:
„Eine Stadt, wo der rauhe, böse Lebenskampf regiert, habe ich nötig. Eine
solche Stadt wird mir gut tun, wird mich beleben."[1] – Diese Zeile gibt programmatisch ein fingiertes Gespräch mit Dauthendey im Prosastück *Würzburg* (1915)
wieder, und gemeint ist Berlin, die Stadt „mitten im Strudel und Getümmel", in
deren „Unruhe aufgeregten Weltstadtlebens" der Sprecher seine „Ruhe" zu fiden
hofft. Walsers verstreut veröffentlichte Textminiaturen sind Zeugnisse von einer
modernen Großstadt des Wilhelminischen Kaiserreichs: *Aschinger* (1907),
Gebirgshallen (zuerst unter dem Titel *Reklame*, 1908), *Ballonfahrt* (1908),
Friedrichstrasse (1909), *Die Grossstadtstrasse* (1910), *Berlin W* (1910), *Tier-
garten* (1911) – um nur einige wichtige Texte zu nennen. Sie erinnern an Genre-
bilder, reihen sich ein in die Tradition literarischer Sittengemälde, die insbesondere Mitte des 19. Jahrhunderts Physiognomien der Landschaften und Städte
zu zeichnen versuchten: Stifters Sammlung *Wien und die Wiener in Bildern aus
dem Leben* (1844) gibt die Tonart für diese Gattung vor, der um die Jahrhundertwende ihre soziale Grundlage endgültig entzogen war – zumal in einer nach-
gründerzeitlichen Atmosphäre der Städte wie Berlin, denen jede biedermeier-
liche Ordnung abhanden gekommen war.

1.
Kurz vor seinem Aufbruch nach Berlin im März 1905 erscheint ein im märchen-
haften Ton gehaltenes Prosastück unter dem Titel *Seltsame Stadt*, in dem deutlich die gestörte Idylle einer Schweizer urbanen Gesellschaft dargestellt wird,

---

[1] Vgl. auch im Folgenden: Walser, Robert: *Würzburg* (1915). In: Hrsg. von Greven, Jochen
(Hrsg.) / Walser, Robert: *Sämtliche Werke in Einzelausgaben. Bd. 6* (= *Poetenleben*),
Zürich u. Frankfurt a. M. 1986, S. 35 - 50; hier S. 49f. – Nachfolgend werden Walsers
Texte nach dieser Ausgabe unter Angabe des Erstdrucks, des Bands und der Seite zitiert
(Beispiel: Walser: *Würzburg* (1915), *SW/6* (= *Poetenleben*), S. 49f.); alle Hervorhebungen,
wenn nicht anders angegeben von mir, S. E. – Zum biografischen Kontext vgl. Gabrisch,
Anne: *Robert Walser in Berlin*. In: Hinz, Klaus-Michael / Horst, Thomas (Hrsg.): *Robert
Walser*, Frankfurt a. M. 1991.

wahrscheinlich Zürichs, wo Walser 1904 als Angestellter der Kantonalsbank gearbeitet und gelebt hatte:

> „Es war einmal eine Stadt. Die Menschen darin waren bloß Puppen. Aber sie sprachen und
> gingen, hatten Gefühl und Bewegung und waren sehr höflich. Sie sagten nicht nur: Guten
> Morgen, oder Gute Nacht, sie meinten es auch, und zwar herzlich. [...] Brav waren sie aus
> Bildung und Taktgefühl. Einander die leichte, schöne Existenz streitig machen, das
> mochten sie nicht. Geld war genug vorhanden und für alle genug, weil alle so vernünftig
> waren, zu allererst fürs Notwendige zu sorgen, und weil alle es allen leicht machten, zu
> schönem Geld zu kommen. Sonntage gab es keine, ebenso wenig eine Religion, um deren
> Satzungen willen man sich hätte streiten können. Die Vergnügungsorte waren die Kirchen,
> in denen man sich zur Andacht versammelte. Lust war diesen Menschen eine heilige, tiefe
> Sache. Daß man in der Lust reinlich blieb, war selbstverständlich, denn alle hatten das Be-
> dürfnis dazu. Dichter gab es keine. [...]"[2]

Dieser Text könnte auf den ersten Blick als Zeugnis für die Depression eines
ambitionierten Schriftstellers in allzu geordneten Verhältnissen provinzieller
Enge gelten und die biografische Tatsache seiner Übersiedlung in die Großstadt
Berlin mehr als verständlich erscheinen lassen. Es fällt jedoch geradezu ins
Auge, dass die wenig später entstehenden Berlin-Porträts gegenüber diesem
Prosastück keine auffälligen narrativen Veränderungen aufweisen: In Walsers
Prosaskizze *Friedrichstrasse*, die den verkehrsreichsten Boulevard der Stadt Anfang des 20. Jahrhunderts charakterisiert, findet sich eine Abfolge von Senten-
zen, die sich klassischen Konversationslehren zu verdanken und deren Repertoire der Mäßigung, wie Ton, Duldung, Rücksicht, Achtung und Höflichkeit,
aufzurufen scheinen.

> „Jede Bewegung hat Sinn, jeder Ton hat hier praktische Ursache, und aus jedem Lächeln,
> jeder Geste, jedem Wort strahlt eine sonderbar anmutige Gesetztheit und Korrektheit
> billigend hervor. Hier *billigt man alles,* weil jeder einzelne, durch den Zwang des zusam-
> mengeknebelten Verkehrs genötigt, ohne Zaudern alles, was er hört und sieht, billigen
> muß. Zu Missbilligungen scheint niemand Lust, zu Abneigungen niemand Zeit und zu
> Unlust niemand ein Recht zu haben, denn hier, und das ist das Großartige, fühlen sich alle
> auf leichte vorwärtshelfende Manier, gleichsam säuberlich, verpflichtet. Jeder Bettler,
> Gauner, Unhold usw. ist hier Mitmensch und muß einstweilen, weil alles schiebt, stößt und
> drängt, als etwas Mithinzugehöriges geduldet werden. Ah, hier ist die Heimat der Nichts-
> würdigen, der Kleinen, der ganz Kleinen, der irgendwo und wann schon einmal Entehrten,
> hier, hier herrscht *Duldung*, und zwar deshalb, weil sich niemand mit Ungeduld und Un-
> frieden aufhalten und abgeben will. [...] Wunderbar ist, wie der zweiteilige Menschen-
> strom auf den Trottoirs unaufhaltbar und unaufhörlich ist, gleich einem dickflüssigen,
> schimmernden, vielbedeutenden Wasser, und herrlich ist, wie hier die Qualen gemeistert,

---

[2]   Walser: *Seltsame Stadt* (1905), *SW/2* (= *Geschichten*), S. 29 - 32; hier S. 29ff.

die Wunden verschwiegen, die Träume gefesselt, die Brünste gebändigt, die Freuden unter-
drückt und die Begierden gemäßigt werden, weil alles *Rücksicht, Rücksicht und nochmals
liebende und achtende Rücksicht nehmen muß.* Wo der Mensch so nah am Menschen ist,
da erhält der Begriff Nebenmensch eine tatsächlich geübte, begriffene und rasch verstan-
dene Bedeutung, und es *darf* da niemandem mehr einfallen, *über*laut zu lachen, *über*eifrig
sich seinem persönlichen Bedrängtsein hinzugeben oder *über*hastig Geschäfte machen zu
wollen, und doch, welch eine hinreißende betörende Hast ist in all der scheinbaren Ge-
drängtheit und Besonnenheit."[3]

Dass dieses Loblied auf eine universale Mäßigung zugleich grelle Misstöne auf-
weist, zeigt sich bereits darin, dass der Erzähler durchaus nicht in erster Linie
ein dem Besucher oder Bewohner der Stadt kenntliches oder erinnerbares Berlin
beschreibt, sondern ein höchst allgemeines Profil einer dicht bevölkerten Stadt
zu geben versucht.

Dieses Profil beruht zudem auf intertextuellen Anspielungen. Der vom Erzähler deutlich aus Karl Kraus' Aphorismen *Sprüche und Widersprüche* (1909)[4]
entlehnte „Begriff Nebenmensch" ist auf seine wörtliche Bedeutung reduziert –
und somit wird die reale Vorstellungsebene einer durch Enge und Überfüllung
vermittelten urbanen Zwangsgemeinschaft aufgerufen. Wenn in einer Stadt und
ihren Straßen schließlich *alles* gebilligt wird, so legen die Zeilen nahe, kann
nicht mehr von taktvoller Nachsicht, sondern allenfalls von Indifferenz, von
Gleichgültigkeit geredet werden; und wo etwas geduldet wird, weil Duldung
sich als der *bequemste* Weg anbietet, sind ethische Maßstäbe geradezu obsolet.
In der Prosaskizze *Die Grossstadtstrasse* heißt es:

„Gebrechliche Leute sieht man hiesigen Ortes sehr wenig, und zwar wohl in erster Linie
deshalb, weil der Kranke und Müde diesen fortwährenden Verkehr zu scheuen alle Ursache haben und sich ruhig zu Hause verhalten. Was sich auf der Straße bewegt, ist *mehr
oder weniger rüstig und munter* und markiert Lebensfröhlichkeit, schon aus Anstand, emp-
findend, daß alle, die da leben und gehen, sich zu einer gewissen, unauffälligen Höflichkeit
aufraffen.[5] [...] Gut essen und trinken ist hier sehr wichtig, hungernde Menschen sind bös
auf ihre Mitmenschen und stoßen daher überall, wohin sie treten, an, entweder mit dem
Ellbogen oder mit dem Ausdruck ihres unzufriedenen, grollenden Gesichts. Groll ist ein
Feind der Menschen und ein Feind der eigenen unnütz schmachtenden Person, und da das,
wo viele Menschen sich dicht nebeneinander aufhalten, jedermann fühlt, so kann man
sagen, *daß die Stadt, die sich zur Großstadt entwickelt hat, so und so vielem Groll, der ins*

---

[3] Walser: *Friedrichstrasse* (1909), *SW/3* (= *Aufsätze*), S. 76 - 79; hier S. 77f.

[4] Kraus, Karl: *Sprüche und Widersprüche* (1909). In: Wagenknecht, Christian (Hrsg.) /
     Kraus, Karl: *Schriften. Bd. 8* (= *Aphorismen. Sprüche und Widersprüche. Pro domo et
     mundo. Nachts*), Frankfurt a. M. 1986, S. 57 - 68.

[5] Walser: *Die Grossstadtstrasse* (1910), *SW/15* (= *Bedenkliche Geschichten. Prosa aus der
     Berliner Zeit 1906 - 1912*), S. 52 - 56; hier S. 53.

Leere hineingrollt, ein langsames Ende bereitet, weil es der Zürner und Groller mitten unter Menschen gar nicht aushält."[6]

Erst in den Folgesätzen dieses kurzen Textes wird deutlich, dass die – zunächst scheinbar arglos gebrauchte – Formulierung „rüstig und munter" zwar auch Arme und Unbemittelte mit einschließt, aber keineswegs körperlich Versehrte und Invaliden: Nur wer „rüstig" ist, dies legt der Satz implizit nahe, scheint im Wilhelminischen Berlin umfassend großstadttauglich zu sein – und somit ‚mobil' im Sinne der preußischen Kriegsmoral.[7] Korrespondierend mit dieser Passage wird im Text *Berlin W* vom Erzähler bzw. vom Sittenmaler der Stadt die Diskrepanz zwischen Form und inhaltlicher Aussage zumindest insofern eingezogen, als nun das taktvolle Verhalten der Menschen selbst als Symptom eines Verlusts an Humanität gilt:

> „Es scheint hier jedermann zu wissen, was sich schickt, und das erzeugt eine *gewisse Kälte.* […] Die Männer sind ebenso bescheiden wie unritterlich, und man kann sehr glücklich darüber sein, *denn die Ritterlichkeit ist stets zu drei Vierteln unpassend.* Die Galanterie ist etwas außerordentlich Dummes und Vorlautes. Es gibt hier demnach wenig gefühlvolle Auftritte, und wo sich irgendein feinsinniges Abenteuer entspinnt, merkt man es gar nicht, das ist doch immerhin sehr fein. Die Herrenwelt ist heute eine Geschäftswelt, und wer Geld verdienen muß, hat keine oder wenig Zeit, sich auffallend schön zu benehmen. *Daher eine gewisse rauhe abfertigende Tonart.*"[8]

Walsers Porträtierung Berlins und der Berliner bedient sich dieser überkommenen Formen der literarischen Sittenmalerei, nutzt deren Muster und dementiert sie doch zugleich auf subtile Weise. Der Erzähler singt in den kurzen Berlin-Porträts ein drastisches Loblied auf das Leben der Strasse, auf eine in der reichshauptstädtischen Metropole vorbildliche Etikette, die als ein avanciertes Regulativ den taktvollen Umgang der Menschen untereinander auf moderne Art sichere. Es ist davon auszugehen, dass Walser – neben der Tradition dieser literarischen Muster – auch die sozialpsychologischen, kulturphilosophischen Diskussionen seiner Zeit geläufig waren, die Takt und Diskretion als Grenzphänomene der modernen Vergesellschaftungsformen thematisierten.

---

[6] Ebd., S. 55.

[7] Diese politisch motivierte Doppeldeutigkeit in Walsers Prosa, die Kritik am Wilhelminismus, hat Peter Utz am Beispiel der Porträtskizzen über Kleist überzeugend herausgearbeitet. Vgl. Utz, Peter: *Tanz auf den Rändern. Robert Walsers „Jetztzeitstil",* Frankfurt a. M. 1998, S. 192 - 242.

[8] Walser: *Berlin W* (1910), *SW/3* (= *Aufsätze*), S. 79 - 82; hier S. 79f.

2.

Takt ist ein Begriff der Ethik, wie er vom Berliner Konversationstheoretiker und Völkerpsychologen Moritz Lazarus, dem Georg Simmels Essays Anfang des 20. Jahrhunderts viele Argumente verdanken, in seiner Studie *Ueber Tact, Kunst, Freundschaft und Sitten*[9] vertreten wird (die 1896 in der dritten Auflage erschien). Sie ist – wie auch weitere Arbeiten über Gespräche[10] sowie über den Humor[11] – im Rahmen seines Großprojekts *Das Leben der Seele in Monographien über seine Erscheinungen und Gesetze* (EA 1856) entstanden und muss in diesem Kontext also gedacht werden. Lazarus war von 1860 bis 1866 Professor in Bern und hatte dort ab 1862 den für ihn *ad personam* neu geschaffenen Lehrstuhl für „Psychologie und Völkerpsychologie" inne, gelangte 1864 in das Amt des Dekans und des Rektors der Universität und verließ die Schweiz, um an die preußische Kriegsakademie in Berlin zu gehen (1897 wurde er von Kaiser Wilhelm II zum Geheimen Regierungsrat ernannt). Als Begründer der *Zeitschrift für Völkerpsychologie und Sprachwissenschaft* (seit 1859) hatte er einen europaweiten Ruf, stand darüber hinaus mit Schriftstellern wie Keller und Raabe in engem Kontakt. Nehuda Ruth Lazarus' narrativ präsentierte Biografie der Berner Jahre unter dem Titel *Ein deutscher Professor in der Schweiz*[12] gibt 1910, 50 Jahre nach dessen Antrittsvorlesung (*Über den Ursprung der Sitten*) an der Universität Bern Auskunft über diese Karriere. Es kann als sicher gelten, dass Lazarus' Name für Walser, dessen Bruder, Hermann Walser, ab 1909 eine Professur für Geografie an der Universität Bern innehatte, ein Begriff war. Lazarus pflegte beste Beziehungen zur geologischen Fakultät, insbesondere zu Bernhard Studer, der sich an der Berner Universität als Alpenforscher einen Namen gemacht hatte (Lazarus rezensierte 1866 dessen vielbeachtete Schrift *Geschichte der physischen Geographie der Schweiz bis 1815.*)[13] Für den Völkerpsychologen Lazarus sind Takt und Taktlosigkeit als orientierende Grenzgänge zwischen individuellen Verhaltensweisen und allgemein geltenden Konventionen des Umgangs zu verstehen, er nimmt den Ausgang dieses „dunkeln

---

[9] Lazarus, Moritz: *Ueber Tact, Kunst, Freundschaft und Sitten*. In: Lazarus, Moritz: *Das Leben der Seele in Monographien über seine Erscheinungen und Gesetze. Bd. III*, Berlin 1856. – Ich zitiere nach der 3. Auflage, Berlin 1896.

[10] Köhnke, Klaus Christian (Hrsg.) / Lazarus, Moritz: *Über Gespräche* (Vortrag am 24. Februar 1876), Berlin 1986.

[11] Lazarus, Moritz: *Der Humor als psychologisches Phänomen*. In: Lazarus: *Das Leben der Seele. Bd. 1*, a. a. O., S. 179 - 253.

[12] Vgl. Lazarus, Nahida Ruth: *Ein deutscher Professor in der Schweiz. Nach Briefen und Dokumenten im Nachlass ihres Gatten*, Berlin 1910.

[13] Dies berichtet Nahida Ruth Lazarus in ihrem Buch, ebd., S. 138.

Begriff[s]“[14] bei Aristoteles, der von der „socialen Tugend" ausgehe, während er selbst „von der Quelle derselben in der menschlichen Seele" spreche, „welche man gleichsam das sociale Gewissen nennen kann". Takt, auch *tactus animi* genannt, gilt ihm als ein „Gefühl (gleichsam Tastsinn) der Seele".[15] Mit dieser Prämisse werden Walsers Prosaskizzen aus den Jahren seiner Berliner Zeit bis 1912[16] in einer Tradition der Signatur des Takts gelesen, als kulturgeschichtliche Symptome, die im poetischen, narrativen Ausdruck eine Erschütterung bzw. das Verschwinden verbindlicher ethischer Normen sinnfällig machen. Insofern haben sie in diesen Jahren vor dem Ersten Weltkrieg eine auch formalästhetische Relevanz.

Im Folgenden wird zu fragen sein, wie dieses von Walsers Erzähler produzierte kontradiktorische Sittengemälde der Großstadt Berlin zu bewerten ist. Dieser Autor ist (als passionierter Jean-Paul-Leser) in der Tradition einer experimentellen Verfahrensweise der Vexierspiele des Humors, also poetischer Distanznahme zu verorten, die sich einem komplexen Fiktionalisierungsverfahren verdankt. Seine Darstellung des Bedeutungsverlusts von Umgangsformen bindet er aufs Engste an die tradierten Fragen der Konversationstheorien, wie sie seit der Romantik, insbesondere in Schleiermachers *Versuch einer Theorie des geselligen Betragens* (1799), über Lazarus' Rede *Über Gespräche* (1876) bis hin zu Simmels Vortrag *Soziologie der Geselligkeit* (1910) gestellt worden sind, und damit letztlich an den Zweifel, dass deren historisch entleerte Formen in einer großstädtischen Gesellschaft wie der Berlins weiterhin in der Lage seien, das Humanum, die Grundlage des Zusammenlebens von Menschen zu sichern – in einer Gesellschaft, der (von Simmel) die Diagnose einer „Atrophie der individuellen durch die Hypertrophie der objektiven Kultur"[17] gestellt worden war. In diesen Skizzen Walsers geht es noch nicht um die ‚Taktung' der Großstadt, die später als Folge eines kompletten Verlusts von Souveränität, als Automatisierung des Körpers gedacht wird, wie Jahre später Chaplin den Prozess der Entfremdung in *Modern Times* als Slapstick bildlich zu fassen vermag. Takt wird vielmehr von Walsers humoristischem Sittenmaler zumindest formal als hu-

---

[14] Vgl. auch im Folgenden: Lazarus: *Ueber Tact*, a. a. O., S. 19.
[15] Ebd., S. 21.
[16] Robert Walser, der während seiner Berliner Zeit auch ein paar Monate als Diener (1905) auf Schloss Dambrau in Oberschlesien verbracht hatte, verließ die Stadt 1912 und lebte in den Folgejahren in prekären Verhältnissen in einem Hotelzimmer in Biel (Schweiz). Erst 1921 übersiedelte er dann nach Bern, ab 1929 verschwand er bis zu seinem Tod, Weihnachten 1956, in Schweizer Heil- und Pflegeanstalten.
[17] Simmel, Georg: *Die Großstädte und das Geistesleben* (1903). In: Kramme, Rüdiger u. a. (Hrsg.) / Simmel, Georg: *Gesamtausgabe in 24 Bänden*. Bd. 7/1 [= *Aufsätze und Abhandlungen 1901 - 1908*], Frankfurt a. M. 1995, S. 116 - 131; hier S. 130.

maner Wert aufrechterhalten, als Teil des Vergesellschaftungsprozesses präsentiert, d. h. in die narrative Darstellung dieser Berlin-Porträts selbst übertragen – und zugleich *ad absurdum* geführt.

3.

Viktor Žmegač hat – in anderem Zusammenhang – Walsers Nähe zu Adornos *Minima Moralia. Reflexionen aus dem beschädigten Leben* (1944/1951) hervorgehoben und mit Recht darauf hingewiesen, dass eine psychologische Katharsis, die Adornos bestürzende Miniaturen doch bei allem noch zuließen, in Walsers Texten grundsätzlich fehle.[18] Das grenzenlose Wohlwollen des Erzählers dieser Prosastücke, der in jeder Lebenslage den *bon ton* aufrechterhält und vorzugsweise lobend, taktvoll und mit humoristischer Menschengüte überall Schönheit, Maß und menschliches Wohlverhalten zu sehen vorgibt, hat eine höchst beunruhigende Wirkung – und zwar vor allem deshalb, weil sich die Sätze nicht auf Ironie, also ein bloß rhetorisches Mittel, den sogenannten „Gegenfrost der Sprache" (Jean Paul),[19] reduzieren lassen. Der Erzähler in Walsers Berlin-Skizzen übt sich in einer affirmativen Darstellung, erzeugt den Eindruck einer rundum zufriedenen Wahrnehmung universaler sittlicher Ordnung und gemäßigter, moderater Umgangsformen.

Walsers ‚Verfahrungsweise des poetischen Geistes' muss im literarischen Kontext der Jahrhundertwende als Ausnahmeerscheinung gewertet werden,[20] die weder einer unzeitgemäßen nach-biedermeierlichen Enthaltsamkeit gegenüber politischen Ereignissen noch naturalistischer Gesellschaftskritik oder ästhetizistischen Programmen des Fin de siècle zugeordnet werden kann. Seine Berlin-Skizzen und -Porträts kommen ebenso wenig als literarische Bezugstexte der zeitgenössischen Vergesellschaftungstheorien in Frage, die die künstlerische Moderne in der Rezeption des französischen Symbolismus', der französischen „Desillusionsromantik" und schließlich der – für Rilke so wichtigen – Skulpturen Rodins suchen: Die frühen George-Studien Georg Simmels oder die Individualitätskonzeptionen des jungen Georg Lukács in *Die Seele und die Formen* (1910) legen davon Zeugnis ab. Das Interesse dieser lebensphilosophisch

---

[18] Žmegač, Viktor: *Robert Walsers Poetik in der literarischen Konstellation der Jahrhundertwende.* In: Borchmeyer, Dieter (Hrsg.): *Robert Walser und die moderne Poetik,* Frankfurt a. M. 1999, S. 21 - 36; hier S. 25f.

[19] Jean Paul: *Kleine Nachschule zur ästhetischen Vorschule (§11 Ein Hülfmittel zur reinern Ironie).* In: Miller, Norbert (Hrsg.) / Jean Paul: *Sämtliche Werke.* Bd. I/5, München 1987, S. 471.

[20] Vgl. ebd., S. 27; und: Eickenrodt, Sabine: *Kopfstücke. Zur Geschichte und Poetik des literarischen Porträts am Beispiel von Robert Walsers „Kleist in Thun".* In: *Kleist-Jahrbuch 2004,* S. 123 - 144.

orientierten Denker gilt vielmehr der „Steigerung des Nervenlebens" im
‚Dickicht der Städte' (vgl. Simmels Aufsatz *Die Großstädte und das Geistesleben*, 1903),[21] der Erforschung von Beziehungen in der modernen Welt – und
dies mit einem besonderen Akzent auf dem Verhältnis von Individuellem und
Allgemeinem. Ihre Argumente nehmen diese philosophischen Essayisten aus
dem idealistischen Kontext der nachkantischen Ästhetik, sie proklamieren
organologische Modelle der Balance, Symmetrie und Harmonie, sehen sich
letztlich in expliziter Nachfolge von romantischen Geselligkeits- und Spieltheo-
rien, die um 1800 entwickelt worden sind und im Laufe des 19. Jahrhunderts
vielfach variiert wurden.[22]

4.

Georg Simmel hatte in seinem Essay *Die Großstädte und das Geistesleben*
(1903) wenige Jahre vor Walsers Berlin-Porträts kulturkritisch nahelegt, dass in
den spielerischen Selbststilisierungen der Individuen die notwendige Folge einer
„Hypertrophie der objektiven Kultur"[23] gesehen werden könne. Das Leben, so
argumentiert er dort, setze sich zunehmend aus „unpersönlichen Inhalten und
Darbietungen" zusammen, die „die eigentlich persönlichen Färbungen und Unvergleichlichkeiten verdrängen" wollten. Damit „dieses Persönlichste sich
rette", müsse es nun geradezu „ein Äußerstes an Eigenart und Besonderung auf-
bieten", es müsse „dieses [d. h. das Persönlichste] übertreiben, um nur überhaupt
noch hörbar, auch für sich selbst, zu werden". In Simmels Position schwingt –
durchaus in der Tradition romantischer Geselligkeitstheorie – weiterhin die Erwartung an eine ästhetisch vermittelte Freiheit mit, die die Großstädte zu ver-
sprechen und zu garantieren scheinen. Wie grundlegend diese Utopie nach zwei
Weltkriegen verabschiedet werden musste, zeigt eindrücklich Adornos Text *Zur
Dialektik des Takts* (in den *Minima Moralia*, 1944), der als analytisches Gegen-
stück zur Argumentation Simmels zu verstehen ist und ein aporetisches Modell
entwirft. Beide aphoristisch dargebotenen Positionen werden im Folgenden einander gegenübergestellt, um zu zeigen, dass Walsers humoristisches Verfahren,
seine Sittengemälde, einen poetischen Grenzgang vollziehen, ohne einer dieser
modellhaft entworfenen Gesellschaftsdiagnosen doch zugeordnet werden zu
können. Adornos diagnostische Miniatur unterstellt thetisch den der Ethik zuge-

---

[21] Simmel: *Die Großstädte und das Geistesleben*, a. a. O., S. 130.
[22] Hier ist erneut Schleiermachers *Versuch einer Theorie des geselligen Betragens* (1799) zu
nennen, auf den Simmel in *Soziologie der Geselligkeit* Bezug nimmt. Vgl. auch Lazarus,
Moritz: *Über die Reize des Spiels*, Berlin 1883.
[23] Vgl. auch im Folgenden: Simmel: *Die Großstädte und das Geistesleben*, a. a. O., S. 130.

hörigen Begriff des Takts einem „Leben unmittelbarer Beherrschung"[24], und er bezieht sich – mit anderen Vorzeichen – implizit auf Simmels Argument der rettenden Übertreibung des Individuellen, die er mit Blick auf die sich selbst stilisierenden und spielerisch inszenierenden Bewohner der Großstadt formuliert hatte. Jedoch legt Adorno den Schwerpunkt nicht wie Simmel auf das Individuelle, sondern gerade auf die überkommenen Konventionen, also das Allgemeine.

Die Voraussetzung des Takts, so wird in der aphoristischen Studie Adornos nahegelegt, sei die „in sich gebrochene und doch noch gegenwärtige Konvention".[25] Diese lebe – da ihr das historische Fundament entzogen sei – nur noch fort in der „Parodie der Formen, einer willkürlich ausgedachten oder erinnerten Etikette für Ignoranten". Der Takt, so Adorno, habe seine „genaue historische Stunde", nämlich die, in der das „bürgerliche Individuum des absolutistischen Zwangs ledig ward". Es sei für einen Augenblick zu einem „paradoxe[n] Einstand von Absolutismus und Liberalität" gekommen, der aber keine Dauer habe beanspruchen können. Adorno stellt dem Takt die Diagnose des Unrettbaren: Eigentlich verlange sie die „unmögliche Versöhnung zwischen dem unbestätigten Anspruch der Konvention und dem ungebärdigen des Individuums". Takt lasse sich also nur an der Konvention messen, sei somit auf diese Differenz grundsätzlich angewiesen. Wo die Konvention als Gegenpol nicht mehr existiere, so Adorno, gebe es auch kein Allgemeines, wovon der Takt differieren könne. Dieser laufe somit Gefahr, pervertiert zu werden.

Ein (in diesem Sinne haltlos) höflicher, taktvoller Mensch sei – so sein Fazit – anmaßend insofern, als er gerade zu einer maßlosen Kontrollinstanz zu werden drohe: in der Forderung nämlich, „dem Individuum als solchem, ohne alle Präambeln *absolut angemessen* gegenüber zu treten". Der sich ausdrücklich als höflich Gebärdende, der das richtige Maß also selbst verfügt, schwinge sich auf zu einem Souverän, der die Rede des Anderen als Indiz nehme für das, was dieser in der „sich verhärtenden Hierarchie, die alle einbegreift, darstellt, und welches seine Chancen sind". Anders als die Rettung, die Simmel der Übertreibung des Individuellen, der (Selbst-)Stilisierung zuschreibt, attestiert Adorno also hier dem Taktvollen in einer um ihre verbindlichen Konventionen gebrachten Welt die Geste der Macht, den Anspruch, Bedeutung gebend aufzutreten und ohne Legitimation den je Anderen definieren zu können, dessen Individualität gar nicht mehr in Betracht gezogen wird. Interessant ist an beiden

---

[24] Adorno, Theodor W.: *Zur Dialektik des Takts*. In: *Minima Moralia. Reflexionen aus dem beschädigten Leben* (Erster Teil 1944). In: Tiedemann, Rolf (Hrsg.) / Adorno, Theodor W.: *Gesammelte Schriften. Bd. 4*, Frankfurt a. M. 1998, S. 38 - 41; hier S. 40.

[25] Vgl. auch im Folgenden: ebd., S. 39f.

Diagnosen, dass in ihnen eine Authentizität des Individuellen als bereits verabschiedet gedacht wird.

5.

Adornos etwas holzschnittartige Diagnose, die Höflichkeit und Takt begrifflich nicht differenziert, kommt auf den ersten Blick ohne die Tradition einer Phänomenologie des Takts aus, die von Moritz Lazarus im Kontext der Gestalttheorie bzw. Gestaltpsychologie entwickelt worden ist und erkennbar Literatur und Essayistik der ersten Hälfte des 20. Jahrhunderts beeinflusst hat: Man kann – hinsichtlich der Rezeption dieser theoretischen Vorgaben – geradezu von einem impliziten Diskurs in diesen und den folgenden Jahren sprechen, der auch in Adornos Position mit zu berücksichtigen und hier kaum mehr als anzudeuten ist: So scheint es nicht zufällig zu sein, dass in Robert Walsers Berliner Roman *Jakob von Gunten* (1909) dem Zögling einer Dienerschule, der sich selbst fragt, ob er Großstädter sei, ein gewandter, elastischer Gegenpol mit Namen „Kraus" zugeordnet wird, der nicht schwatze, der sich stets bewahre, sich immer „selbstgestellten Geboten" unterwerfe und deshalb „eine menschliche Bildung"[26] genannt werden könne. Die Reminiszenzen an Karl Kraus sind unüberhörbar – und Walter Benjamin, der nicht nur Walser (1929),[27] sondern auch den Herausgeber der *Fackel* (1931)[28] porträtiert hat, erkennt bei diesem – an der Diagnose der Zeit orientiert – einen „theologische[n] Takt". Theologisch nennt er diesen deshalb, weil Takt die Fähigkeit sei, „gesellschaftliche Verhältnisse, doch ohne von ihnen abzugehen, als Naturverhältnisse, ja selbst als paradiesische, zu behandeln" und so nicht nur „dem König, als wäre er mit der Krone auf der Stirne geboren, sondern auch dem Lakaien wie einem livrierten Adam entgegenzukommen". Diese „Noblesse", heißt es bei Benjamin, habe Johann Peter Hebel in seiner „Priesterhaltung" besessen, Karl Kraus besitze sie im „Harnisch". Man könnte pointiert formulieren: Was in Adornos Diagnose als zynische Selbstermächtigung durch die *angemaßte* Pose des Takts, als letzte Stufe der Verdinglichung geselliger Umgangsformen verworfen wird, gilt Benjamin (nach seiner sogenannten materialistischen Wende) gerade als potentielle Rettung des Humanums. Benjamin wählt im Kraus-Essay ausdrücklich einen Terminus, den der Völker-

---

[26] Walser, Robert: *Jakob von Gunten. Ein Tagebuch* (1909). Frankfurt a. M. 1982, S. 79f.

[27] Benjamin, Walter: *Robert Walser* (1929). In: Tiedemann, Rolf / Schweppenhäuser, Hermann (Hrsg.) / Benjamin, Walter: *Gesammelte Schriften. Bd. II/1*, Frankfurt a. M. 1980, S. 324 - 328. Im Folgenden werden Benjamins Werke zitiert als *GS* unter Angabe des Bandes und der Seite.

[28] Benjamin, Walter: *Karl Kraus*. In: *GS. II/1*, S. 334 - 367. Vgl. auch im Folgenden: S. 339.

psychologe Moritz Lazarus geprägt hat: Er sieht – wie dieser – im Takt keine charakterliche Eigenschaft, sondern eine „moralische Geistesgegenwart".[29]

Lazarus versucht in seiner Abhandlung, zunächst die Phänomene des Takts zu erforschen, die er dann seiner Begriffsbestimmung zugrundelegt. Unter welchen Bedingungen, so lautet seine Ausgangsfrage, tritt das Phänomen des Takts „in die Wirklichkeit"?[30] Er beantwortet sie mithilfe eines Modells der „inneren Anschauung". Moralische Geistesgegenwart beruht für ihn also auf einem Wahrnehmungsmodell, im weitesten Sinn auf Ästhetik. Vorausgesetzt wird, dass Takt ein psychisches Phänomen sei: Wir sind ja nicht alle zu jedem Zeitpunkt und in gleichem Maße taktvoll. Wer taktvoll handelt, besitzt für Lazarus eine „pfeilschnelle Aufmerksamkeit"[31], eine Fähigkeit, sich möglichst alles, was in einer Situation zu berücksichtigen ist, zu vergegenwärtigen und danach zu handeln. Im Extremfall kann dieses Handeln auch taktloses Eingreifen erfordern, um jemanden vor einem Fauxpas zu schützen. Rücksicht kann also üben, wer in der Lage ist, sich die Umstände des Handelns optimal zu vergegenwärtigen und zugleich auch diese Umstände auf „gewisse Ideen und Vorschriften"[32] zu beziehen, die er als allgemeine Normen kennt, anerkennt und übernommen hat. Der Takt ist also eine durchaus dynamische psychische Maßeinheit, ein *quantitativer* Begriff, und erfordert keineswegs die bloße Befolgung von sittlichen Regeln, sondern verlangt dem taktvoll Handelnden permanente Entscheidungen ab.

Der Takt ist insofern etwas Individuelles, und der Taktvolle ist in gewisser Wiese auch souverän, denn er muss „ein Gleichmaß des sittlichen Handelns bei der Collision der sittlichen Forderungen"[33] herstellen. (Gerade diese Souveränität gibt Adorno in den *Minima Moralia* unrettbar verloren, ja hält sie geradezu für pervertiert im hierarchischen Gefüge.) Lazarus steht mit dieser Bestimmung in der Tradition einer romantischen Theorie der Sprache und Geselligkeit, insofern er Takt als „Darstellung ästhetischer Verhältnisse, als Form und Gesetz der Schönheit in allen Handlungen und Aeußerungen des Lebens" auffasst (so in Novalis' *Monolog*[34] oder Schleiermachers *Versuch einer Theorie des geselligen*

---

[29] Benjamin bezieht sich nicht explizit auf Lazarus; inwiefern beide diesen Begriff ihrer Nietzsche-Lektüre verdanken, wäre in einer anderen Untersuchung zu erforschen.

[30] Vgl. auch im Folgenden: Lazarus: *Ueber Tact*, a. a. O., S. 10.

[31] Ebd., S. 33.

[32] Ebd., S. 16.

[33] Vgl. auch im Folgenden: ebd., S. 22ff.

[34] Novalis: *Dialogen und Monolog* (1798). In: Mähl, Hans-Joachim / Samuel, Richard (Hrsg.) / Novalis: *Werke, Tagebücher und Briefe Friedrich von Hardenbergs*. Bd. 2 (= *Das philosophisch-theoretische Werk*), Darmstadt 1999, S. 425 - 439; hier S. 438: „So ist es auch mit der Sprache – wer ein feines Gefühl ihrer Applicatur, ihres Takts, ihres musika-

Sabine Eickenrodt

Betragens). Die Forderung, sich in die inneren Zustände anderer Personen empathisch hineinversetzen zu können, nimmt er als Zeichen der Ähnlichkeit mit der Sphäre des Poetischen. Diese Analogie wird von ihm ausgebaut, indem er den Takt als „eine durchaus unbewußte, dunkle, jedoch vernehmbare Stimme, eine Art Dämonion"[35] beschreibt, die uns sagt, was wir zu tun und was wir zu lassen hätten.

6.

Lazarus überschreibt Mitte des 19. Jahrhunderts die ethische Seite des Takts in die ästhetische, indem er sich auf die psychologische Gesetzmäßigkeit von Assoziationen beruft: Jede Vorstellung, die wir deutlich ins Bewusstsein holen können, bringe auch – gemeint ist die Situation eines Menschen in einer Gesellschaft – die anderen Vorstellungen, die mit ihr in Verbindung stünden, hervor oder bewirke doch, dass diese „in das Bewusstsein desselben zu kommen streben".[36] Für dieses Bewusstwerden wird wiederum der Zeitaufwand für den Prozess der Vergegenwärtigung, somit der Gestaltung, in Betracht gezogen. Wann also hat für Lazarus ein Mensch Takt? Seine Antwort lautet: dann, wenn auch die „kaum ins Bewußtsein gekommenen Vorstellungen ebenso auf das Urtheil und den Entschluß des Menschen wirken, wie die klaren und bewußten Vorstellungen, dann hat er Tact".[37]

Das von Lazarus in die Bestimmung des Takts eingeführte Element der Zeit (und der psychischen Voraussetzungen von Empathie) stehen nun auch für den Humor zur Diskussion. Wenngleich eine Lazarus-Rezeption Benjamins nicht nachgewiesen werden kann, so wird doch in seinem Begriff der „moralischen Geistesgegenwart" deutlich, dass auch er diese Verbindung zwischen Takt und Humor nicht für willkürlich hält. Es geht ihm offenbar keineswegs um eine bloße Analogisierung von zwei zu unterscheidenden Begriffen der Ethik, sondern um eine enge Verkoppelung von humoristischem *Erzählen* (Hebel, Kraus) und der Prüfung des Takts auf seine Tauglichkeit als humanes Regelwerk auch des modernen Lebens. Es liegt auf der Hand, dass Benjamins konzeptionelle Anlage des Kraus-Porträts, über das Exzerpte und Aufzeichnungen in den *Paralipomena zum Kraus*[38] Aufschluss zu geben vermögen, hier nicht entfaltet werden können. Im Zusammenhang dieses Beitrags ist allerdings – in

---

lischen Geistes hat, wer in sich das zarte Wirken der innern Natur vernimmt, und danach seine Zunge oder seine Hand bewegt, der wird ein Prophet sein [...]."
[35] Lazarus: *Ueber Tact*, a. a. O., S. 28.
[36] Ebd., S. 33.
[37] Ebd., S. 34.
[38] Vgl. auch im Folgenden den Kommentar bzw. die Anmerkungen der Herausgeber zu Benjamins Kraus-Essay. In: *GS. II/3*, S. 1078 - 1130; hier S. 1087f.

Bezug auf Benjamins „Weg zum *Materialismus* und *realen Humanismus*" –
interessant, dass er Kraus als „ethische Persönlichkeit" zu fassen plante und in
den Studien zum dritten Teil (im Kontext der Überlegungen zur Theorie des Un-
menschen) den Begriff des Humors einführt.[39] In einem nachgeordneten Kon-
volut findet sich schließlich unter der Überschrift *Humor und Recht* eine auf-
schlussreiche Humordefinition: „*Humor – wie er die Menschen ohne Ursache
der Person – nämlich als Sachen – richtet. Darum ist er [...] die Welt der
urteilslosen Vollstreckung, weil er den Menschen Rechenschaft über sein Urteil
so wenig gibt als wenn sie Sachen wären.*"[40] Benjamins Definition, die auf die
Versachlichung des Menschen (auf dem Terrain der Sprache) Bezug nimmt,
setzt eine scheinbare Reduktion des ethischen Gehalts (im Bilde des Un-
menschen) voraus: Empathie findet als Bezugspunkt in dieser Definition deshalb
keine Berücksichtigung mehr. Bevor geprüft werden kann, ob auch Walsers
skizzierte Sittengemälde von der Großstadt Berlin in den Geltungsbereich *dieser*
Reflexionen gehören, ist Benjamins neu gedachter Zusammenhang von Takt und
Humor allererst mit einer Tradition der Psychologisierung zu konfrontieren, mit
der Lazarus eingesetzt hatte.

Beide Begriffe – Takt und Humor – entstammen der Ethik und sind ohne die
ihnen inhärenten Potenziale an Empathie nicht denkbar (anders als Höflichkeit
oder Ironie, die zwar der Distanz, jedoch nicht des Einfühlungsvermögens be-
dürfen). Beide Begriffe sind in gewisser Weise eine *contradictio in adiecto*: Sie
sind durch das Zugleich von notgedrungener Akzeptanz einer überindividuellen
Ordnung (guter Umgangsformen, unhintergehbarer Macht oder Gewalt) und des
Protests gegen diese Ordnung bestimmt. Beiden ist ein fiktionales Potenzial
eigen, das bereits in den Geselligkeitstheorien um 1800 – so bei Schleiermacher
als Spiel – registriert wurde, jedoch erst um 1900, insbesondere durch die in der
Humortheorie Freuds und der zeitgleich durch Simmel betriebenen soziologischen Analyse der Ökonomie des Seelenlebens, entwickelt wurde:[41] Freud
versteht unter Humor zunächst eine psychische Haltung, die er als „Aufwands-

---

[39] Ebd., S. 1103.
[40] Ebd., S. 1107 (Herv. im Orig.).
[41] Auch in Rudolf von Iherings Studie *Der Takt (aus dem Nachlass herausgegeben und ein-
geleitet von Christian Helfer. In: Nachrichten der Akademie der Wissenschaften zu
Göttingen,* Jg. 1968, Nr. 4, S. 6 - 25), die den Abschluss zu Iherings Theorie der Sitten im
2. Band des Werkes *Der Zweck im Recht* (1883) bilden sollte, gibt es keinen Hinweis auf
diesen fiktionalen Anteil des Takts. Eine Auseinandersetzung mit Moritz Lazarus Werk
Das Leben der Seele, das er in der 2. Auflage von 1882 gelesen hat, findet nicht statt; es
bleibt bei einer kurzen anerkennenden, gleichwohl ablehnenden Bemerkung in der Fußnote
und bei einem Hinweis am Schluss, dass er keinen „psychologischen Standpunkt" (S. 25)
hinsichtlich des Takts, sondern einen sozialen einnehme.

ersparnis" der Gefühle beschreibt. Ein Subjekt, das durch eine sichere Niederlage oder im äußersten Fall gar durch den Tod bedroht ist, ‚erspart' sich das Gefühl einer (im Grenzfall unerträglichen) emotionalen Erschütterung. Ein Verurteilter, der auf dem Weg zur Hinrichtung sagt: „Na, die Woche fängt gut an!"[42], trage darüber hinaus – so Freud – einen narzisstischen Triumph davon, betone gerade die Unüberwindlichkeit des Ichs durch die reale Welt und ziehe daraus einen Lustgewinn – bei gleichzeitigem Wissen um die Ordnung, der es zwar erliegt, die es aber nicht anerkennt. Freud geht es zunächst um das Phänomen der Selbst-Ökonomie dieses humoristischen Verfahrens: Der psychische Akzent wird vom Ich abgezogen und aufs Über-Ich verlegt. Und Freud argumentiert – das Modell der Familie voraussetzend – mit dem Bild der elterlichen Nachsicht, der Schonung des sorgenden Vaters gegenüber seinen unmündigen Kindern. Der Humorist, so Freud, behandle sich letztlich „selbst wie ein Kind und spiele gleichzeitig gegen dies Kind die Rolle des überlegenen Erwachsenen".[43] Diese Perspektive setze neben der Fähigkeit zur Empathie ein hohes Maß an Selbstdistanzierung voraus.

Ein Mechanismus der Schonung war als unerlässliches Inventar der Menschlichkeit zweifellos auch für die Konversationstheorien stets eine wesentliche Voraussetzung des gesellschaftlichen Umgangs und prägt insbesondere die Postulate, die mit einem taktvollen Auftreten verbunden sind: Takt zu haben meint in aller Regel die grundsätzliche Bereitschaft, seinen Mitmenschen einen Schonraum zuzugestehen, ihnen also nicht zu nahe zu treten, die für ihn peinliche oder gar schmerzhafte Situation zu vermeiden, insbesondere in Situationen ‚geistesgegenwärtig' einzugreifen, in denen diese Grenze überschritten zu werden droht. Taktgefühl kann also nicht im Dunstkreis eines anästhesierten Herzens gedeihen (wie die Ironie), sondern setzt – wie der Humor – ein hohes Maß an Empathie voraus, aber eben auch die Fähigkeit zur Distanz. Sowohl Humor als auch Takt erfordern darüber hinaus eine ausgeprägte Einbildungskraft – die zur Empathie notwendigerweise gehört – und die Fähigkeit des Fingierens von Situationen: Nicht selten ist dies die Voraussetzung, andere und auch sich selbst vor Unlustgefühlen und Peinlichkeiten allererst zu bewahren.

Takt ist also zwar in der Bemühung um die Abwehr solcher Momente auch mit der Diskretion verwandt: Diese versteht Simmel in der *Psychologie der Diskretion* (1906) als grundsätzliche Abstandnahme von „der Kenntnis alles des-

---

[42] Freud, Sigmund: *Der Humor* (1927). In: Mitscherlich, Alexander u. a. (Hrsg.) / Freud, Sigmund: *Studienausgabe. Bd. IV* (= *Psychologische Schriften*), Frankfurt a. M. 1970, S. 275 - 282; hier S. 277.

[43] Ebd., S. 279.

sen", was der Andere uns „positiv nicht offenbaren will".[44] Gemessen an dieser Definition, die letztlich eine gewisse Teilnahmslosigkeit an den Geheimnissen (und Problemen) des je Anderen voraussetzt, muss der Takt als eine ethisch weit höher zu bewertende ‚Eigenschaft' interpretiert werden, insofern er – anders als die Diskretion – nur *fingiert*, nicht zu wissen, was der Andere uns nicht offenbaren wolle, damit aber die Anteilnahme gerade *potenziert*. Indem der Taktvolle sein Nichtwissen fingiert, nimmt er Abstand vom Potenzial der Macht, leistet Verzicht, aus einem Wissen Vorteil und Macht zu ziehen, das ihm u. U. über den Anderen in die Hände gespielt wird. In dieser Nutzung des Potenzials – also so zu tun, *als ob* man etwas nicht wisse, was dem Bewusstsein andererseits offensichtlich nicht verborgen bleiben kann, ist der Takt dem Humor an die Seite zu stellen. Nur übernimmt dieser gerade unter den ethischen Gefühlen (mit Freud gedacht) die Position des narzisstischen Triumphs, der fingierten Überlegenheit über eine *realiter* übermächtige Ordnung ein. Pointiert formuliert könnte man deshalb sagen, dass der Humorist einen taktvollen Umgang mit sich selbst pflege (und diese Definition wäre der einer *Versachlichung* des Menschen durchaus entgegenzusetzen).

7.

Vor dem Hintergrund dieses Exkurses ist es nun interessant, dass Moritz Lazarus diesen Prozess der Vergegenwärtigung analog zur Sprachkompetenz, zum „Sprachgefühl" sieht: „[…] correctes grammatikalisches Sprechen ohne reflectirte Anwendung der grammatischen Regeln beruht auf dem natürlichen Tact in der Sprache, der feine Tact aber ist die Quelle des Stils."[45] Erneut wird deutlich, dass es in diesem moralpsychologischen Modell um „Maßbegriffe" geht, die relativ sind und abhängig von der Dynamik *erstens* der Vorstellungselemente, *zweitens* des empathischen Potenzials eines Menschen und *drittens* vor allem von der „Schnelligkeit des Tempos" im Prozess der Aufmerksamkeit und Vergegenwärtigung, die noch Benjamin – wie ich meine, mit einer Wendung zum Humor – „moralische Geistesgegenwart"[46] nennt und ausdrücklich auf Literatur

---

[44] Simmel, Georg: *Psychologie der Diskretion* (1906). In: Cavalli, Alessandra / Krech, Volkhard (Hrsg.) / Simmel, Georg: *Gesamtausgabe, Bd. 8* (= *Aufsätze und Abhandlungen 1901 - 1908*), Frankfurt a. M. 1993, S. 82 - 86; hier S. 82. – Ihering (*Der Takt*, 1968) argumentiert diesbezüglich differenzierter, indem er die Indiskretion nicht nur auf die „indiskrete Frage", somit auf Zudringlichkeit, sondern auch auf die Indiskretion der Weitergabe einer „vertraulichen Mitteilung" (S. 19) bezieht, den Aspekt des *Vertrauens* also als Bindeglied zwischen beiden, für sich genommen völlig verschiedenen Wegen der Indiskretionen erkennt.

[45] Vgl. auch im Folgenden: Lazarus: *Ueber Tact*, a. a. O., S. 46f.

[46] Benjamin: *Karl Kraus*, a. a. O., S. 339.

bezogen wissen will. Der Völkerpsychologe Lazarus verortet Mitte des 19. Jahrhunderts das „erste Element des Tactes, die große Regsamkeit der Vorstellungselemente", das individuelle Potenzial also, noch in „Vererbung, Erziehung und Uebung"[47] – deshalb meint er es am ehesten in Großstädten antreffen zu können. Diese gelten ihm als Garant der Humanität, die für ihn letztlich – als Grundlage des Takts – auf der Praxis „des Wissens und der Gesinnung" beruht. Wenngleich also Lazarus dieser ethischen ‚Grundsicherung' die erste Rolle in der Entstehung des Takts weiterhin noch zugesteht, so ist doch keineswegs zu übersehen, dass er diese ethische Maßeinheit der Humanität auf Sprache, Stil und großstädtisches Leben überträgt – und damit ausdrücklich den Akten der Wahrnehmungspsychologie zuordnet.

Durch Walsers Skizzen von der Stadt Berlin und den Berlinern, deren rauer Ton ja Legende ist, zieht sich diese Spur der Wahrnehmung als eine poetisch gewendete humoristische Signatur des Takts, die die Wilhelminische Metropole als Welt der feinen Sitten und des Wohlwollens vor ihren Lesern auszubreiten scheint. Darüber hinaus spielt Walsers poetisches Verfahren ausdrücklich mit tradierten Formen der Sittenmalerei, mit Großstadt-Idyllen, die serielle Bildausschnitte produzieren und die bei ihm zugleich subversiv unterlaufen werden: Im Prosastück *Berlin W* beobachtet der Maler-Erzähler während des Erzählens sein eigenes Verfahren: „Ich sehe mich", so endet die Skizze, „mit großem Bedauern schon an den *Rahmen* meines Aufsatzes *anstoßen*, in der fatalen Überzeugung, daß ich vieles, was ich unbedingt habe sagen wollen, gar nicht gesagt habe."[48] Seine Rede über die „gewisse Kälte" in Berlin W, die durch das allgemeine Wissen um das, was sich schickt, erst *erzeugt* werde, führt ihn selbst an eine Grenze, die als narrativer Rahmen die Funktion eines ethischen Regulativs erhält: Wenn es befolgt wird, produziert es – wie andernorts Kälte – hier das beredte Schweigen über das, was eigentlich gemeint war und hätte gesagt werden sollen und wohl auch gesagt werden müssen.

8.

Robert Walser ist ein Meister des Zitats, dies hat Benjamin früh herausgestellt. Es gibt eine kleine Skizze mit dem Titel *Ballonfahrt*, die 1908 in der *Neuen Rundschau* erschien und die sich auf eine reale Ballonfahrt Walsers von Berlin nach Königsberg im Juni / Juli 1908 mit seinem Verleger Bruno Cassirer bezieht. In einem Brief vom 17. Juli 1908 hat er der Schwester Fanny einen kurzen Bericht über diese extraordinäre Luftreise gegeben:

---

[47] Vgl. auch im Folgenden: Lazarus: *Ueber Tact*, a. a. O., S. 47.
[48] Walser: *Berlin W* (1910), , a. a. O., S. 79 - 82; hier S. 81f.

„Hier in Berlin ist alles in den Bädern, auch ich werde wahrscheinlich für 14 Tage ver-
reisen, nach Rügen. Neulich war ich im Luftballon. Wir flogen beinahe, um ein Haar, in
die Ostsee. Es wäre uns dort sehr schlecht ergangen. Ueberall hier weiß man, daß ich
während der ganzen Fahrt geschlafen habe. Was hier die Leute quatschen ist unheimlich.
Es gibt hier blutwenig honorige Menschen."[49]

Walsers Bericht lässt offen, ob dem in Berlin grassierenden Gerücht über seinen
Schlaf im Ballon nun ein Fünkchen Wahrheit zugestanden werden könnte oder
nicht. Es geht ihm vielmehr um die Ablehnung der geschwätzigen Berliner Gesellschaft, auf die er wenig zu geben scheint. Die literarische Umsetzung dieses
Reiseerlebnisses im Luftballon, die kurze Erzählung *Ballonfahrt* ist somit nicht
als Erfahrungsbericht zu lesen, sondern zeigt vielmehr erkennbar die Reminiszenz an Lektüren, insbesondere an Jean Pauls Anhang zum *Titan*, *Des Luftschiffers Giannozzo Seebuch* (1800/1804): Diese Bezüge ließen sich in einem
genauen Textvergleich nachweisen. In diesem Zusammenhang geht es jedoch
vor allem um die folgende Stelle, die einen distanzierten Blick aus weiter Ferne,
eine Wahrnehmung der Gesellschaft aus großer Höhe präsentiert:

„*Man* hat schon unzählige Stücke Wälder und Felder hinter sich, es ist *jetzt* Mitternacht.
Jetzt schleicht auf der festen Erde irgendwo ein beutelauernder Dieb, Einbruch geschieht,
und alle diese Menschen in ihren Betten da unten, dieser große Schlaf, geschlafen von Millionen. Eine ganze Erde träumt *jetzt*, und ein Volk ruht von Mühsalen aus."[50]

Das Bild des Diebes taucht bereits in Jean Pauls Anhang zum *Titan*, im
Giannozzo auf, dort protokolliert der Luftschiffer seinen Höhenblick auf die
Welt folgendermaßen:

„Drunten … stieg ein Dieb in eine Kirche ein – unweit davon stieg ein Mönch aus einem
Kloster als Selbstdieb heraus – in den Wald liefen Wilddiebe – auf dem Felde Wächter
gegen das diebische Wild – ferner Reisende – Sentimentalisten usw. Was ging mich das
tiefe Volk an? – Ich ging zu Bette."[51]

Dieses Jean-Paul-Zitat nimmt in der berühmten (von Benjamin durch eine Rezension gewürdigten) Monografie Max Kommerells über Jean Pauls Humor

---

[49] Walser, Robert: *Brief an seine Schwester Fanny*, Berlin 17.7.1908. In: Greven, Jochen
(Hrsg.) / Walser, Robert: *Das Gesamtwerk. Bd. XII/2 (= Briefe)*, Genf 1975, S. 53f.; hier S.
54.
[50] Walser: *Ballonfahrt* (1908), SW/3 (= *Aufsätze*), S. 82 - 85; hier S. 84.
[51] Jean Paul: *Des Luftschiffers Giannozzo Seebuch* (1800). In: Miller (Hrsg.) / Jean Paul:
Sämtliche Werke. Abteilung I. Bd. I/3, a. a. O., S. 942.

einen wichtigen Stellenwert ein.[52] Kommerell registriert, dass auf der Ebene des Stils ein Bruch mit der Verpflichtung der poetischen Sprache auf ein vorgegebenes Humanum vollzogen wird, das den Humor nur als ‚warmen Humor', als „Verhängnis im Schlafrock" (Nietzsche) denken könnte, und setzt einen destruktiven Humor dagegen (Benjamin hat dies in seiner Rezension zu schätzen gewusst). Kommerell kommentiert die oben zitierte Jean-Paul-Stelle folgendermaßen: Der Luftschiffer Giannozzo sei der „liebloseste aller Humoristen Jean Pauls".[53] Das „Bewusstsein des Humoristen, das die Welt willkürlich zu einem leeren *Zugleich* des Verschiedenartigsten entgliedert, – hier e r d e n k t es nicht bloß, hier s i e h t es sein absurdes Credo". Diesem Kommentar folgt dann die oben zitierte Stelle („Drunten ... stieg ein Dieb in eine Kirche ein – unweit davon stieg ein Mönch aus einem Kloster als Selbstdieb heraus" etc.). Der Verfasser analogisiert somit die Willkür des Denkens, die dem Humor eigen ist, mit der eines Sehens, einer generalisierenden Wahrnehmung, in dessen Blick jedes individuelle Detail in der Reihung des Gleichen untergeht. Kommerell macht das Sehen Giannozzos als ein durch Sprache vermitteltes kenntlich, und er interpretiert damit den im humoristischen Verfahren Jean Pauls zu beobachtenden Übergang von begrifflicher Reflexion in *Darstellung* (vollzieht also einen Schritt, der Jean Pauls Text für die literarische Moderne in Anspruch nimmt).

Walsers kurze *Ballonfahrt*-Erzählung verstärkt diesen – in Kommerells Humor-Studie beobachteten – Umschlag ausdrücklich: Die Gleichzeitigkeit der generalisierenden Blicke wird bei ihm durch das sich mehrfach wiederholende „Jetzt" markiert („Eine ganze Erde träumt *jetzt*" usw.). Eine „moralische Geistesgegenwart", die Moritz Lazarus in emphatischer Vermittlung von Individuellem und Allgemeinem, von Unbewusstem und Bewusstem als psychisches Potenzial, als Aufmerksamkeit, dachte und als „feinen Takt" auswies, als Quelle des „Stils", wird hier zu einer simultanen Überblendung von allgemeinen Gattungsbegriffen. Bei Jean Paul zieht der weithin in die Ferne blickende Luftschiffer die Konsequenz, endlich „zu Bette zu gehen", also sich in gespielter Gleichgültigkeit von der Welt abzuwenden, den großen Überblick abzuschalten und stattdessen den Schlaf zu suchen. Bei Walser hingegen blickt ein Erzähler aus hoher Höhe hinab, ein Erzähler, der selbst noch seine narrative Perspektive auffällig neutralisiert: Wir haben es ja nicht mit einem Ich-Erzähler zu tun, son-

---

[52] Zu Benjamins Rezension dieser Schrift unter dem Titel *Der eingetunkte Zauberstab* (1934) vgl. auch: Eickenrodt, Sabine: *Augen-Spiel. Jean Pauls optische Metaphorik der Unsterblichkeit*, Göttingen 2006, S. 335 - 343 (= ,*Sehen im Wort'. Benjamins Umwertung von Kommerells „Jean Paul": Epilog*).

[53] Vgl. auch im Folgenden: Kommerell, Max: *Jean Paul*, Frankfurt a. M. 1977, S. 319 (gesperrte Herv. im Orig.).

dern mit einer narrativen Instanz, die sich durch das Personalpronomen „man"
ausweist: „*Man* hat schon unzählige Stücke Wälder und Felder hinter sich […]."

Aus dieser verallgemeinerten, entindividualisierten Perspektive trifft der Blick
eines wahrnehmenden „man" auf den großen Schlaf von Millionen, der im
Folgesatz auf die Bewohner der ganzen Erde ausgeweitet wird. Es ist kaum zu
übersehen, dass mit dieser Zeile eine Reminiszenz aus Shakespeare's Rede des
Prospero aufgerufen wird, in der dieser die Auflösung des ganzen Erdballs (wie
ein Maskenspiel) denkt („We are such stuff/ As dreams are made on/ And our
little life is rounded with a sleep"). Der Hinweis auf den großen Schlaf derer, die
„jetzt" von ihren Mühen ausruhen, erhält in Walsers *Ballonfahrt* – vermittelt
über diese Zitat-Anspielung – somit eine kaum abzuweisende Assoziation des
bloßen Scheins und dessen möglicher Destruktion. Zweifellos geht es hier um
eine Umkehrung (und Radikalisierung) von Jean Pauls humoristischem Verfahren: Die taktvolle Schilderung einer unmoralischen, zumindest moralisch be-
denklichen Welt nimmt das Zugleich des Wissens (durch Überschau) und des
fingierten Nicht-Sehens in ihre Darstellung selbst hinein. Diese beruht nun allerdings nicht auf einem individuellen Potenzial von Empathie und schicklicher
Distanzierung, sondern auf einer *kollektiven wissentlichen* Ausblendung unmo-
ralischer Handlungen („[e]ine ganze Erde träumt jetzt, und ein Volk ruht von
Mühsalen aus."). Zugleich ist der „narzisstische Triumph", den Freud dem Humoristen zuspricht, durchaus gegeben, indem das wahrnehmende „man" die Distanz der Wahrnehmung auch dort beibehält, wo die Assoziation einer (durch
„Diebe") vorgestellten universalen Bedrohung des scheinbar gerechten Mil-
lionen-Schlafs kaum abgewiesen werden kann – der Erzähler nimmt sich ja in
seiner neutralen Position des „man" von dieser Millionenzahl selbst keineswegs
aus. Walsers Höhenblick inszeniert in diesem Prosastück die *taktvolle* Abwendung vom imperialistischen Gestus des Wilhelminismus. Peter Utz hat im
Kontext der Kleist-Porträts[54] Walsers, die ab 1907 entstanden, auf dessen sati-
rische Kritik am Kaiserreich, auf den politischen Impetus hingewiesen. Walsers
Kritik ist aber auch für die kurze Erzählung *Ballonfahrt* in Anspruch zu nehmen:
Ohne die Verbindung zum Zeitgeist ist diese Schein-Idylle, die ja ganz ohne Ab-
sturz und Katastrophe auskommt, kaum zu verstehen. Walsers *Ballonfahrt* erschien im September 1908, also wenige Wochen nach dem katastrophalen Brand
des Zeppelin-Luftschiffs LZ4 Anfang August desselben Jahres, das die Zeitgenossen aufgestört hatte. Diese Katastrophe war nicht vorgesehen in der all-
mählichen Verfertigung eines Sittengemäldes, das für den Triumph des Kaiserreichs stand. Wohl gerade deshalb konnte die Zerstörung des Luftschiffs so
positiv als kollektive Erfahrung *eines* Volks aus lauter hilfsbereiten Individuen,

---

[54] Utz: *Tanz auf den Rändern*, a. a. O., S. 227ff.

als Wunder der Verbrüderung also, aufgefasst werden. Dieses Volk entwarf und erkannte sich im Augenblick der Katastrophe selbst als einig in der beispiellosen Spendenbereitschaft der vielen.[55] Hugo von Hofmannsthal brachte die Wahrnehmung des Ereignisses auf den Punkt, indem er „diese von keiner Phantasie zu überbietende Verbindung von Triumph und Katastrophe"[56] mit den Tragödien Shakespeare's verglich und somit zur deutschen Schicksalsfrage machte: Das Heroische des Grafen Zeppelin und „das ganze Pathos seines Daseins" sei „blitzartig in die Gemüter von Millionen [sic!] von Menschen geschleudert" worden, durch diese „während einer hohen Minute aufschlagende Riesenflamme".[57] Walsers unpathetische Darstellung des Höhenblicks nimmt nicht nur Abstand von diesem Ereignis, das die Großmacht-Attitude in Berlin wie kein anderes zelebrieren zu können schien. Darüber hinaus stilisiert der Ballonfahrer eine *schlafende* ungestalte Menge zum eigentlichen Protagonisten dieses Szenarios. Takt gewinnt bei Walser die Dimension einer ungeheuerlichen Ausblendung der Ursachen und Folgen imperialer Großmachtpolitik und der Verzerrungen der Begriffe von Individuellem und Allgemeinem. Takt fällt somit aus dem Geltungsbereich des Humanums heraus. Er ist als individuelle, „moralische Geistesgegenwart" – historisch überkommen. Bei Walser wird der Takt selbst zum Skandalon der Moderne.

---

[55] Vgl. hierzu Sabine Höhler, die diese beispiellose Spendenbereitschaft angesichts der Katastrophe im historischen Kontext erläutert: Höhler, Sabine: *Luftfahrtforschung und Luftfahrtmythos. Wissenschaftliche Ballonfahrt in Deutschland, 1880 - 1910*. Frankfurt a. M. 2001, S. 94f.

[56] Hofmannsthal, Hugo von: *Zeppelin*. In: Steiner, Herbert (Hrsg.) / Hofmannsthal, Hugo: *Gesammelte Werke in Einzelausgaben: Prosa II*, Frankfurt a. M. 1951, S. 409 - 411; hier S. 409. Vgl. zu Hofmannsthals Äußerung auch: Höhler: *Luftfahrtforschung und Luftfahrtmythos*, a. a. O., S. 94.

[57] Hofmannsthal: *Zeppelin*, a. a. O., S. 409.

Wiebke Porombka
Erzählte Topografie.
Joseph Roths Berlin

1.

Es gehört zu den vielen seltsamen Windungen, die die Literaturgeschichts-
schreibungen zu nehmen pflegt, dass noch immer das Stichwort vom Chronisten
der Habsburger Monarchie fällt, wenn von Joseph Roth die Rede ist. Und selbst
dort, wo neben dem *Radetzkymarsch* auch der Rest seines Romanwerks wahrgenommen wird, fehlt zumeist der Blick für das, was den größten Teil von Roths
Schaffen ausmachte. Mehr noch als Romancier war Joseph Roth ein hellsicht-
iger und sprachlich brillanter Kulturjournalist. Ein Kulturjournalist und Autor,
der in seinen Feuilletons die Gesellschaft im Wien der Nachkriegsjahre, und
mehr noch die urbane Mentalität des Berlins der Zwanziger des 20. Jahrhunderts
so scharf kartierte wie kaum ein anderer. Diese mentale Kartografierung Berlins,
wie man sie bei Roth findet, soll im Folgenden an zwei Texten dargestellt
werden.

Dass er mit seinen Feuilletons „das Antlitz der Zeit" zeichnen wolle, lautet
die Selbstauskunft, die Joseph Roth 1920 im Neujahrsfeuilleton der Wiener
Tageszeitung *Der Neue Tag* gibt[1] und die er in späteren Jahren in ähnlicher
Formulierung wiederholen wird. Er liefert damit nicht nur die bekannteste, sondern auch die treffendste Beschreibung seines journalistischen Oeuvres.

Mehr als 1 700 Feuilletons von Joseph Roth sind in den letzten Jahren in den
Archiven erschlossen worden, nachdem ihnen lange Zeit kaum Beachtung geschenkt worden ist. Schwer zu erklären ist diese Schieflage in der Wahrnehmung Roths kaum. Galt doch das Feuilleton, damals wie heute, mehr als not-
wendiges Übel, mit dem Autoren ihren Broterwerb sichern konnten, denn als in-
haltlich oder ästhetisch ernstzunehmende Textform.

Schaut man sich Roths Feuilletons an, die erstmals 1919 in der Wiener
Zeitung *Der Tag* erschienen und mit denen er spätestens 1924 als Redakteur der
Frankfurter Zeitung zu einem der bestbezahlten Journalisten der Weimarer
Republik wurde, dann muss man sich wundern, um welch esprit- wie ironiege-
ladene Prosastücke, die mit analytischer Tiefenschärfe über die mentalen Konfi-
gurationen der Weimarer Zwischenkriegsgeneration erzählen, sich die Literatur-
geschichte hier um ein Haar gebracht hätte.

---

[1] Roth, Joseph: *Das Antlitz der Zeit*. In: *Der Neue Tag*, 1.1.1920; zit. nach Westermann,
Klaus (Hrsg.) / Roth, Joseph: *Werke. Erster Band. Das journalistische Werk 1915 - 1923*,
Köln 1989, S.376.

Roth beginnt seine Arbeit für die Zeitung – nachdem er als Soldat zunächst hin und wieder Lyrik in Benno Karpeles' pazifistischem Blatt *Der Frieden* veröffentlichen konnte – im Nachkriegswien, wo Karpeles im Jahr 1919 die Zeitung *Der Neue Tag* gründet. Roth lernt hier nicht nur Alfred Polgar, sondern auch Egon Erwin Kisch kennen, der bald in Berlin mit seinen sozialkritischen Reportagen von sich Reden machen wird.

In den knapp fünfzehn Monaten, in denen sich *Der Neue Tage* finanziell über Wasser halten kann, schreibt Roth im Stile eines Lokalreporters über ein Themenspektrum, das von Veranstaltungsnotizen, Berichten über Tagesereignisse bis hin zur Beobachtungen städtischer Szenerien reicht. Vor allem ist es dabei ein Thema, um das Roths Texte kreisen: das prekäre, von Mangel und Elend bestimmte Leben in einer vom Krieg demontierten Stadt. Das Antlitz der Zeit, das Roth zeichnet, ist eines von sozialer Not, Versorgungsknappheit und täglicher Improvisation, innerhalb derer die Menschen eine neue soziale und individuelle Verortung suchen.

Wiener Symptome nennt sich denn auch eine Reihe von 33 Texten, die in *Der Neue Tag* zwischen Frühjahr 1919 und Frühjahr 1920 erscheint und in der Roth am Kleinen und Exemplarischen vorführt, woran das Leben dieser Nachkriegsgesellschaft im Großen und Ganzen krankt. Nie ist es die überschauende Perspektive, die Roth einnimmt, nie sind es die politischen Fragen der Zeit, die er diskutiert. Stattdessen interessiert Roth der konkrete Lebens- und Erlebenshorizont der Menschen, die gemeinhin kaum in den Fokus seiner schreibenden Zeitgenossen geraten.

Nie auch sind es die großen politischen Thesen, die Roth aufstellt. Roth ist Symptomatiker, ein Beobachter des Alltäglichen und seiner Paradoxien, ein Besessener des Details, das auf Größeres verweist. „Das Diminuitiv der Teile ist eindrucksvoller, als die Monumentalität des Ganzen", erklärt Roth 1921 im *Berliner Börsen Courier*: „Ich habe keinen Sinn mehr für die weite, allumfassende Armbewegung des Weltbühnenhelden. Ich bin ein Spaziergänger."[2] Was Roth als Spaziergänger an Symptomen, Eindrücken und Erlebnissen sammelt, verarbeitet er in seinen Artikeln und Feuilletons zu Beiträgen, die sich zur Alltagskultur einer Übergangsgesellschaft in einer Zeit des sozialen und kulturellen Wandels zusammensetzen lassen.

Formal lassen Roths Blick auf das vermeintlich Nebensächliche, seine Subjektivität und sein sprachlicher Witz und Esprit durchaus noch die Tradition des Wiener Feuilletons erkennen, wie sie zuvorderst mit dem Namen Peter Altenberg verbunden ist. Diese Tradition allerdings, die gemeinhin der bloßen impres-

---

[2] Roth, Joseph: *Spaziergang*. In: *Berliner Börsen Courier*, 24.5.1921; zit. nach ebd., S. 944.

sionistischen Plauderei verdächtigt wird, verbindet Roth mit einer kritischen, auf Recherche, zunächst sogar auf Interviews aufbauenden Gegenwartsdiagnostik. Wichtigste rhetorische Figur wird dabei für Roth das Paradox, das für ihn die typische Lebensform der Nachkriegsmoderne spiegelt. Bewusst belässt er die sozialen Widersprüche, die er auf seinen Streifzügen durch die Wirklichkeit ausmacht, unaufgelöst. Mehr noch: Er verstärkt die Paradoxien des Alltags durch das unkommentierte Nebeneinanderstellen des Gegensätzlichen. Auf diese Weise verleiht er seinen Beschreibungen ein Moment von Irritation, das den Leser für jene Symptome sensibilisiert, die Roth aus seinen Beobachtungen auf den Straßen als wesentlich für die Zeit herausliest.

Dieses ästhetische Verfahren, aus dem Konkreten und Äußerlichen auf das Wesen und die innere Verfasstheit der Gesellschaft zu schließen, haben Roths Feuilletons mit den Großstadtbetrachtungen von Simmel oder Kracauer gemeinsam, die zeitgleich das Prinzip der Verknüpfung von Oberflächen- und Gesellschaftsanalysen als erkenntniskritische Methode etablieren. Der Reportage indes, wie sie in dieser Zeit in Mode kommt, steht Roth übereinstimmend mit Kracauer kritisch gegenüber und lehnt sie wie jener als das bloße Nacherzählen kontigenter Fakten und Vorkommnisse ab. „Das Ereignis ‚wiederzugeben' vermag erst der geformte, künstlerische Ausdruck, in dem das Rohmaterial enthalten ist wie Erz im Stahl, wie Quecksilber im Spiegel", wird Roth 1930 unter dem Titel *Schluß mit der „Neuen Sachlichkeit"!* überzeugt von der Notwendigkeit der ästhetischen Bearbeitung, des Arrangements des Materials schreiben.[3]

2.

Das Prinzip des Feuilletons: das probeweise Entwerfen, das Behaupten und Zuspitzen dessen, was am nächsten Tag bereits wieder verworfen werden darf, war nicht nur Mittel des Zeitdiagnostikers Roth, es war und blieb bis zuletzt auch das Prinzip, mit dem er über sein eigenes Leben schrieb und sprach. Das hat es seinen Biografen (wie jüngst Wilhelm von Sternburg[4]) nicht leicht gemacht.

Nur in der Fremde gehe es ihm gut, lautet eine der zahlreichen autobiografischen Auskünfte von Joseph Roth: „Wo es mir schlecht geht, dort ist mein Vaterland." Das schreibt Roth 1930 seinem Verleger Gustav Kiepenheuer zum 50. Geburtstag.[5] Noch sind es fast drei Jahre hin, bis der Jude Roth wie so viele andere Deutschland wird verlassen müssen und seine Bücher verbrannt werden.

---

[3] Roth, Joseph: *Schluss mit der Neuen Sachlichkeit!* In: *Die Literarische Welt*, Nr. 6 (1930), Nr. 3, S. 3f.

[4] Sternburg, Wilhelm von: *Joseph Roth – Eine Biografie*, Köln 2009.

[5] Roth, Joseph: *Brief an Gustav Kiepenheuer*, 10.06.1930, In: hrsg. von Kesten, Herman (Hrsg.) / Roth, Joseph: *Briefe*, Köln 1970.

Vielleicht war das Leben im Pariser Exil – eine Stadt, die Roth über alle Maßen liebte – tatsächlich gar nicht das Schlimmste, was ihm widerfahren konnte. Auch wenn die historischen Konstellationen, in denen sich der 1894 im galizischen Brody geborene Roth verfangen sollte, natürlich kaum fataler hätten sein können.

Rückhaltlos glauben sollte man zwar nichts von dem, was Roth über sein Leben geschrieben hat. Allzu viel ist erfunden, hingebogen oder gar im Alkoholrausch ersonnen. Dass Roth, der ewig Heimatlose, Getriebene, der seine Texte in lauten Kaffeehäusern und Kneipen schrieb, eine Verbindung zwischen seiner topografischen und seiner mentalen Verfasstheit schlägt, scheint aber dennoch wie ein Schlüssel zu seinen Texten.

Es gibt nur wenige Autoren, deren Sprache sich so unmittelbar der Umgebung anschmiegte, von der sie handelte, oder aber, die sich, ob nun bewusst oder unbewusst, gegen diese sträubte. Und vielleicht gibt es deshalb auch nur wenige Autoren, deren Texte so unmittelbar und seismografisch Auskunft geben über die eigene Verfasstheit und die Verfasstheit der Welt drum herum. Roths Schreiben topografisch oder kartografierend zu nennen, scheint eben deshalb sinnvoll.

Liest man etwa seinen frühen Roman *Das Spinnennetz* aus dem Jahr 1923, findet man einen Autor, der in gehetzter, klirrend kalter Sprache bereits all jene Züge der Weimarer Gesellschaft entlarvt, die ein Jahrzehnt später in die Katastrophe des Nationalsozialismus führen werden: Antisemitismus, nationaler Chauvinismus, Karrierismus der zu kurz Gekommenen. Das bürgerliche Westberlin ist hier der Handlungsort.

Umso überraschender ist der fast magische, Kafka verwandte Ton von Roths Roman *Hotel Savoy*, das nur ein Jahr später erscheint. Ein Hotel in Polen, in dem die vom Krieg Versprengten und Entwurzelten nur kurz Quartier nehmen wollen, um dann doch auf ewig zu bleiben, wird zum Bild der transzendentalen und der ganz konkreten Obdachlosigkeit der Zwischenkriegsjahre, wie es fast allen Texten Roths untergründig mitgegeben ist. Eines aber, das vor allem die jüdische Heimatlosigkeit mitdenkt und dem deshalb jene fast metaphysische Verlorenheit eingeschrieben ist. Ähnlich wie in der Erzählung um Mendel Singer, den von Schicksalsschlägen geschlagenen Juden in *Hiob*, der seine Heimat in Galizien verlässt, um in Amerika das Glück zu finden.

Mehr noch aber sind es wiederum Roths Feuilletons, die von der eigenartigen topografischen Bedingtheit seines Schreibens zeugen. Seine Schilderungen rund um die Flanier-, Konsumier- und Amüsiermeile Kurfürstendamm, die ihm stets suspekt blieb, auch wenn er hier Quartier bezog, versieht er mit distanzierter, zuweilen süffisanter Ironie. Wenn er über Ostberliner Arbeiterviertel schreibt, über das städtische Obdachlosenasyl im Prenzlauer Berg, über das Vormundschaftsamt in der Landsberger Allee, über ein Asyl für Künstler oder das Polizeipräsi-

dium am Alexanderplatz, dann ist seinen Texten ein nachgerade schmerzhaftes
Mitleiden eigen.

Vor allem das Scheunenviertel, das sich nördlich des Alexanderplatzes über
ein paar Straßen erstreckt und in dem sich jüdische Einwanderer, Flüchtlinge
und eine Halbweltgesellschaft aus Schiebern, Zuhältern und kleinen Gaunern
eingerichtet haben, zieht Roth an. Hier, in den Asylen und in den Notunter-
künften von Reisenden, mag er die Heimatlosigkeit wiedergefunden haben, die
seine eigene Biografie grundierte und die der ständig zwischen seinen Unter-
künften wechselnden Roth seinem Leben selbst noch einmal beigibt.

Wenn nun an zwei Feuilletons von Joseph Roth erläutert wird, wie deutlich
sich von Gestus und Sprache auf die topografischen Bedingtheiten des Textes
rückschließen lässt, dann ist es kaum übertrieben zu sagen, dass sich die Beispiele nachgerade willkürlich aus dem riesigen Umfang der zwischen 1920 und
1925 in Berlin entstandenen Texte auswählen lassen. Denn es gibt so etwas, das
man den spezifischen Ost- und den spezifischen Westton Roths nennen könnte
und das sich in der gesamten Erzählstruktur eines Textes niederschlägt.

Schauen wir zunächst auf einen Text, der im Osten der Stadt, in eben jenem
Scheuenviertel angesiedelt ist, das Roth auf seinen Spaziergängen immer wieder
anzog – wo er aber eben niemals selbst Quartier bezog. Seine wechselnden
Unterkünfte nahm er stets im westlichen Teil der Stadt, in Charlottenburg oder
Schöneberg. *Flüchtlinge aus dem Osten* heißt das Feuilleton, das am 20.Oktober
1920 in 12-Uhr-Blatt der *Neuen Berliner Zeitung* erschien.[6]

„Geza Fürst", heißt es über den sechzehnjährigen ungarischen Jungen, der vor
dem Militärdienst in der Roten Armee geflohen und nun nach Berlin gekommen
ist mit der Hoffnung, die Papiere für eine Schiffspassage nach Amerika zu
bekommen, „schlief in einem Logierhaus in der Grenadierstraße. Dort machte
ich seine Bekanntschaft".

Roth also – geht man davon aus, dass im Feuilleton die Identität von Autor
und Erzähler-Ich suggeriert werden soll – verleiht seinem Text, indem er sich
selbst als Zeugen ins Spiel bringt, nicht nur einen höheren Grad von Authentizität, er rückt ihn auch in die Nähe der Sozialreportage, einer Text- und Beob-
achtungsform, die schon sein frühes Schreiben während der Wiener Zeit
wesentlich ausmachte.

„Ich lernte", schreibt Roth weiter, „noch andere kennen." Und nun öffnet sich
ein ganzes Panorama des Elends:

---

[6] Roth, Joseph: *Flüchtlinge aus dem Osten*. In: *Neue Berliner Zeitung*, 20.10.1920; zit. nach
Westermann / Roth: *Werke. Erster Band*, a. a. O., S. 645ff. Alle folgenden Zitate sind
diesem Text entnommen.

„In diesem Logierhaus waren nämlich etwa *hundertzwanzig aus dem Osten geflüchtete Juden* untergebracht. Viele Männer waren geradewegs aus der russischen Kriegs-gefangenschaft gekommen. Ihre Kleidung bildete eine groteske Monteurfetzen-internationale. In ihren Augen war tausendjähriges Leid zu sehen. Frauen waren da. Sie trugen ihre Kinder auf dem Rücken wie schmutzige Wäschebündel. Und Kinder, die auf krummen Beinen durch eine rachitische Welt krochen, knabberten an harten Brotrinden.“

Zeuge dieses Elends ist Roth selbst. Wenn er nun in seiner Beschreibung fort-fährt, dann öffnet er die Perspektive und macht dieses spezielle Logierhaus in der Grenadierstraße nicht nur zum Exempel für die sozialen Zustände in Ost-berlin. Das Logierhaus wird ihm zum symptomatischen Ausdruck dessen, wie es um die Verfasstheit der jüdischen Flüchtlinge, für die Verfasstheit Osteuropas insgesamt bestellt ist:

„Es waren Flüchtlinge. Man kennt sie allgemein unter dem Namen ‚Die Gefahr aus dem Osten‘. Pogromangst schweißt sie zusammen zu einer Lawine aus Unglück und Schmutz, die, langsam wachsend, aus dem Osten über Deutschland rollt. Im Berliner Ostviertel staut sich ein Teil in größeren Klumpen. Wenige sind jung und habe gesunde Glieder, wie Geza Fürst, der geborene Schiffsjunge. Fast alle sind alt, gebrechlich und gebrochen.“

Zugleich aber wohnt dieser Beschreibung Roths noch etwas inne: Zum einen der Hinweis auf die abwertende und ablehnende Haltung, die ihnen im Westen ent-gegenschlägt – „Man kennt sie allgemein unter dem Namen ‚Die Gefahr aus dem Osten‘.“ Zum anderen liest man in dieser Passage das tiefe, beinahe empha-tische Mitleiden, das Roth mit diesen Menschen empfindet: „Fast alle sind sie alt, gebrechlich und gebrochen.“ Schon in der Passage zuvor, in der Roth von dem tausendjährigen Leid sprach, das in den Augen der Flüchtlinge zu sehen sei, konnte man das Existentielle erkennen, das sich für Roth in seinen Beob-achtungen spiegelt.

Roth arbeitet hier, wie fast immer in seinen Feuilletons, mit dem Mittel des Paradoxon. Indem er die gebrochenen, alten Flüchtlinge der Formel von der „Gefahr aus dem Osten“ gegenüberstellt, wird die fatale Unangemessenheit der öffentlichen Wahrnehmung, mit der den Flüchtlingen begegnet wird und die sie an ihr Elend fesselt, nur allzu deutlich.

Und noch einmal verleiht Roth diesem Existentiellen eine sinnliche Unmit-telbarkeit, der sich der Leser kaum entziehen kann – auch wenn er zu merken glaubt, das Roths Tableau nahe daran ist, dem Kitsch anheimzufallen: „Im Logierhaus riecht es nach Schmutzwäsche, Sauerkraut und Menschenmasse. Auf dem Fußboden lagern zusammengerollte Körper wie Gepäckstücke auf dem Bahnsteig. Ein paar alte Juden rauchen Pfeife. Die Pfeife stinkt nach verbrann-tem Horn. Kinderkreischen flattert in den Winkeln herum. Seufzer verlieren sich in den Ritzen der Dielenbretter. Einer Petroleumlampe rötlicher Schimmer kämpft sich mühsam durch eine Wand aus Rauch und Schweißdunst."

Alles andere aber als Sozialromantik ist es, das Roth umtreibt. Und so stellt er seinen Beobachtungen, damit sie nicht nur mehr oder minder zufällige Impressionen bleiben, Zahlen- und Faktenmaterial an die Seite:

> „Im ganzen sind 50 000 Menschen aus dem Osten nach dem Kriege nach Deutschland gekommen. Es sieht freilich aus, als wären es Millionen. Denn das Elend sieht man doppelt, dreifach, zehnfach. So groß ist es. Es sind mehr Arbeiter und Handwerker unter den Zugewanderten als Händler. Nach der beruflichen Gliederung sind 68,30 Prozent Arbeiter, 14,26 Prozent Lohnarbeiter und nur 11,13 Prozent freie Händler. Sie können in keinem deutschen Betrieb untergebracht werden, obwohl die größte Gefahr nur dann besteht, wenn die Leute nicht arbeiten dürfen. Dann werden sie natürlich Schieber, Schmuggler und sogar gemeine Verbrecher."

Und wenn Roth hier schon die sinnwidrige Willkür der Behörden aufzeigt, dann wird ihr Walten im Folgenden endgültig absurd:

> „Aber selbst die Abschiebung der Leute begegnet Schwierigkeiten bei den Behörden. Statt all jenen, die ein Ausreisevisum verlangen, sofort die Ausreise zu ermöglichen, versucht die Behörde, die Erledigung der Ausreisegesuche in die Länge zu ziehen. Wochenlang sterben die Geflüchteten hier von der Mildtätigkeit der Mitmenschen, eh es ihnen möglich wird, das Weite zu suchen."

Die Wut und den Schmerz, den Roth angesichts dieses durch die Behörden forcierten Elends empfinden lässt, kulminiert im folgenden Satz, der mit vermeintlich sachlicher Lakonie daherkommt: „Bis jetzt ist es zwölfhundertneununddreißig Personen gelungen, Berlin zu passieren, ohne Hungers gestorben zu sein."

Schaut man sich das Feuilleton *Flüchtlinge aus dem Osten* an – und man könnte dies mit fast jedem Text Roths tun, der im Osten Berlins spielt – zeigt sich Roth als ein Autor, der emphatisch zugewandt, mitleidend und nachgerade zornig über das schreibt, was er auf seinen Spaziergängen durch die Stadt beobachten kann. Was auf diese Weise entsteht, ist das Bild einer Stadt, in die sich die jüngste Geschichte von der Vertreibung und Flucht des Ostjudentums eingeschrieben hat und an der sich diese Geschichte materialisiert.

Zugleich liest man hier bei Roth eine Innerlichkeit mit, die man so in seinen Texten über den Westen Berlins nie lesen wird – eine Innerlichkeit, die daher rührt, dass der Jude Roth, so säkularisiert und späterhin auch katholisch er sich auch immer geben mochte, mit dieser Geschichte stets seine eigene Lebensgeschichte verbunden sehen musste.

3.

Wie anders stellt sich diese Stadt dar – bzw. wie anders stellt Roth diese Stadt dar, wenn er seinen Beobachterstandpunkt nur wenige Kilometer in Richtung Westen verlegt. Die Fallhöhe zwischen dem Feuilleton, das im Folgenden vorgestellt werden soll, und dem über die Flüchtlinge aus dem Osten könnte kaum größer sein – und mit ihnen der Kontrast der beiden Seiten der Stadt, die stellvertretend für Roths Wahrnehmung der östlichen und der westlichen Gesellschaft überhaupt steht.

Sorgen des Kurfürstendamms heißt ein Feuilleton, das 1923 im *Vorwärts* erscheint[7] – und wiederum sei angemerkt, dass sich an nahezu jedem der Westberliner Texte Roths, speziell jenen, die im bürgerlichen Charlottenburg und um den Boulevard Kurfürstendamm angesiedelt sind, ähnliche Stilmittel und Tonlagen finden ließen.

Schon der Untertitel des Textes klingt unverhohlen ironisch. *Der Kurfürstendamm hat auch seine Sorgen – es ist nicht zu leugnen.* Führt man sich noch einmal vor Augen, was Roth über das Leben im Osten der Stadt schreibt, mag es geradezu sarkastisch klingen. Dass es aber vorderhand kein bitterer Text ist, den Roth hier schreibt, liegt daran, dass er nun das ganze Handwerkszeug des zugleich munter plaudernden und scharfzüngig übertreibenden Feuilletonisten hervorholt, durch den der Text vordergründig zunächst einmal mit einer guten Portion Sprach- und Beschreibungswitz versehen wird:

„Ich bin dank einem gnädigen Schicksal in jener Konditorei, die wie eine Bonbonniere aussieht – mit Goldzierrat und Stukkatur und der süßen Ornamentik aus Marmor mit Schlagsahne. Rings an den kleinen Tischen sitzt, in runde Kampfgruppen getrennt, die ganze Einheitsfront des westlichen Bürgertums, löffelbewehrt und siegreich im Krieg gegen Schokoladeneis, das auf dem schlüpfrigen Schlachtfeld aus Porzellan strategische Rückzüge vollführt."

Indes, trotz dieses Witzes, ist Roths Ablehnung, nachgerade sein Ekel diesem Szenarios gegenüber nicht zu übersehen, auch und vor allem nicht, als er nun das Personal des Geschehens im Einzelnen vorführt:

„Man sieht: Gattinnen mit Perlenbesatz; Schwiegertöchter in mittlerem Alter, den Ansatz verräterischen Doppelkinns durch gestreckte Kopfhaltung bekämpfend; Männer mit Haarausfall infolge Dividendenstudiums; angehende Schwiegersöhne (d. h. Schwiegersöhne, die es angehen), auf Taille genäht, die Silhouette des modernen Mannes wahrend, oben breit, unten schmal, eine umgekehrte Pyramide; die jungen Töchter, Zielfiguren der trefflichen Schützen, heute noch in duftigem Kleidchen, morgen schone jene Gewichtigkeit an-

---

[7]   Roth, Joseph: *Sorgen des Kurfürstendamms.* In: *Vorwärts*, 15.4.1923; zit. nach ebd., S. 1641ff. Alle folgenden Zitate sind aus diesem Text.

deutend, zu der die Mitgift verpflichtet; ferner befreundete Junggesellen, die beharrlich auf die Sicherung eines behaglichen fremden Heimes hinarbeiten mit garantiertem Suppen- und Liebesgenuss; und hier und dort auch eine feine Gouvernante, als Stützte der Hausfrau attachiert und erbarmungslos der ganzen Gutherzigkeit der Gesellschaft ausgeliefert."

Wiederum ein Tableau, wie schon in den *Flüchtlingen aus dem Osten*, ist es, das Roth hier entwirft. Jedoch eines der dekadenten westlichen Welt, einer Welt, die Roth in ihren Verfallserscheinungen, ihrer Hässlichkeit nur allzu gern, genüsslich geradezu, präsentiert. Hier gibt es keine Spur von jener Emphase oder jenem Mitleiden, das man in Roths Texten über das östliche Berlin liest. Und nur als Gipfel der Ironie kann gelten, wenn Roth nun noch einmal wieder- holt: „Diese Menschen haben auch ihre Sorgen – es ist nicht zu leugnen."

Vollends lächerlich diese Gesellschaft in der plüschigen Konditorei nun, wenn Roth einen kleinen Querschnitt ihrer Sorgen mitteilt: Einer vergaß, sich beim Gähnen die Hand vor den Mund zu halten, Mütter sorgen sich darüber, dass ihre Kinder Hülsenfrüchte oder Eier nicht essen wollen (Dinge, von denen die Menschen in den Logierhäusern, wo die Kinder rachitisch sind, nur träumen können), großes Kopfzerbrechen bereitet die Qualität von Dienstmädchen. All das führt dazu, dass die eine oder andere Börsianergattin „Summen" im Kopf hat – in der bezeichnenden Doppelbedeutung des Wortes – und nun dringend einer Kur bedarf, und zwar bei einem gewissen Lahmann, vermutlich irgend- einem Psychiater oder Therapeut. Aber da kommt auch schon die nächste Sorge: Was macht man in der Zeit der Abwesenheit mit dem Tafelsilber, wo doch so viel geklaut wird.

Am Ende seines Textes über diese Abgründigkeiten und Banalitäten treibt Roth seinen Spott noch einmal in die Höhe, indem er einen vermeintlich pathetischen Ton anschlägt: „Und die armen, braven Bürger zerstreuen sich zu Fuß, und der ganze Kurfürstendamm widerhallt von den Sorgen seiner Geschöpfe." Einen pathetischen Ton, der aber nur die Selbsterhebung dieser kleinen Konditorei-Runde persifliert und dessen Referenzlosigkeit nur allzu klar ist – ganz im Gegensatz zu jenem Mitleiden, dass man im ersten Text lesen konnte. Warum das so ist, zeigt sich im allerletzten Satz des Feuilletons, in dem Roth mit aller Schärfe die Fallhöhe markiert, die zwischen den existentiellen Sorgen im Osten der Stadt und den Problemchen der überzivilisierten, dekadenten Gesellschaft in Westen besteht: „Morgen wird der Polizeibericht melden, wie viele Menschen in dieser Nacht aus dem Leben geflüchtet sind statt zu Lahmann. Es hat jeder seine Sorgen in dieser Welt."

4.

Ob Roth sich mit seinen Feuilletons, aber auch mit seinen Romanen, die so hell-sichtig das Antlitz seiner Zeit zeichneten und ihre mentalen Karten entwarfen, von seinem eigenen Leben und dessen Versehrtheiten wegschrieb oder ob er versuchte, sich hineinzuschreiben auch in das, was ihn quälte, und es zu vermes-sen, ist kaum zu entscheiden. Aber deutlich ist, dass Roths eigene Biografie, seine ostjüdischen Wurzeln und sein Schicksal, nie eine feste ideologische und örtliche Heimat zu finden, sondern immer hin- und hergerissen zu sein zwischen der Abscheu der westlichen Lebensart gegenüber und dem Wunsch, in ihre Kreise aufgenommen zu werden, seinen Texten immer beigegeben ist und all dies ihren Ton und Blick lenkt.

„Gesetzt, es käme [...] auf dem Mars einem lieben Leser der Einfall, eine Berliner Illustrierte Zeitung zu abonnieren, was erführe er da von der Erde?"[8] fragt Roth am 1. April 1923 in *Das Lächeln der Welt*. Leidenschaftlich – davon zeugt allein der ungeheure Umfang seiner feuilletonistischen Produktion – arbeitete Roth daran, für diese Eventualität jeden Tag aufs Neue aus je einer halben Seite Text Bausteine für ein möglichst vollständiges Antlitz dieser Zeit zu liefern. Wer seine Berliner Feuilletons liest, dem werden die zwei Gesichter dieser Stadt, die zwei Teile Berlins, das natürlich damals noch nicht im eigent-lichen Sinne ein Geteiltes war, auf ganz eindringliche Weise anschaulich werden, in ihrer äußeren, wie auch in ihrer inneren Verfasstheit – ob er nun als Leser vom Mars oder aus einer der nachfolgenden Generationen kommt.

---

[8] Roth: Joseph: *Das Lächeln der Welt*. In: *Das Blaue Heft*, 1.4.1923; zit. nach ebd., S.1614.

Andreas Degen
Alfred Brust und Bruno Taut.
Literarische und architektonische Alternativen
zur Großstadt im Umkreis der *Gläsernen Kette*

Nach dem sprunghaften Bevölkerungsanstieg, der in zahlreichen deutschen Städten während des letzten Drittels des 19. Jahrhunderts zu verzeichnen ist, gerät die Stadt in den Jahren um 1900 zum Inbegriff einer lebensfeindlichen, Individualität und soziale Bindungen zerstörenden Daseinsform. Die Großstadt wird Anlass und Topos, um das veränderte Verhältnis von Individuum und Kollektiv unter so unterschiedlichen Vorzeichen wie Mythos, Gemeinschaft, Masse oder Gesellschaft zu erörtern und nach Alternativen zum Status quo zu suchen. Kritikern des Urbanen, für das prototypisch der 1911 gebildete *Zweckverband Groß-Berlin* stand, geht es nicht allein um die zahllosen sozialen, baulichen, hygienischen und infrastrukturellen Missstände, die das Leben in Spekulationsbauten und Ballungszentren prägten. Ihnen geht es vielfach ebenso sehr um prinzipielle Stellungnahmen zur Existenz des Menschen in der hochgradig arbeitsteiligen und komplex organisierten Gesellschaft der Moderne.

Der Soziologe Georg Simmel unterscheidet in seiner klassisch gewordenen Analyse *Die Großstädte und das Geistesleben* (1903) zwei Verhaltensformen von Individualität gegenüber der Großstadt: radikale Ablehnung im Modus eines „äußersten Individualismus" einerseits, Herausbildung „persönlicher Sonderart" als eines spezifisch großstädtischen Individualismus' andererseits. In der Großstadt sieht Simmel die „tiefsten Probleme des modernen Lebens" in bislang unbekannter Weise herausgefordert, nämlich den „Anspruch des Individuums, die Selbständigkeit und Eigenart seines Daseins gegen die Übermächte der Gesellschaft, des geschichtlich Ererbten, der äußerlichen Kultur und Technik des Lebens zu bewahren"[1]. Das aggressive Aufbegehren dieses Anspruchs, wie er es bei Friedrich Nietzsche oder dem britischen Sozialphilosophen John Ruskin zu erkennen meint, deutet er als einen „leidenschaftliche[n] Hass" und als „Widerstand des Subjekts, in einem gesellschaftlich-technischen Mechanismus nivelliert und verbraucht zu werden"[2]. Diesem leidenschaftlichen Antiurbanismus stellt Simmel den „intellektualistische[n] Charakter" des Großstädters gegenüber. Diesen deutet er als ein erfolgreiches „Präservativ des subjektiven Lebens", der drohenden Nivellierung der Großstadt zu widerstehen, ohne sie zu

---

[1] Simmel, Georg: *Die Großstädte und das Geistesleben*. In: Lichtblau, Klaus (Hrsg.) / Simmel, Georg: *Soziologische Ästhetik*, Bodenheim 1998, S. 119 - 133, hier S. 119.
[2] Ebd.

negieren. Als Folge der urbanen Bevölkerungsdichte konstatiert er im sozialen Interagieren wie in der alltäglichen Wahrnehmung einen Verlust von Einheit.

> „Indem die Großstadt gerade diese psychologischen Bedingungen schafft – mit jedem Gang über die Straße, mit dem Tempo und den Mannigfaltigkeiten des wirtschaftlichen, beruflichen, gesellschaftlichen Lebens – stiftet sie schon in den sinnlichen Fundamenten des Seelenlebens, in dem Bewusstseinsquantum, das sie uns wegen unserer Organisation als Unterschiedswesen abfordert, einen tiefen Gegensatz gegen die Kleinstadt und das Landleben, mit dem langsameren, gewohnteren, gleichmäßiger fließenden Rhythmus ihres sinnlich-geistigen Lebensbildes."[3]

Im Unterschied zu den „Prediger[n] des äußersten Individualismus" erkennt Simmel in der „Ausbildung persönlicher Sonderart" des Großstädters eine andere Form von Individualität, die durch „individuelle Unabhängigkeit"[4] gekennzeichnet ist. Sie sei ein „ganz neue[r] Wert in der Weltgeschichte des Geistes".

Die folgende Studie vergleicht mit dem fast vergessenen expressionistischen Dramatiker und Romancier Alfred Brust (1891 - 1934) und dem Baugeschichte schreibenden Architekten und Städteplaner Bruno Taut (1880 - 1938) zwei deutsche Großstadtkritiker unterschiedlicher Couleur (I.). Beide hatten unmittelbar nach dem Zusammenbruch des Deutschen Kaiserreiches 1918/19 für eine radikale Auflösung der Stadt und eine Neuerfindung menschlichen Zusammenlebens und Bauens (II., III.) plädiert, die bei Brust eher traditionalistisch, bei Taut eher avantgardistisch ausfällt. Ein knappes Jahr lang standen Brust und Taut in Zusammenhang der Architektengruppe „Gläserne Kette" in persönlichem Kontakt (IV.). Während der ersten Hälfte der 1920er-Jahre differierten ihre Tätigkeitsfelder und Ansichten stärker (V.): Der Dichterprophet Brust hielt an der prinzipiellen Negation des Urbanen als des Inbegriffs dekadenter westlicher Zivilisation fest, der Großstadtarchitekt Taut wandte sich realisierbaren Bauprojekten zu, ohne die Grundimpulse seiner früheren Visionen ganz aufzukündigen. Pointiert gesagt folgte Brust dem Individualitätsparadigma auf der Linie Nietzsche, Taut auf der Linie Simmel. Beide arbeiteten in den Zwanzigerjahren an zunehmend konträr formierten Bildern von Urbanität mit, die im einen wie im anderen Fall repräsentativ für den deutschen Großstadt-Diskurs der Zwischenkriegszeit sind.

---

[3] Ebd., hier S. 120.
[4] Ebd., hier S. 132.

I.

Bruno Taut war von 1908 bis 1933 mit kurzen Unterbrechungen als Stadtplaner und Architekt in Berlin tätig. Geprägt hatte ihn die Gartenstadt-Bewegung der Jahrhundertwende. Diese verwarf den architektonischen Historismus der Gründerzeit und verband Konzepte der Entballung und Dezentralisierung mit mehr oder weniger weitgehenden lebens- und gesellschaftsreformerischen Ideen.[5] Noch vor dem Ersten Weltkrieg unterstützte Taut die Stilrichtung des *Neuen Bauens*, in den revolutionären Umbrüchen Ende 1918 rief er gemeinsam mit dem Kunsthistoriker Wilhelm R. Valentiner und dem späteren Bauhaus-Gründer Walter Gropius den Berliner *Arbeitsrat für Kunst* ins Leben. Ende 1919 initiierte er den Briefwechsel der *Gläsernen Kette*, der zu den bedeutendsten Beiträgen zur Theorie der Architektur im 20. Jahrhundert gerechnet wird.[6] Daneben betrieb er verschiedene Ausstellungs-, Zeitschriften-, Film- und Theaterprojekte. Nach dreijähriger Tätigkeit als Stadtbaurat in Magdeburg kehrte er 1924 wieder nach Berlin zurück. In der Vier-Millionen-Stadt war er für reformorientierte Großprojekte des sozialen Wohnungsbaus wie die Hufeisensiedlung in Berlin-Britz oder die Siedlung Onkel-Toms-Hütte in Berlin-Zehlendorf verantwortlich. Politisch und künstlerisch diffamiert emigrierte er 1933 über Zürich nach Japan, später in die Türkei, wo er 1938 starb.

Wie Taut stammt Alfred Brust aus Ostpreußen. Während des Ersten Weltkrieges hatte er im Buchprüfungsamt beim Oberbefehlshaber Ost in Kowno und Wilna gearbeitet, Nietzsche gelesen und die Autoren Richard Dehmel und Herbert Eulenburg sowie den Maler Karl Schmidt-Rottluff, Mitglied der expressionistischen Künstlergruppe *Brücke*, persönlich kennengelernt. Mitgerissen von der Novemberrevolution in Riga beschrieb er Ende 1918 seine „Gesinnung heute" als „äußerlich ganz Spartakus – bolschewistisch! innerlich ganz ganz konservativ"[7]. Dehmel gegenüber skizzierte er die nach Osten weisenden Erneuerungshoffnungen wie folgt: Die „Front Luther = Dostojewski wird geschmiedet

---

[5] Vgl. Harlander, Tilman: *Zentralität und Dezentralisierung. Großstadtentwicklung und städtebauliche Leitbilder im 20. Jahrhundert*. In: Zimmermann, Clemens (Hrsg.): *Zentralität und Raumgefüge der Großstädte im 20. Jahrhundert*, Stuttgart 2006, S. 23 - 44; und Nerdinger, Winfried: *Architekturutopie und Realität des Bauens zwischen Weimarer Republik und Drittem Reich*. In: Hardtwig, Wolfgang: *Utopie und politische Herrschaft im Europa der Zwischenkriegszeit*, München 2003, S. 269 - 286.

[6] So Dennis Sharp. Vgl. Speidel, Manfred / Schmitz, Frank: *Gläserne Kette*. In: Speidel, Manfred (Hrsg.): *Bruno Taut. Natur und Fantasie. 1880-1938*, Berlin 1995, 178 - 178, hier S. 178.

[7] Brief Brusts an Magnus Zeller vom 27.12.1918, zit. nach Kuritz, Henry: *Alfred Brust – eine monographische Studie*. Magisterarbeit, Dresden 1998, S. 10.

werden"[8]. Anfang der 1920er-Jahre wandte sich der zurückgezogen an der äußersten Nord-Ost-Grenze des Deutschen Reiches lebende Brust der Erzähl-prosa zu, 1929 erhielt er für den Roman *Die verlorene Erde* den renommierten Kleist-Preis. Einige Jahre lang stand er mit Hugo von Hofmannsthal in Brief-wechsel, dessen viel beachtete Rede *Das Schrifttum als geistiger Raum der Nation* (1927) er auf sich und sein Werk bezog.[9] Poltisch lässt sich Brust in dieser Zeit am ehesten dem Umfeld der heterogenen Strömung der sogenannten Konservativen Revolution zuordnen, deren Ziel es war, durch traditionelle Werte die geistige Zerrissenheit der Nation zu überwinden. Dadurch solle, so Hofmannsthal, eine „neue deutsche Wirklichkeit"[10] entstehen, hervorgebracht durch einen „aus dem Chaos hervortretende[n] Geistige[n], mit dem Anspruch auf Lehrerschaft und Führerschaft". Brust teilte die Ablehnung der „krankhaften Zivilisation"[11] und die Utopie einer Erneuerung des geistigen und politischen Lebens, die bei ihm freilich antibürgerliche Züge annahm.

Was Taut und Brust um 1920 zusammenführte, war die Suche nach Alter-nativen.[12] Ihr Befund zum Moloch Großstadt fiel ähnlich aus: „Je größer die Stadt, desto kleiner die Menschen"[13] (Brust) – „Steinhäuser machen Stein-herzen"[14] (Taut). Beide hatten sich zu Kriegsende in der Rätebewegung enga-giert, verstanden sich aber eher als ideelle Visionäre. Ihre künstlerische Arbeit verbanden sie mit weitreichenden Ansprüchen. Sie plädierten für dezentrale, subsistenzwirtschaftliche Arbeits- und Lebensformen. Beide traten für eine geistige Erneuerung ein, vorübergehend (bei Taut) oder beständig (bei Brust) setzten sie auf eine Restitution des Mythischen als ideelles Fundament. Taut ent-wickelte hierfür das bald durch offenere Strukturen abgelöste architektonische

---

[8] Brief Brusts an Richard Dehmel vom 15.9.1919, zit. nach Musielski, Ralph: *Bau-Gespräche. Architekturvisionen von Paul Scheerbart, Bruno Taut und der „Gläsernen Kette"* Berlin 2003, S. 168.

[9] Hofmannsthal hielt die Rede am 10.1.1927 an der Universität München. Ob Hofmannsthal bei dieser Führergestalt an eine bestimmte Person gedacht hatte – möglicherweise Stefan George, Rudolf Pannwitz, Florens Christian Rang, vielleicht auch Alfred Brust – ist nicht sicher. Walter Benjamin bezog die Rede auf Brust, der sie von Hofmannsthal mit Widmung erhielt; vgl. Jäger, Lorenz: *Alfred Brust als Briefpartner Hofmannsthals. Eine Dokumentation.* In: *Hofmannsthal-Blätter*, H. 41/42 (1991/92), S. 50 - 60.

[10] Hofmannsthal, Hugo von: *Gesammelte Werke in zehn Einzelbänden. Reden und Aufsätze III, 1925 - 1929. Aufzeichnungen*, Frankfurt a. M. 1980, S. 24 - 41, hier S. 32.

[11] Brust, Alfred: *Russischer Revolutionstag*. In: *Himmelsstraßen*, München 1923, S. 83.

[12] Vgl. zum Verhältnis Brusts zur *Gläsernen Kette*: Musielski: *Bau-Gespräche*, a. a. O., S. 165ff.

[13] Brust, Alfred: *Der ewige Mensch*. In: Denkler, Horst (Hrsg.) / Brust, Alfred: *Dramen 1917 - 1924*, München 1971, S. 51.

[14] Taut, Bruno: *Die Auflösung der Städte*. In: Speidel: *Bruno Taut*, a. a. O., S. 159.

Konzept der *Stadtkrone*, Brust setzte in visionären Stücken auf exemplarische Selbstopfer und unspezifischen Gottesglauben. Taut entwickelte seine Neuerfindung der Stadt vom Bauwerk und dessen Wirkung her, Brust plädierte in expressionistischer Manier für eine sittlich-mythische Zeitenwende, die vor der Kontrastfolie Stadt antizipiert wurde. Ihnen gemeinsam war, dass sie neue literarische oder architektonische Formen aus dem ‚geistigen Wesen' der Dinge abzuleiten suchten. Nach einer Phase fantastischer Bauvisionen wandte Taut sich Anfang der 1920er-Jahre wieder konkreteren Bauprojekten zu; in der Folgezeit erhielt er bedeutende Aufträge und Ämter. Er modifizierte seinen ästhetischen und sozialen Anspruch, ohne ihn trotz vielfältiger technischer, finanzieller und administrativer Einschränkungen aufzugeben. Während Taut in Berlin im großen Stil Neues baute, hielt der verarmt an der Kurischen Nehrung lebende Brust bis zu seinem Tod 1934 an seinem sendungsbewussten Gestus fest.

II.

Bereits in jenen Stücken, die Brust während seiner Zeit im Buchprüfungsamt Ober Ost schrieb, treten die Grundmotive seiner Zeit- und Zivilisationskritik hervor. Pointiert benennt das „dramatische Bekenntnis" *Cordatus* (1927) den Ekel vor allem Urbanen, der auch Brusts letzten Roman *Eisbrand. Die Kinder der Allmacht* (1933) bestimmen wird. Auf die Frage, „was das da für eine Stadt ist", antwortet die Dramenfigur Raptus: „Stadt ist Stadt. Es ist die Stadt ohne gleichen. Sie ersparen uns ihren Namen. Sie ist genau so aussätzig wie die anderen Städte des Abendlandes."[15] Konzeptuell und argumentativ deutlicher ausgeführt wird dieser Befund in Brusts sogenanntem „Zeitwendespiel" *Heiligung* (1916/20). Dieses stellt in knappen Stationen die Rückkehr des jungen „Zeitwendemenschen"[16] Szameit aus der Stadt in sein preußisch-litauisches Heimatdorf in Ostpreußen dar. Er lebt in größter „Weltabgeschiedenheit"[17], im Geiste Tolstois und nach dem Vorbild der „alten Menschen". Die „Zeitwende", im historischen Kontext auf den Ersten Weltkrieg und die nachfolgenden politischen Umbrüche zu beziehen, markiert eine biografische und moralische Umkehr. Der „draußen" in der Welt als „toll" verrufene Protagonist erfährt im heimatlichen Winkel seine stille Erhöhung zum Vorbild und Führer: „Dichter und Denker mit großen Namen", die wie zahllose andere die „schwindenden Städte[]"[18] verlassen haben, suchen ihn auf, um sich nach seinem Vorbild „eine neue Heimat [zu] suchen". In Kittel gekleidet erlebt Sza-

---

[15] Brust, Alfred: *Cordatus. Ein dramatisches Bekenntnis*, Berlin 1927, S. 105.
[16] Brust, Alfred: *Heiligung*. In: Denkler / Brust: *Dramen 1917 - 1924*, a. a. O., S. 23.
[17] Ebd.
[18] Ebd., S. 26.

meit, glücklich und polygam, seine „große[] Befreiung". Das Stück arbeitet
weithin mit einer Stadt-Land-Opposition. Die angestrebte neue Zeit knüpft an
die verlorenen, im provinziellen Abseits noch lebendigen Traditionen an. Im
organologischen Bild einer unendlichen Kette des Lebens wird diese Vorstellung in der Simultaneität von Tod des Vater und Zeugung des Sohnes
symbolisiert. Kontrastfolie dazu sind die „großen Städte" mit den Attributen
Technik und Bevölkerungsexplosion:

> „Die kamen erst mit den Maschinen und Erfindungen [...].Die kamen erst mit dem
> Zeugungswahnsinn [...]. Da versetzte man in einem rasenden Tempo Erdkräfte, zerbrach
> die Entfernungen. Und warum? Alles nur für die Ernährung. Man sah nie ein, wieviel
> einfacher die ist [...]."[19]

Die einfachere Lösung des Ernährungsproblems, von der Szameit hier spricht,
heißt Entballung. Statt mit hohem technischem Aufwand Güterströme an einen
Ort zu lenken, gelte es, die Städte aufzulösen und ihre Bevölkerung nach dem
Vorbild des Protagonisten auf Wanderschaft zu schicken. „Es gibt noch viel un-
bebautes Land. Und die Erde vermag alle Menschen zu ernähren. Nur sind sie
ungleichmäßig verteilt. Aber nicht die Nahrungsmittel sollen wandern, sondern
der Mensch. Denn zum Wandern ist er geboren."[20] Die konzeptionelle Diskrepanz zwischen einer Programmatik allgemeiner Migration einerseits und deren
Darstellung als Heimkehr und Reintegration in Traditionen andererseits wird
von Brust übergangen. Ähnlich diffus erscheint der Status des „Alten" im Stück:
Hinsichtlich der Szameit-Handlung steht es für lebendige Tradition, an die
wieder angeknüpft werden kann und soll, in Hinsicht auf die globale Entbal-
lungsprogrammatik steht es für das, was untergehen muss. Brusts Weg dorthin
heißt nicht Revolution, sondern innere Wandlung: Sobald „irgendwo irgend-
jemand *neu lebt*", „zerstört [das Alte sich] schon selbständig"[21]. Charakterist-
ischerweise wird die Zeitwende teleologisch, als schicksalhaftes Auslaufen einer
Entwicklung, und nicht als äußerer Impuls verstanden: „Und als dann Mutter
Erde mit der großen Zurücknahme begann, da war die Menschheit noch so er-
faßt vom alten Taumel, daß sie die neue Zeit nicht gleich erkannte." Die Metaphorik der „Mutter Erde" ist von Brust konsequent gewählt. Wie ein keimender
Samen wird der Gang der Geschichte in biologischen Phasen verborgener innerer Bildungs- und Reifungsprozesse vorgestellt: Die in „rasende[s] Tempo" ver-
setzten „Erdkräfte" provozieren die „große Zurücknahme" der „Mutter Erde".

---

[19] Ebd., S. 25.
[20] Ebd., S. 26.
[21] Ebd.

Die mit „Zeugungswahnsinn" mehr angedeutete als beschriebene demografische Katastrophe ist in *Heiligung* gleichfalls Resultat urbaner Güterzirkulation. Diese habe den Menschen vom Nahrungserwerb entlastet und widernatürliche Freiräume geschaffen: „Gerade weil er [der urbane Mensch] die Nahrungsmittel zu sich wandern ließ, bekam er Zeit für seine ungesunden Gedanken."[22] Brust argumentiert auch hier in lebensphilosophischen Kategorien wie gesund vs. krank, Natur vs. Technik. Der Ordnungsbegriff, den Brust dem Leben auf dem Lande unterlegt, orientiert sich am Maßstab des Organischen.[23] Auch in zeitlicher Hinsicht ist er durch den biologischen Zyklus von Wachstum, Fortpflanzung und Verfall bzw. Mineralisierung bestimmt: „Alles wächst und gedeiht, das Vieh und die Felder. Der Mensch sieht zu und ordnet nur. Die Natur ist reich und schön; wer bei ihr nicht glücklich wird, kann es nie auf unserem Erdball werden."[24] Allerdings ist Szameits Rückgang in einen fiktiven Naturzustand nicht notwendig mit sozialer Egalität verbunden: „Die Sau hat geferkelt, Herr."

Die Rückkehr des befreiten Menschen in den natürlichen Zyklus kontrastieren urbane Dekadenz- und Untergangsszenarien. Die Stadt ist Ort der Unordnung und sittlichen Verwerfung, die ebenfalls topische Verblendung der Masse entlädt sich meist in pogromartigen Ausschreitungen. Neben der Situierung des Geschehens im ethnisch-zivilisatorischen Grenz- und Schwellenraum Ostpreußen ist eine Besonderheit Brusts der philosemitisch gebrochene Fatalismus, in dem er das Ostjudentum darstellt. Als kollektives Pendant zum Selbstopfer des ideellen Führers erscheint es in dem kurzen Drama *Der Tag des Zorns* und im Roman *Die verlorene Erde. Der Tag des Zorn. Tragödie für das große Theater* (1921) fasst in knappen Szenen die letzten Tage einer „sterbenden Stadt" zusammen. Der Grund, weshalb die „vereinsamte Stadt am Meer"[25] dem Untergang geweiht ist, wird kaum angedeutet. Die Männer der Stadt, die als Fischer arbeiten, sind offenbar infolge einer maritimen Ölkatastrophe von der Heimkehr abgehalten worden und gelten als ertrunken. In der Stadt grassieren nun religiöser Fanatismus, Verbrechen, Seuchen, Ratten und Hunger, das umgebende Land liegt verwüstet. Über die Zukunft dieser Stadt tobt als die eigentlich dramatische Handlung des Stücks ein „Kampf der Wunder"[26]. Er wird ausgetragen

---

[22] Ebd.

[23] Vgl. Denkler, Horst: *Organische Konstruktion. Natur und Technik in der Literatur des „Dritten Reiches"*. In: Eggert, Hartmut / Schütz, Erhard / Sprengel, Peter (Hrsg.): *Faszination des Organischen. Konjunktur einer Kategorie der Moderne*, München 1995, S. 267 - 284, hier S. 267f.

[24] Brust, Alfred: *Heiligung*. In: Denkler / Brust: *Dramen 1917 - 1924*, a. a. O., S. 27.

[25] Brust, Alfred: *Der Tag des Zorns*. In: Ebd., S. 190.

[26] Ebd., S. 200.

zwischen der aufrechten Prophetenfigur Sdun und ihrem populistischen Gegenspieler Frisolet, Exponent des westlichen Materialismus und Unglaubens. Frisolet versucht, Religion als ein menschengemachtes, „niederträchtiges System"[27] zu entlarven, das auf nichts anderem als einem „System elektrischer Ströme" im Hirn beruht. Es gelingt ihm zwar durch einen Trick, das Leuchtöl auf dem Meer zum Brennen zu bringen, gegen die Rede des Gottesmannes Sdun kommt er aber nicht an. Die Stadtbewohner wenden sich diesem zu und werden so errettet. Eine derartige Restitution des Mythischen als ideelle Koordination und Überwölbung von Gemeinschaft wird bei Brust als Folge flammender Rede vorgestellt.

III.

1909 eröffnete Bruno Taut gemeinsam mit Franz Hoffmann ein eigenes Architekturbüro in Berlin. Bis zum Krieg baute er Mietshäuser, außerdem Siedlungshäuser für die Gartenstädte *Falkenberg* bei Berlin und *Reform* in Magdeburg. Mit weitläufigen Bebauungsplänen gewann er mehrfach erste Preise, berühmt wurde sein 1914 auf der Deutschen Werkbund-Ausstellung in Köln ohne eigentlichen Bauauftrag errichtetes und weitgehend selbst finanziertes knospenförmiges Glashaus. Die zweischalige Wölbung der Kuppel aus Spiegeln und Glas machte das einströmende Licht diffus, große Lichtkugeln und farbige Lichterketten verursachten eine gedämpfte fantastische Stimmung: Der Anblick wird in zeitgenössischen Berichten immer wieder als überwältigend schön beschrieben.[28] Während des Krieges verfolgte Taut verschiedene Bauprojekte; als in der unmittelbaren Nachkriegszeit Aufträge ausblieben, widmete er sich stärker theoretischen Arbeiten. Trotz seines politischen Engagements – Taut war als Bauminister der Münchner Räterepublik vorgesehen – verstand er eine „vollständige Revolution im Geistigen"[29] als sein eigentliches Ziel. Diese sollte im „Bau" als dem Träger der geistigen Kräfte und „Gestalter der Empfindungen der Gesamtheit" ihre Vollendung finden. Ähnlich wie der programmatisch verwendete „Bau"-Begriff die Position des Mythos' einnimmt, sieht Taut den Weg zu einem neuen „Baugedanken" und „Stil" nicht im „Formensuchen", sondern in „Weltanschauung, Religion"[30]. Die im *Neuen Bauen* angestrebte Durchdringung

---

[27] Ebd.

[28] Bätz, Oliver / Thiekötter, Angelika (Hrsg.): *Kristallisationen, Splitterungen. Bruno Tauts Glashaus*, Basel 1993, S. 26.

[29] Taut, Bruno: *Architektur-Programm* (Dez. 1918), zit. nach Whyte, Iain Boyd: *Bruno Taut. Baumeister einer neuen Welt. Architektur und Aktivismus 1914 - 1920*, Stuttgart 1981, S. 210.

[30] Brief Tauts vom 26.12.1919, zit. nach Ungers, Oswald M. (Hrsg.): *Die gläserne Kette. Visionäre Architekturen aus dem Kreis um Bruno Taut 1919 - 1920. Ausstellung im*

von Geist und Materie, Anorganischem und Organischem wird oft als Kristall veranschaulicht, der seit der Jahrhundertwende als ‚natura artifex' Leitmotiv der neuen Ästhetik war und auch der Glasarchitektur Tauts zugrunde lag.[31]

Während des Ersten Weltkrieges entwarf Taut für eine gartenstadtähnliche Siedlung im oberschlesischen Kattowitz eine zentrale, weit in die Höhe ragende Baugruppe, die er *Stadtkrone* nannte. Sie sollte, umgeben von Theatern und Versammlungshäusern, wie eine mittelalterliche Kathedrale den Gemeinschaftsgeist der Stadt verkörpern. Das architektonische Programm der *Stadtkrone* entwickelte Taut 1919 in seinem gleichnamigen ersten Buch:

„Der Architekt muß sich auf seinen hohen, priesterhaft herrlichen, göttlichen Beruf besinnen und den Schatz zu heben suchen, der in der Tiefe des Menschengemüts ruht. In voller Selbstentäußerung vertiefe er sich in die Seele des Volksganzen und finde sich und seinen hohen Beruf, indem er, als Ziel wenigstens, einen Materie gewordenen Ausdruck für das gibt, was in jedem Menschen schlummert. Ein glückbringendes, baugewordenes Ideal soll wieder erstehen und alle zum Bewußt sein [sic!] führen, daß sie Glieder einer großen Architektur sind, wie es einst war."[32]

Neben Beispielen verschiedener architektonischer Stadtbekrönungen aus aller Welt (Sakralbauten, Stadtburgen, Türme) beschreibt Taut eine historische Trias europäischer Stadtentwicklung, untergliedert in die Phasen „Alte Stadt", „Chaos", „Neue Stadt". Die „alte Stadt" war ein „gewachsene[r] Organismus"[33]. Ihr einheitliches Gefüge bestand aus Hütten, Wohnhäusern und Rathäusern und gipfelte in einem Dom oder Tempel. Diese Form der Stadt wird von Taut als ein Gesamtbauwerk verstanden, das ein „deutliches Abbild des inneren Aufbaues der Menschen und ihrer Gedanken"[34] war. Mit wirtschaftlicher Konjunktur und zunehmendem Verkehr habe sich diese „alte Stadt" in „Chaos" verwandelt: „Mietskasernen, Fabriken, Geschäftshäuser klebten sich daran und drohten, den alten Kern zu ersticken"[35]. Eine Zusammenfassung des alten Kerns und der ausgedehnten neuen Bestandteile in ein organisches Ganzes war nicht mehr möglich, die „Verwahrlosung" des Bauens begann. Die gegen dieses „Chaos"

Museum Leverkusen, Schloß Morsbroich, und in der Akademie der Künste Berlin, Leverkusen 1963, S. 12.

[31] Prange, Regine: *Kunstwollen und Bauwachsen. Zum Mimesiskonzept in Bruno Tauts Architekturphantasien.* In: Eggert / Schütz / Sprengel: *Faszination des Organischen,* a. a. O., S. 103 - 143, hier S. 111.

[32] Speidel, Manfred (Hrsg.) / Taut, Bruno: *Die Stadtkrone. Mit Beiträgen von Paul Scheerbart, Erich Baron, Adolf Behne,* Berlin 2002, S. 60.

[33] Ebd., S. 53.

[34] Ebd., S. 52.

[35] Ebd., S. 54.

gerichtete „neue Stadt" ist Ergebnis des Studiums alter Stadtbilder, ergänzt durch neue Erkenntnisse. Sie orientiere sich, so Taut, an Wünschen und Neigungen, die von denen der „alten Stadt" ganz abwichen. Die damit verbundene „neue Lehre"[36], der „Städtebau" im emphatischen Sinne, sei zwar oft zu formalistisch verstanden worden, habe sich aber, am deutlichsten in der Gartenstadtbewegung, als fruchtbar erwiesen. Was dieses historische Schema vom Geschichtsmodell Alfred Brusts unterscheidet, ist vor allem die Position der Gegenwart: Während Brust die Wende zum besseren Neuen immer in die Zukunft verlegt und Gegenwart ausschließlich unter dem Vorzeichen des „Chaos" beschreibt, ist nach Tauts Theorie der *Stadtkrone* das Zeitalter der „neuen Stadt" bereits mit der Gartenstadt-Bewegung angebrochen.

Ein idealtypischer Entwurf einer *Stadtkrone* in Tauts Buch zeigt eine kreisförmige Stadtanlage im Durchmesser von ca. 7 km. Bei einer gartenstadtähnlichen Bebauung samt Grünanlagen, Spielplätzen und Parkstreifen ist die Stadt für 300 000 Einwohner konzipiert. Im Zentrum ist auf einem Areal von 800 mal 500 Metern die eigentliche *Stadtkrone* als „natürliche Zentralisierung"[37] vorgesehen, bestehend aus Bauten, die in der Stadt einmalig sind. Diese ausdrücklich nicht als Funktionsbau geplante *Stadtkrone* soll die „Beziehung des Ideellen zu menschlichen Siedlungen und zur Stadtbildung"[38] verkörpern.

Im folgenden Jahr, wenige Monate vor seiner Wahl zum Stadtbaurat von Magdeburg, erschien Tauts Buch *Die Auflösung der Städte*, mit dem Untertitel *Die Erde eine gute Wohnung oder auch: Der Weg der Alpinen Architektur* (1920). Dieses Buch markiert eine gravierende konzeptuelle Wende: „30 Zeichnungen, in denen ich die Form als das Sekundäre, sich erst aus den menschlichen Voraussetzungen Ergebende darstellen wollte. Oder auch: Produktivität der Materie."[39] Die monumental-totalitäre Einheitsstruktur seiner Gartenstadt mit *Stadtkrone* ist nun zugunsten einer dezentralen, in viele autarke Siedlungszellen diffundierende Konzeption fallengelassen: die aufgelöste Stadt. Das umgebende Land hat keinen Eigentümer, jeder hat die Möglichkeit, es als Selbstversorger zu bearbeiten. Andere Bedürfnisse sollen von der „Gemeinschaft" nach dem Prinzip „Hilfe und Austausch"[40] befriedigt werden. Nach dieser Kon-

---

[36] Ebd.
[37] Taut, Bruno: *Wollen und Wirken*. In: Nippa, Annegret: *Bruno Taut in Magdeburg*, Stadtplanungsamt Nr. 20/95, S. 133; zit. nach Speidel, Manfred: *Nachwort*. In: Speidel / Taut: *Die Stadtkrone*, a. a. O., S. 2.
[38] Taut, Bruno: *Baugedanken der Gegenwart*. In: Ebd., S. 129; zit. nach ebd., S. 3.
[39] Brief Tauts vom 13.3.1920, zit. nach Ungers: *Die gläserne Kette*, a. a. O., S. 26.
[40] Taut, Bruno: *Auflösung der Städte*. In: Petzl, Johannes / Speidel, Manfred: *Die Erde eine gute Wohnung. Von der Gartenstadt zur Auflösung der Städte*. In: Speidel: *Bruno Taut*, a. a. O., S. 153.

zeption der aufgelösten Stadt verteilen sich die Menschen gleichmäßig über die Erde; eine Vorstellung, die an Brusts Migrationsprogramm in *Heiligung* erinnert. Zwar will Taut die Entwürfe in *Die Auflösung der Städte* „natürlich nur" als „eine Utopie und eine kleine Unterhaltung"[41] verstanden wissen, doch könnten sie auch als „ein Gleichnis – oder eine (,doch etwas voreilige') Paraphrase auf das 3. Jahrtausend post Chr. nat." aufgefasst werden. Auf der ersten Seite des Buches ist eine zusammenstürzende Stadt zu sehen, ergänzt durch die Schriftzüge „Lass sie zusammenfallen, die gebauten Gemeinheiten" und „Nun blüht unsere Erde auf"[42]. Die Skizzen der folgenden Seiten plädieren für „Landarbeitsgemeinschaften" und „Zerstreuung über das ganze Land" statt „Zentralisierung". Ein Siedlungsentwurf Tauts zeigt fünf strahlenförmig, wie eine Kirschblüte angeordnete Häuserreihen, die eine „Arbeitsgemeinschaft" für 500 bis 600 Menschen ergeben, die in den umliegenden Gärten und im Handwerk arbeiten. Im Unterschied zur *Stadtkrone* hat diese Neuerfindung der Stadt eine offene Struktur. Sakrale Großbauten stehen einzeln am Rand. Die „harmonische Lebensweise" in einer solchen Stadt beschreibt Taut 1919 in der Zeitschrift *Die Volkswohnung*:

> „[...] große Güter wie heute, genossenschaftlich und so bewirtschaftet, daß mehr Menschen als heute sie beackern und von ihnen leben. Alle [...] Ländereien mit Kleingütern und Gärten bedeckt, dazwischen Wälder, Wiesen und Seen. Dann eingestreut weit ausgedehnte Siedlungen mit kleinen Häusern, mit Hütten und Gärten. Die Industrie folgt von selbst diesem Bilde: auch sie ist zerstreut in viele Werkstätten, damit sie dem Bedürfnis leicht dienen kann. Der Vorgang wird beschleunigt durch neue Formen des Verkehrs: die großen Bahnlinien gehen zurück, an ihre Stelle tritt ein engmaschiges Netz von leichteren Verkehrslinien mit Kraftfahrzeugen, und für die Zufuhr von Rohstoffen sorgen fast nur die Fluß- und Kanalläufe. Die Märkte werden beinah überflüssig, da die Bevölkerung sich fast ganz selbst versorgt [...]."[43]

IV.

Nach der Mitarbeit in politischen Gremien wie dem *Arbeitsrates für Kunst* initiierte Taut Ende 1919 eine innerere Diskussionsplattform in Gestalt einer logenartig organisierten Korrespondenz zwischen jungen deutschen Architekten. Diese erhielt später von Brust den auf Tauts Glasarchitektur weisenden Namen *Gläserne Kette*.[44] In den unter Pseudonym ausgetauschten Briefen ging es nicht

---

[41] Ebd., S. 159.
[42] Ebd.
[43] Taut, Bruno: *Die Erde eine gute Wohnung*. In: *Die Volkswohnung*, Jg. 1 (1919), H. 4, 45 - 48; zit. nach Speidel / Petzl: *Die Erde eine gute Wohnung*, a. a. O., S. 151 - 153, hier S. 153.
[44] Vgl. Brief Tauts vom 5.10.1920, zit. nach Ungers: *Die gläserne Kette*, a. a. O., S. 60.

um die Machbarkeit von Entwürfen, sondern um eine Verständigung und Selbst-verständigung über grundlegende künstlerische Fragen: „Seien wir mit Bewusst-sein ‚imaginäre Architekten'!"[45]. Fast keiner der seit November 1919 ausge-tauschten Entwürfe wurde je realisiert oder war überhaupt realisierbar. Taut, der unter dem Pseudonym ‚Glas' schrieb, gewann zur Mitarbeit die Architekten Carl Krayl (‚Anfang'), Paul Goesch (‚Tancred'), Hans Scharoun (‚Hannes'), Walter Gropius (‚Maß'), Jakobus Göttel (‚Stellarius'), Hans Hansen (‚Antischmitz'), Wenzel August Hablik (‚W. H.'), Max Taut (‚kein Name'), Wilhelm Brück-mann (‚Berxbach 7'), Hermann Finsterlin (‚Prometh'), Wassili Luckhardt (‚Zacken') und Hans Luckhardt (‚Angkor') sowie den Architekturkritiker Adolf Behne. Alfred Brust stieß erst im Sommer 1920 dazu. Die meisten der mitwir-kenden Architekten kannten sich, mit vielen arbeitete Taut nach dem Auslaufen des Briefwechsels Ende 1920 weiter zusammen. Ab Januar 1920 gab Taut als „Sprachrohr"[46] der *Gläsernen Kette* die Zeitschrift *Frühlicht. Eine Folge für die Verwirklichung des neuen Baugedankens* heraus, zunächst als Beilage der kon-servativen Architekturzeitschrift *Stadtbaukunst in alter und neuer Zeit*, nach seiner Berufung nach Magdeburg als selbstständige Zeitschrift. In dieser Zeit-schrift veröffentlichte er Briefe und Entwürfe der *Gläsernen Kette*. Die zirku-lierenden Bekenntnisse, Appelle und Skizzen betrafen architektonische, ästhe-tische und weltanschauliche Grundfragen, etwa das Verhältnis von abstrakter Form und Naturform: Sollte der anvisierte neue Bau ein Abbild des Kosmos' sein oder würden derartige Kunstformen nur erneut zu Naturalismus, Impres-sionismus oder Jugendstil führen. Form sollte nicht länger funktional oder deko-rativ eingesetzt werden, sondern aus dem Wesen des jeweiligen Baus gewonnen werden. ‚Angkor' resümiert am 30. März 1920 diesen Diskussionsstrang:

> „Freund Glas warnt vor Naturformen. Freund Prometh antwortet, Glas mache selbst Natur-formen. Mir scheint, beide haben Recht. [...] *Die Architektur darf nicht Natur nachahmen, sondern muß selbst Natur sein.* [...] Die dazu nötige Auflösung ist Übergangsstadium. Des-halb ignorieren wir auch in unserem künstlerischen Streben diesen Zustand und leben uns aus in den freiesten Phantasien, um dem kommenden Zeitgeist die Architektur wenn nicht gar die Kunst überhaupt zu geben."[47]

Der erste Kontakt von Alfred Brust zur *Gläsernen Kette* kam vermutlich im Frühjahr 1920 durch Adolf Behne zustande. Behne, der gleichfalls Ostpreuße war, publizierte wie Brust im Berliner Kurt Wolff Verlag. In einer brieflichen

---

[45] Brief Tauts vom 19.12.1919, zit. nach ebd., S. 10.
[46] Brief Tauts vom 13.3.1920, zit. nach ebd., S. 26.
[47] Brief Hans Luckhardts vom 30.3.1920, zit. nach Ungers: *Die gläserne Kette*, a. a. O., S. 38; Hervorhebung im Original.

Erläuterung seiner Wirkungsabsicht wies Brust im März 1920 Behne darauf hin, dass seine Dramen „zum endlichen Umbau des *irdischen Gebäudes* ihren Teil beitragen"[48] wollen. 1921 stellte Behne in den *Sozialistischen Monatsheften* unter dem Titel *Die Zukunft unserer Architektur* den Autor ausdrücklich an die Seite der Protagonisten des *Neuen Bauens*. Wie den Architekten gehe es Brust nicht um Expressionismus:

> „Das Wort Expressionismus wird bald für diese Übergangssache reserviert werden müssen, die die Besten mehr und mehr überwinden. Das Ziel ist die objektiv gewonnene Form, die sich über dem Nebelwallen der Personalgefühle erhebt. Wir sehen in der Dichtung nach einer ähnlichen Periode des Expressionismus die beginnende Eroberung des Mythos. Der Dichter, der hierbei vielleicht das Stärkste geleistet hat, Brust, ist bis jetzt nur wenig bekannt geworden [...]. Der Sehnsucht nach dem notwendigen Mythos in der Dichtung entspricht genau das Verlangen nach Architektur unter den bildenden Künsten."[49]

Namentlich mit seinem *Bauspiel*, das Taut im März 1920 in der Zeitschrift *Frühlicht* abdruckte, empfahl sich Brust der *Gläsernen Kette*. *Bauspiel* gehört in eine Reihe kurzer, abstrakter und handlungsarmer Bühnentexte Brusts, in denen ein ideelles Wandlungsgeschehen dargestellt wird. Höhepunkt ist meist eine Selbstauslöschung des Protagonisten, in diesem Fall des „Baumeisters" Steen: „[...] es ist schön", so Behne weiter in *Die Zukunft unserer Architektur*,

> „daß gerade Brust ein „Bauspiel" gedichtet hat. Das beweist wohl, daß man die Versuche der Architekten nicht gut als expressionistische Architektur abstempeln kann. Der Bau ist (und das ist ja der Grund, daß wir ihn wollen) nicht Material in den Händen eines Gefühlssymbolisten. Schweigend wird er Gestalt, wie der Kristall."

Damit schließt Behne direkt an Brusts Stück an. In diesem bringt Steen in langer stiller Arbeit einen Bau aus sich selbst hervor, vergleichbar dem Kalkgehäuse eines Weichtiers. Anfangs ist der organisch geformte Bau noch Torso. Mit dem Auftauchen des aus der Stadt geflohenen „Fräuleins Hortense" endet die Zeit des Wartens und Reifens. Der Baumeister „tritt herfür", Hortense lässt sich „zehn Jahre Kraft in den Schoß"[50] senden. „Die Hütte der Wilden ist stilvoll. Es läßt sich darin wohnen", bemerkt sie: „Aber ich habe doch in den Käfigen der Menschen gewohnt." Steen hat mit der urbanen Bauweise völlig gebrochen:

---

[48] Brief Brusts an Adolf Behne vom 13.3.1920, zit. nach Musielski: *Bau-Gespräche*. a. a. O., S. 166; Hervorhebung A. D.

[49] Behne, Adolf: *Die Zukunft unserer Architektur*. In: *Sozialistische Monatshefte*, Jg. 27 (1921), H. 2, S. 90 - 94, hier S. 91.

[50] Brust, Alfred: *Ein Bauspiel*. In: Denkler / Brust: *Dramen 1917 - 1924*, a. a. O., S. 93.

„Wahrscheinlich verlangen sie noch immer nach einem ausdrucksvollen Baustil für Fabriken und Warenhäuser! Millionenpreise habe ich gestiftet für den abschreckendsten Fabrikentwurf, Fürstendiplome für den elendsten Schacherkasten. Aber diese Baumeister grübeln doch lieber über die künstlerische Verhüllung von Kloaken und bemühen den Geist, idyllische Zuchthausfassaden zu ersinnen. Bauen! Bauen!! Sie legen Steine übereinander und nennen das ‚bauen'."[51]

Mit dem Zeugungsakt ist die Bestimmung des Baumeisters erfüllt, sein „Fleisch ist Stein geworden", während er „völlig astral"[52] wird. Wie bei Bruno Taut die *Stadtkrone* einen „Materie gewordenen Ausdruck für das gibt, was in jedem Menschen schlummert"[53], wird in Brusts *Bauspiel* das Gebäude im Wortsinn Veräußerung seines Schöpfers. Sein Leib wird Wand, das Organische geht ins Anorganische über. „Es ist schon recht, daß einmal ein Künstler zu der Materie eingeht, aus der er sein Leben lang geschöpft hat. Bisher haben das nur die Weltheilande gekonnt!"[54] Das gewachsene und gereifte Bauwerk obsiegt dem Prinzip des Mechanischen, ein von der Regierung geschickter Arbeiter mit Kneifzange muss, da der Bau ohne jeden Nagel errichtet ist, unverrichteter Dinge abziehen. In enger Verwandtschaft zu den organologisch-kosmologischen Visionen Tauts und anderer Mitglieder der *Gläsernen Kette* gestaltet Brust in *Bauspiel* eine Synthese aus organischen (Reifung, Zeugung) und anorganischen Prozessen (Verkieselung, Kristallisation). Der Bau ist vitale Verbindung von Geist und Stoff: „Ich glaube", meint eingangs der Gärtner über den Baumeister, „er wartet auf das Schicksal, das er in diese Mauern hineingebaut hat."[55]

Erstmals erwähnt in den Briefen der *Gläsernen Kette* wird Alfred Brust durch Paul Goesch. Goesch fordert unter dem Titel *Anregungen, Architektonisches* eine Vermischung von „Stimmungsarchitektur"[56] und „abstrakte[r] Architektur". Erstere ließe sich aus Landschafts- oder Naturformen wie Schneckenhäusern gewinnen, letztere aus mathematischen oder ornamentalen Formen ableitet. Abschließend zitiert Goesch eine Passage aus Brusts Stück *Der ewige Mensch*. Am 15. April 1920 gibt Bruno Taut den anderen Briefschreibern das Interesse Brusts an einer Mitgliedschaft in der Korrespondenz bekannt: „Es handelt sich", so Taut wenig später um die letzten noch fehlenden Zustimmungen bittend, „bei ihm um eine wirkliche Stimme und ein Aufflammen"[57]. Im Juli druckt Taut in

---

[51] Ebd., S. 94.
[52] Ebd., S. 96.
[53] Speidel / Taut: *Die Stadtkrone*, a. a. O., S. 60.
[54] Brust, Alfred: *Ein Bauspiel*. In: Denkler / Brust: *Dramen 1917 - 1924*, a. a. O., S. 96.
[55] Ebd., S. 92.
[56] Brief Goeschs vom März 1920, zit. nach Ungers: *Die gläserne Kette*, a. a. O., S. 28.
[57] Brief Tauts vom 31.5.1920, zit. nach ebd., S. 41.

Frühlicht Brusts architekturphilosophischen Kurzessay *Worte an die Meister aller Werke* ab. Als Naturwesen, so Brust Geschichte der Baukunst *en minature*, habe der Mensch im Mittelpunkt des Weltalls gestanden. Das sei diesem jedoch unheimlich geworden, so dass er „diese Tatsache zu verbauen"[58] begann und Räume schuf, die den Menschen seine Mittelpunktsposition in der Welt vergessen ließen. Weil die Menschen „in Häuser mit gründlichen Dächern krochen und sich dort überall den zuschauenden Blick angewöhnten", sahen sie nun die „Bäume im Walde nicht kreisförmig um sich herum, sondern ‚objektiv' stehen"[59]. Die neuen Baumeister sind aber dabei, „der Menschheit wieder den großen Blick" zurückzuschenken.

Da gegen eine „Beteiligung des Dichters Alfred Brust in Heydekrug (Memelgebiet) / Ostpr. kein Widerspruch eingelaufen [ist], nur Zustimmung"[60], wird er in die *Gläserne Kette* aufgenommen. Nach der Retterfigur Cordatus in *Der ewige Mensch* gibt Brust sich den Namen ‚Cor'. Er schlägt vor, dass jedes Mitglied sein weltanschauliches Credo vorstellen möge. ‚Glas' (Taut) und ‚Prometh' (Finsterlin) unterstützen diesen Vorstoß:

„Freunde! Die Forderung von Cor ist richtig. Jeder von uns soll sein Weltbild in wenigen Worten mitteilen. Wir Bauenden müssen es tun, um zu prüfen, ob uns das Bauen überhaupt eine Notwendigkeit ist und ob unser Bau auf einem gleichen oder verwandten Fundament ruht. [...] jeder [soll] ganz schlicht, so gut er eben kann, sagen, wie er sein Leben in das Ganze des Sternalls eingefügt ansieht."[61]

Taut legt einen Text *Mein Weltbild* bei, der sich auf Meister Eckart, Theodor Fechner, Edgar Allan Poe und Paul Scheerbart stützt. In diesem lehnt er einen mechanisch-materialistischen Materiebegriff ab und unterstreicht die Anwesenheit Gottes in allen Dingen:

„Diese Bindung in der Form ist die letzte notwendige Ordnung. Sie lebt auch heute noch, wenn auch sehr versteckt; denn wie kommt man dazu, einen Stern in der üblichen Sternform aufzuzeichnen und ihn damit mit Blüten, Schneeflocken u. s. w. in Beziehung zu bringen? Das Wiedererwachen dieser latenten Kraft zur Gestaltung bedeutet den Beginn des Baukönnens und der Kunst."[62]

---

[58] Brust, Alfred: *Worte an die Meister aller Werke*. In: Taut, Bruno: *Frühlicht. 1920 - 1922. Eine Folge für die Verwirklichung des neuen Baugedankens*, Berlin, Frankfurt a. M. u. Wien 1963, S. 65.

[59] Ebd.

[60] Undatierter Brief Tauts, zit. nach Ungers: *Die gläserne Kette*, a. a. O., S. 63.

[61] Brief Tauts vom 19.10.1920, zit. nach ebd., S. 68.

[62] Taut, Bruno: *Mein Weltbild*. In: Ebd., S. 69 - 73, hier S. 72.

Eine auch für spätere Bauprojekte Tauts bestimmende Konsequenzen daraus
lautet: „[…] alle elementare Materie lebt und was wir bauen ist nur die
Befolgung ihres Geheißes, ist das Einfache und letzte Sichere (meine Auflösung
der Städte)." Auf die Weihnachtsgrüße von ‚Prometh', die den „Schwur unserer
Brüderschaft"[63] erneuern wollen, folgten keine weiteren Briefe. Der briefliche
Austausch der *Gläsernen Kette* über das neue Bauen und die Neuerfindung der
Stadt kam Ende 1920 zum Erliegen.

V.

Allerdings lässt sich bereits im Brief Tauts vom 5. Oktober 1920 eine Akzent-
verschiebung erkennen. Diese verstärkte sich in den folgenden Jahren. Den
„Utopien in principio"[64], wie sie bisher innerhalb der *Gläsernen Kette* ausgetauscht wurden, wollte er nun „höchst handgreifliche" Utopien folgen lassen, die
„mit beiden Füßen fest auf der Erde stehen" und „das Bedürfnis zum Bauen"
wecken. Für diese konkreteren Visionen schuf Taut ein neues Forum, die 1921
gegründete Darmstädter „Bausezession" mit dem Namen *Bauwandlung*. Brust
war daran nicht mehr beteiligt, doch hatte sich Taut noch Ende 1920 bei dem
Berliner Theaterregisseur Ludwig Berger für die Inszenierung eines seiner
Stücke eingesetzt, allerdings ohne Erfolg. Mit dem Wechsel ins Stadtbauamt
Magdeburg 1921 widmete Taut sich wieder realisierbaren Projekten. Trotz büro-
kratischer Hindernisse und rasanter Inflation brachte er eine den Ideen des
Neuen Bauens verbundene Stadtplanung auf den Weg, die er nach seiner Rückkehr nach Berlin in größtem Umfang fortsetzte. Die Formen der von ihm pro-
jektierten Sozialwohnungen waren einfach gehalten und frei von Dekoration. Er
arbeitete mit typisierten Grundrissen und vorgefertigten Bauteilen. Leichtigkeit
und individuelle Akzente erhielten die Gebäude durch aufgebrochene Seiten-
flächen und Kanten, versetzte Anordnung, Einbeziehung des Außenraums und
vergrößernde oder gliedernde Farbflächen. Ein Essay Tauts über die völlig veränderten Aufgaben eines Architekten lässt 1928 noch den Visionär der *Auflösung der Städte* erkennen:

> „Wenn man aber eine architektonische Grundlage sucht, so muß man allerdings auf das
> Element, d. h. das Einfache zurückgehen, und dieses ist, wenn sich das ursprüngliche, nie-
> mals einzuimpfende Proportionsgefühl dazugesellt, auch das Klare und Saubere. Und es
> steht in unmittelbarer Beziehung zum Ökonomischen und Sozialen, so daß sich die Kette
> von Verstand und Gefühl auf natürliche Weise schließt."[65]

---

[63] Brief Finsterlins vom 24.12.1920, zit. nach ebd., S. 73.
[64] Brief Tauts vom 5.10.1920, zit. nach ebd., S. 60.
[65] Taut, Bruno: *Architekt und Wohnungsbau*. In: *Jahrbuch des Akademischen Architekten-
vereins*, Berlin 1928, S. 28 - 29, zit. nach: Speidel: *Bruno Taut*, a. a. O., S. 227.

Auch Alfred Brust versuchte, durch eine stärkere Einbindung von Regionalbezügen und Rassentheorie seine „Utopien in principio" auf festen Boden zu
stellen. Ihm ging es um die geistigen Grundlagen für die nachwachsende Generation: „Der Grund, weshalb kein Fundament vorhanden ist, muss in dem
völligen Versagen des deutschen Geistes nach 70/71 gesucht werden. Denn
weder Wagner noch der kranke Torso Nietzsche sind Fundamente."[66] Die nach
dem Ersten Weltkrieg vom Deutschen Reich abgetrennte, agrarisch geprägte,
kulturell und ethnisch heterogene Region im nördlichen Ostpreußen war schon
in Brusts frühen Dramen zu einer Art Gegenort zur dekadenten westeuropäischen Großstadt stilisiert worden. Im Übergang zur Narration Anfang der
1920er-Jahre gestaltete Brust diesen kulturellen Schwellenraum mehr und mehr
als Ausgangsort für die zu erwartenden mythohistorischen End- und Erneuerungskämpfe. Ihre dramatische Pointe gewannen diese sprachgewaltigen Texte
meist aus der Zerstörung bestehender Verhältnisse – der Aufbau des anvisierten
Neuen blieb hingegen völlig nebulös. Trotz dieses stark regionalen Bezugs sind
Brusts Texte – von den Gedichten abgesehen – keine Heimatliteratur; dafür sind
sie zu brachial und chiliastisch. Brust suchte den Kontakt zum Umkreis der konservativen Revolution, seiner wortgewaltigen Gegenwarts- und Zivilisationskritik zollten selbst Intellektuelle wie Walter Benjamin eine gewisse Anerkennung:

> „Die ersten Jahrzehnte dieses Jahrhunderts stehen im Zeichen der Technik. Gut! Aber das
> sagt nur denen etwas, die wissen, daß sie auch im Zeichen der wiedererwachenden Rituale
> und kultischen Traditionen verlaufen. Man kann daher das dichterische Schrifttum von
> Männern wie Brust, das wissenschaftliche von Männern wie [Ludwig] Klages trotz allem
> nicht als Atavismen abtun."[67]

Schon Anfang der Zwanzigerjahre hatte Benjamin Hugo von Hofmannsthal
gegenüber bekannt, dass „das, was Sie hier sagen, mir den Vorsatz wieder lebendig gemacht, mit der Figur Alfred Brust mich bekannt zu machen, in dem
alles, was Sie das Wissende; Ahnende dieses Menschenschlags nennen, bis ins
Qualvolle gesteigert ist"[68].

Den Ideen der *Gläsernen Kette* noch eng verbunden war Brusts kurzer Prosatext *Der Sternendom* (1923), wie ein Vergleich mit Bruno Tauts illustriertem
Text *Haus des Himmels* von 1920 zeigt:

---

[66] Brief Brusts an Karl Bartels zu Ostern 1933, aus dem Nachlass Brusts, zit. nach Kuritz: *Alfred Brust*, a. a. O., S. 62.
[67] Tiedemann-Bartels, Hella (Hrsg.) / Benjamin, Walter: *Gesammelte Schriften, Bd. III*, Frankfurt a. M. 1972, S. 102.
[68] Adorno, Theodor W. / Scholem, Gershom (Hrsg.) / Benjamin, Walter: *Briefe*, Frankfurt a. M. 1978, S. 453.

Andreas Degen

„Ein Haus, das nichts anderes als schön sein soll, keinen anderen Zweck soll es erfüllen, als leer sein nach dem Spruch von Meister Eckhart. […] Das Glück der Baukunst wird den Besucher erfüllen, seine Seele leer machen vom Menschlichen und zu einem Gefäß für das Göttliche. Der Bau ist Abbild und Gruß der Sterne"[69],

heißt es bei Taut. In ähnlicher Weise spricht Brust von einer Verbindung zwischen Stern und Stall. Das Bauwerk wird von ihm als ein Tempel begriffen, dessen Aufgabe es ist, als Medium und Katalysator der mythisch-sakralen Formung des Menschen zu dienen. Insofern das Bauwerk im emphatischen Sinne Nachbildung des Kosmos ist, ermöglicht es seinen Bewohnern, sich in die kosmische Ordnung einzufügen:

„[...] die großen Baumeister aller Zeiten [waren] auf unserer Erde unglücklicher oder auch glücklicher bestrebt, winzige Nachbildungen dieses unendlichen Tempels zu errichten, auf daß in ihnen die Menschen dem Stückwerk ihrer heiligsten Empfindungen zu Wachstum und Blühen verhülfen, bis sie selber reif wären, sich zu einem Abbild dieses Tempels auszuprägen."[70]

Kosmos, Bau und Mensch werden als drei Entfaltungen jener ursprünglichen Ordnung vorgestellt, die als Tempel symbolisiert wird. Das nicht typisierte, sondern einzigartige Individuum Haus steht bei Brust für die Zeit innerer Läuterung, die als Zyklus von Wachstum, Reifung und Vermehrung gedacht wird. Der Bewohner befindet sich in einer Art Puppenstadium, das überwunden werden muss. In der Szenenbeschreibung am Beginn von *Der ewige Mensch* heißt es über die Wohnung des bald aufbrechenden Cordatus: „Ein großer leerer Raum mit rissigen Wänden in einem verfallenen Gebäude."[71]. Im Roman *Festliche Ehe* (1930) findet der Erzähler in einer verfallenden Hütte mitten in der ostpreußischen Wildnis die „Aufzeichnungen eines Gewandelten". Der Roman kann als später, wenn auch formal völlig anders gearteter Paralleltext zu *Bauspiel* gelesen werden: Nach der Geburt des gemeinsamen Sohnes verlässt ein seit Jahren zurückgezogen lebendes Paar mit den sprechenden Namen Gedult und Reinbraut ihre schlichte Behausung in unbekannte Richtung. Als Zeugnis ihrer diesem Aufbruch vorausgehenden inneren Kämpfe und Läuterungen bleibt ein Buch zurück. Als es gefunden wird, ist das Dach der Hütte löchrig, die Wildnis in das Gebäude eingezogen. Schon in *Ein Bauspiel* erkundigt sich Baumeister Steen, ob „die Baumeister schon das Dach abgeschafft"[72] haben. Nicht

---

[69] Taut, Bruno: *Haus des Himmels*. In: Taut: *Frühlicht*, a. a. O., S. 33.
[70] Brust, Alfred: *Himmelsstraßen*, München 1923, S. 127.
[71] Brust, Alfred: *Der ewige Mensch*. In: Denkler / Brust: *Dramen 1917 - 1924*, a. a. O., S. 45.
[72] Brust, Alfred: *Ein Bauspiel*. In: Ebd., S. 96.

nur die zivilisationskranke Stadt, auch deren Gegenbild, das ländliche, indivi-
dualisierte, zeit- und raumverankerte Bauwerk erwartet zuletzt eine Auflösung.
Ist das große Individuum innerlich gereift, streift es die Hülle ab und tritt in die
kosmische Ordnung. Einer langen Inkubationszeit folgt der chiliastische Aufbruch, dessen Weg und Ziel im Vagen liegen. Hinter Brusts antimodernistischen
Bauvisionen und -metaphoriken steht eine spirituell ausgelegte organologische
Konzeption von Reifung, Tod und Wiedergeburt. Die Orientierung der
Brust'schen Texte auf eine mythisch antizipierte organische Ordnungsutopie
war in einigen Zügen der nationalsozialistischen Ideologie verwandt; sie wider-
sprach aber der wirtschaftlichen, technisch-infrastrukturellen und nicht zuletzt
städtebaulichen Entwicklung, die von den Nationalsozialisten nach 1933 mit
modernsten Technologien und flankiert von einer forcierten Massenideologie
vorangetrieben wurde.[73]

Als Brust im September 1934 in Königsberg völlig verarmt an Lungen-
tuberkulose starb, veröffentlichte die Kulturbeilage der in Berlin erscheinenden
Deutschen Zeitung eine Erinnerung Marieluise Fleißers. In dieser beschreibt sie
ihren Besuch bei Brust fünf Jahre zuvor. Der Autor lebte damals mit „zahllosen
Kindern" in einem verfallenen Krankenhaus des Ostseebades Cranz an der
Kurischen Nehrung: Es gebe „nichts Stolzeres als Alfred Brust", bemerkt
Fleißer eingangs, um dann anhand des Zustandes seiner Behausung die Dis-
krepanz zwischen Anspruch und Realität anzudeuten:

> „In jedem Stockwerk ist annähernd ein Raum erhalten, der ohne Gefahr betreten werden
> kann; die übrigen Zimmer sind wegen Baufälligkeit gesperrt. [...] Während unsere Rück-
> seiten vom flammenden Holz aus den ostischen Wäldern geröstet werden, andererseits
> unsere Nasenspitzen in die atmosphärischen Verhältnisse einer Eisgrotte tauchen, erfahren
> wir, daß aller Betrieb vom Übel ist, und daß wir überhaupt in jener Zeitenwende leben, in
> der das Geschöpf des Menschen, die Maschine, sich wider ihren Schöpfer empört. Brust
> lebt in einer anderen Welt. Er teilt sein Brot mit den Elchen seiner Heimat, die ihn kennen
> und morgens an das Gatter seines Gartens kommen. Ein spürbarer Kraftkreis ist um den
> zerspaltenen Propheten aus Cranz, der die Gefahren der Vereinsamung wählte, weil sein
> Mythos sich gegen die Gefahren der Zivilisation bäumte."[74]

Anderthalb Jahre vor Brusts Tod war Bruno Taut im März 1933 vor den Nationalsozialisten in die Schweiz geflohen. Damit war seine das städtische Erschei-
ungsbild dauerhaft prägende Tätigkeit in der deutschen Hauptstadt zuende-
gegangen: „Die Zahl der von mir bearbeiteten Wohnungen in Gartensiedlungen

---

[73] Denkler: *Organische Konstruktion*, a. a. O., S. 267 - 284, hier S. 269.
[74] Fleißer, Marieluise: *Gesammelte Werke. Bd. 4*, Frankfurt a. M. 1972, S. 439.

und Stockwerkhäusern beträgt ungefähr zwölf Tausend"[75], resümiert er seine Tätigkeit einige Jahre später. Taut hatte die Großstadt zwar nicht in autarke Siedlungseinheiten aufgelöst, sie aber – mit erheblichen Abstrichen gegenüber den früheren Gartenbau-Ideen – umgestaltet und partiell neu erfunden. In der Schweiz angekommen, notierte er, dass angesichts der streng sachlichen Arbeiten junger Schweizer Architekten, deren Wirkung allein aus der Funktion abgeleitet sei, er sich an seine *Alpine Architektur* und die *Auflösung der Städte* erinnert habe. Ein Zurückgehen junger Architekten auf prinzipielle geistige Grundlagen halte er in der aktuellen Weltkrise für noch bedenkenswerter als nach dem Ersten Weltkrieg: „Die funktionelle Architektur für Alltagszwecke ist richtig, aber sie muß sich als Selbstzweck totlaufen und braucht deshalb ihren großen Hintergrund. Es lockt mich, diese Frage zu verfolgen."[76]

---

[75] Taut, Bruno: *Lebensdaten* (1936). In: Speidel: *Bruno Taut*, a. a. O., S. 38 - 40, hier S. 36.
[76] Speidel, Manfred: *Expressionistische Architektur*. In: Ebd., S. 156 - 157, hier S. 157.